Saúl Yurkievich

Littérature latino-américaine : traces et trajets

Traduit de l'espagnol
par Françoise Campo-Timal

Gallimard

Saúl Yurkievich, écrivain argentin né en 1931, vit à Paris depuis 1966. Il pratique avec une comparable maîtrise la poésie et la critique littéraire qu'il exerce dans une constante relation d'échange intime. Sa littérature présuppose toujours une réflexion sur les mondes et les modes de la représentation verbale. Sa critique se nourrit d'un habile maniement de l'écriture, inventif, mobile, ludique, imaginatif. Auteur d'une dizaine de recueils poétiques et d'autant d'ouvrages critiques, membre du comité de rédaction de la revue *Change*, il collabore assidûment à différentes revues françaises. Professeur à l'Université de Paris VIII-Vincennes, il a enseigné dans plusieurs universités de l'Amérique du Sud et du Nord. Boursier de la Fondation Guggenheim, il a été Mellon Professor à l'Université de Pittsburgh et a obtenu en 1984 le Pushcart-Prize récompensant la meilleure publication dans les revues de langue anglaise. Les éditions Seghers ont publié en 1980 *Envers*, une anthologie de sa poésie traduite par Florence Delay, Pierre Lartigue et Jacques Roubaud. Il est le traducteur espagnol d'Edmond Jabès.

La traductrice remercie l'auteur pour sa collaboration déterminante.

F.C.-T.

Prélude :
Les signes insoumis

Je n'ai pas besoin de prouver l'existence de la littérature latino-américaine. Cette entité, identifiable en tant qu'ensemble organique ayant sa cohésion propre, suscite et rassemble les essais qui constituent cet ouvrage.

Carrefour syncrétique de textes de provenances diverses, notre littérature est le produit d'une longue hybridation culturelle qui a acclimaté à sa langue et à son tempérament des apports de bien d'autres mondes. Elle possède sa contexture particulière, son centre d'absorption et d'émission caractéristique. Elle a ses propres référents, ses modes de représentation, son registre, sa voix, nettement identifiables au sein du vaste tissu textuel contemporain. Energie amalgamante, la littérature latino-américaine n'est plus ensemble fortuit ni coexistence sans corrélation tramée par l'historien pour des raisons plus heuristiques que factuelles; pas plus qu'elle n'est convergence uniquement admise par une critique empressée à regrouper des astres dispersés. Elle est correspondance active et réactive entre les émetteurs et les récepteurs de ces messages représentatifs de leurs modes de vie et d'expression. Tessiture polymorphe et polyphonique inlassablement ourdie par tant de livres, spectre supranational, entité catégorielle établie au-delà de la matérialité des signes comme assignation générique, chambre d'échos, jeu de miroirs dédoublant et multipliant une identité d'autant plus revendiquée qu'elle est plus fuyante, tous la considèrent, à l'intérieur et à l'extérieur de notre contexte, comme un ensemble intégrateur.

Dans sa pluralité fourmillante, la littérature latino-américaine est, à mes yeux, une et indivisible. Elle ne se subdivise pas en littératures nationales car l'histoire et la géographie esthétiques ne coïncident jamais avec l'histoire et la géographie politiques. Quant aux réalités linguistiques elles ne se laissent pas non plus circonscrire par des confinements nationaux. La littérature latino-américaine fonctionne comme un corps de par la ressemblance génétique et la relative unité idiomatique du continent. Il n'existe pas, dans la littérature mondiale, de cas équivalent de cohésion à l'échelle continentale. Le caractère multilingue et l'hétérogénéité ethnique des autres continents interdisent l'application pertinente de notions telles que littérature européenne ou asiatique (et moins encore africaine ou océanique); ce sont là des généralisations non viables parce que trop vagues.

De par sa filiation linguistique, la littérature hispano-américaine est une branche de l'ancien tronc espagnol. Mais la convergence initiale devient divergence progressive. De même que se produit une américanisation croissante et irréversible de l'espagnol (ou du portugais) transplanté dans le Nouveau Monde, la littérature intensifie sa différence, et cette différence la rend autonome. « Les écrivains hispano-américains – estime Octavio Paz – ont changé l'espagnol et c'est précisément ce changement qui fait la littérature hispano-américaine. » Entité transgressive, manifestement excentrique par rapport à l'ancienne métropole, elle entraîne une trop grande disparité entre langue-mère et langues-filles. Il ne s'agit pas seulement de traits fort distinctifs de l'espagnol d'Amérique latine comme ce *vos** qu'emploie Cortázar, ni de tournures syntaxiques particulières, ni même d'une grande diversification lexicale ou d'une élocution distincte, mais de tout ce que la langue reflète, de tout ce qu'elle assimile du milieu dans lequel elle est parlée. Il s'agit, en fin de compte, d'une autre sémantique.

Chez les écrivains réunis ici, chez les poètes surtout, l'utilisation des parlers locaux est restreinte. Sans vouloir délibérément se localiser linguistiquement ils emploient cependant leur propre hispano-américain. Implantés dans le placenta de la parole formatrice, ils écrivent tous à partir de leur langue natale, miroir d'une autre histoire, d'un autre milieu, d'une autre mentalité, d'une autre expérience du monde. Cette altérité conditionne une vision, une perception et une expression distinctes de celles de l'Espagne.

Ce livre n'aborde que notre modernité. Son armature se veut alternance entre des essais se rapportant à des mouvements littéraires – le modernisme et la première avant-garde, pris comme paradigmes d'une époque –, ou à toute l'œuvre d'un auteur cardinal, et des essais ponctuels s'attachant à l'interprétation de leurs livres clés. La progression de ces traces textuelles décrit un trajet historique. Il débute à la fin du siècle dernier, avec ce carrefour que fut le modernisme, amalgame très américain qui récolte et absorbe tout, d'Héliogabale aux wagons-lits en passant par le clave-

---

* Le *vos*, utilisé au XVIIᵉ siècle comme pronom intermédiaire entre le tutoiement et l'usage trop solennel de *vuestra Merced* (votre Grâce), a remplacé le tu dans une partie de l'Amérique latine.
(Toutes les notes en pied de page et appelées par astérisque sont de la traductrice.)

cin pompadour, de l'hexamètre dactylique au poème en prose, de la fête galante à la ferveur du machinisme. Rubén Darío, sa figure de proue – « très xviiie siècle, et très ancien, et très moderne, audacieux, cosmopolite » – adopte et adapte toutes les littératures, toutes les prosodies prestigieuses pouvant apporter à notre littérature une thésaurisation culturelle, un déploiement formel et une faculté d'assimilation capables de la placer sur le même plan que les modèles dont elle s'inspire : la française (en particulier), puis l'anglaise et la nord-américaine.

Le modernisme produit la première concordance esthétique véritablement continentale, une synchronie et une internationalisation tangibles. Coexistant avec la tour d'ivoire, avec le dandysme et l'hyperesthésie, la déliquescence et la sophistication crépusculaires, l'exotisme et l'ésotérisme, la parodie et la mascarade, le modernisme manifeste tous les symptômes de la révolution industrielle naissante. Il vise aussi à une poésie qui ait la trempe et le nerf d'une époque de ruptures rénovatrices; il veut participer au nouveau vertige mondial.

Le modernisme contient les germes de la première avant-garde. Comme en Europe, elle débute vers la seconde décade du xxe siècle avec Vicente Huidobro qui, à partir de 1916, pénètre dans le cénacle de l'avant-garde parisienne. Trois livres déterminants modèleront la nôtre, *Altazor* (1931) de Vicente Huidobro, *Trilce* (1918) de César Vallejo et *Residencia en la tierra* (Résidence sur la terre) (1935) de Pablo Neruda. Je leur accorde ici la place qu'il convient. Si Vallejo associe convulsivement l'antitradition futuriste et l'indo-hispanisme ancestral en les implantant dans la matrice de la langue familière, si chez lui le métissage culturel est inhérent à une expérience aussi vitale que poétique, notre avant-garde, cependant, écrit en fonc-

tion non pas de programmes esthétiques locaux, mais
de l'état mondial de la littérature; elle écrit en tant que
participante active d'un processus international de
transformations radicales et généralisées. Elle brigue
non seulement la révolution artistique, mais aussi la
révolution mentale, sociale et technique. Dans « Les
avatars de l'avant-garde », j'essaie de caractériser globalement cet enchevêtrement turbulent, cette prolifique et trépidante agitation qui se reconnaît comme
avant-garde artistique. J'essaie de cerner le contexte
qui l'a engendrée, de définir son bagage notionnel, de
rendre compte de ses conceptions et de ses orchestra-
tions textuelles. Je distingue une avant-garde exultante
d'une avant-garde tourmentée. La première, modernolâtre, celle des manifestes rebelles et tranchants, assume le programme de l'ère industrielle. Elle préconise
et pratique le changement permanent basé sur l'expérimentation, le simultanéisme cinématique, la mutabilité formelle, la multiplicité focale, la mobilité relationnelle. A cette avant-garde euphorique et offensive
correspondent le créationnisme de Huidobro et l'ultraïsme du premier Borges. Puis vient l'autre, l'avant-
garde dysphorique du désarroi existentiel sur la terre
désolée, celle des hétérogénéités inconciliables, de l'esthétique de l'inachevé, du discordant, du discontinu et
du fragmenté, celle de la vie fractionnée, celle des
quatre consciences en lutte de *Trilce*, de la vision
désintégrante et de l'introspection hallucinée de *Residencia en la tierra*, de l'antiforme et de la contre-
culture, de l'écartèlement du texte par la coulée de la
puissance pulsionnelle de *Altazor*. Entre ces deux
jalons, modernisme et avant-garde, ce livre trace, à
travers les écrivains que je considère comme les plus
importants, comme mes aimants, une trajectoire chronologique. Il propose un schéma qui les intègre et les

allie. Tous, ils marquent nettement la voie, ils suscitent cette marche collective qui les coalise : la littérature latino-américaine. Ces propulseurs sont mis ici en corrélation et disposés symétriquement afin que ressorte la configuration de l'ensemble qu'ils concourent à créer. Il ne s'agit pas d'un manuel panoramique. Certains auteurs qui mériteraient d'être cités ne le sont pas parce que leur œuvre n'a pas encore été traduite en français; d'autres parce qu'ils échappent à ma sphère d'intérêt ou parce qu'ils n'exercent pas une fascination suffisante sur moi.

Critique hédoniste que la mienne, et qui part d'une lecture concupiscente. C'est le pouvoir d'appétence qui mobilise mes interrogations autour du texte désiré; c'est la séduction qui anime l'exégèse. Devant les textes, je ne me situe pas seulement en analyste. Je m'implique totalement comme critique et écrivain, ou plutôt comme écrivain exerçant son intelligence critique pour comprendre des formes d'écriture qui soustendent et aiguillonnent sa propre écriture. Ma réponse exploratrice renvoie aux lois d'une herméneutique spécifiquement littéraire. Elle s'énonce littérairement comme discours cognitif : elle adopte la forme de l'essai. Dans l'aire de ma langue, je reconnais deux modèles de prose réflexive, deux modèles de doxa d'essayiste : Jorge Luis Borges et Octavio Paz.

Les études ici réunies cherchent la formulation gnoséologique la plus riche possible, richesse qui inclut l'imagination et l'expressivité, lesquelles vont de pair avec l'entendement dans mon interprétation de la polyphonie provocatrice et plurivoque des signes littéraires. Mon exercice critique a traversé certains champs théoriques et méthodologiques en vogue depuis plus de deux décades. Il reste probablement dans mon écriture des traces palpables de tels trajets.

J'ai fait l'expérience et de la contagion et du détachement. J'ai procédé à ma propre critique de la raison
linguistique, de la raison sémiotique, de la raison
sociologique et de la raison historique. Je me méfie des
systématiques, des sommes catégoriques qui prétendent imposer des voies hégémoniques. La polyvalence
labile du poétique en appelle à des lectures multidirec-
tionnelles sur de multiples plans en correspondance
variable. Je rejette toute hyperdétermination méthodo-
logique qui débouche sur un excès de détermination
sémantique. Je refuse tout monopole analytique de la
signifiance littéraire car sa complexité, sa sinuosité,
sa virtualité échappent à l'encerclement de n'importe
quelle volonté disciplinaire. Je m'insurge contre les
formalisations schématiques (la visée géométrique
désincarnée), contre cette ingénuité épistémologique
qui postule une science de la littérature, contre la
notion statique de structure, la taxinomie rhétorique,
les descriptives réglementaires et abstruses. Je constate
leur inefficacité face aux messages artistiques, leur
incapacité à rendre compte de ce qui est inhérent à
l'esthétique. En littérature, il n'y a de raison que
relative. Une bonne partie des signes agissant indépendamment de la raison, il ne peut y avoir de rationalité
analytique totalement satisfaisante.

Les méthodologies très jalouses de leur cohérence
interne ne savent pas se plier aux exigences de l'objet
d'analyse; elles cherchent des objets qui leur permettent d'appliquer sans entrave leurs instrumentations
autarciques, centripètes (la méthode autant que l'objet
auquel elle s'applique est autotélique). Ces machina-
tions éloignent de leur champ opératoire tout ce qui,
dans le poème, est mouvant et insaisissable, le potentiel
connotatif, la stéréographie d'une écriture créative qui
ne supporte ni fixité ni délimitation. Entités de repré-

sentation symbolique, les signes ici manipulés et clari-
fiés au travers d'une spéculation, d'un miroitement où
l'on rencontre plus de spectres que de monde (monde
spectral), relèvent d'un moi transi de subjectivité pré et
translinguistique; ils relèvent du message subliminal, de
l'insensé, de l'absurde, du délirant, du fantastique et du
fantasmatique. Ils ont leur propre mise en scène, leur
propre efficacité. Ils requièrent une approche sensible
et un traitement subtil qui s'accorde à des figurations
n'admettant pas la simple traduction référentielle, à
des sens transfuges et à des formes sémantisées qui ne
se laissent pas conceptualiser.

Je pense que le texte littéraire (où le sens est porté au
plus haut degré de sa potentialité, de son admissibilité,
de sa compatibilité) dicte ses clés d'interprétation,
indique ses voies d'accès. Je crois à la pluralité exégé-
tique, à une herméneutique pluridisciplinaire, à une
critique mimétique, complice de son objet de déchiffrement, participante, imprégnée de littérature. Je ne
prône ni la rigueur positiviste ni la neutralité objective
en ce qui concerne l'œuvre d'art verbale. Elle se
présente comme monde figuré, figuration transaction-
nelle, découpage conformateur qui suspend l'image, la
met à part, la place dans son théâtre illusoire et
dépendant de conventions qui supposent une médiation rhétorique et un conditionnement perceptif.
Devant cette communication figurative de par sa fiction personnalisée, son transfert intersubjectif, je crois
plus à une compénétration fécondante – à la fois lucide
et ludique – entre œuvre et interprète qu'à une distanciation du regard scrutateur.

                                        Saúl Yurkievich

Célébration du modernisme

Le modernisme produit le déploiement le plus large de tous les ordres textuels. Il embrasse totalement l'horizon sémantique de son époque, ce carrefour fin de siècle où la conception traditionnelle du monde contrecarre la conception contemporaine. Il est le résonateur hypersensible de cette expansion provoquée par le développement des communications qui permettent aux connaissances humaines d'atteindre une échelle planétaire. Son champ d'action embrasse un domaine si vaste qu'il aspire à ausculter tous les espaces, à dépasser par la perception poétique la conscience du possible, à sonder toutes les voix, à appréhender l'en-deçà et l'au-delà du manifeste, de l'intelligible.

Le modernisme fait preuve d'une amplitude maximale au niveau spatio-temporel, psychologique et stylistique. Il provoque la première rupture du confinement des littératures nationales et une actualisation cosmopolite qui synchronise l'art latino-américain et celui des métropoles culturelles. Littérature non plus à la traîne de la littérature métropolitaine mais devenue concomitante sans parvenir, bien entendu, à rompre son lien de subordination. En raison de l'éloignement, du retard accumulé, l'internationalisation est virulente,

omnivore : on veut absorber démesurément l'histoire
universelle, la géographie mondiale. Avidité d'une
culture périphérique qui souhaite s'approprier l'héritage de toutes les civilisations, en tous lieux et à toutes
les époques. D'où cet acharnement des modernistes à
pratiquer le patchwork culturel, le mélange si hétéroclite d'éléments de toutes origines. Leurs accumula-
tions ne sont pas seulement transhistoriques et transgéographiques mais translinguistiques, ainsi qu'il
convient à un art de voyageurs et de polyglottes. Ce
translinguisme, fréquent dans la littérature contemporaine, sera cultivé par Apollinaire et Joyce et atteindra
son apogée avec Pound, autrement dit avec des écrivains également issus de cultures excentriques. Utilisé
par Huidobro et Vallejo, il sera repris par la poésie et la
narration latino-américaines contemporaines (exemple
probant : *Rayuela* (Marelle) de Cortázar). Le translinguisme est le corollaire verbal de cette vision cosmopolite qui, à partir des modernistes, transforme à la fois la
représentation et l'écriture.

Cette accumulation de traces culturelles de provenances les plus diverses, cette concentration du si
distinct et du si distant dans un même espace textuel,
suppose une esthétique qui assimile muse et musée
(Joyce, Pound, Borges). Les modernistes ont une âme
de collectionneurs, ce sont de grands collecteurs, ils
favorisent la poétique du bazar. Ils entassent, compi-
lent, notent, étalent tout, comme dans une épicerie
générale. Leur œuvre ressemble à un théâtre de varié-
tés, elle propose le plus vaste pot-pourri jamais conçu.
L'ardeur touristique du globe-trotter se conjugue avec
celle de l'archéologue pour imiter tout passé presti-
gieux. Les modernistes sont des experts en parodie et
en pastiche. Ils affectionnent la mascarade, le déguise-
ment, le bal costumé, ainsi que le prouvent leurs

recréations : gréco-latin passé au tamis du versaillais, gothique au tamis art-nouveau, Renaissance italienne au tamis préraphaélite, japonisme au tamis symboliste. Ils agissent avec une mentalité d'antiquaires, comme de bons représentants du XIXe, siècle parodique s'il en fut et incapable, malgré son goût pour la stylisation, de concevoir un style.

Le talent parodique et la virtuosité technique sont l'apanage des périodes maniéristes. Le modernisme, comme avant lui le rococo, est un nouveau maniérisme. L'art, dépossédé de sa fonction transcendantale (sacrée, civique, magique, prophétique, gnomique), libéré des objectifs étrangers aux délices de l'esthétique, se retourne sur lui-même afin de magnifier la conscience qu'il a de sa spécificité, de sa technicité, de son autonomie. Il devient autosuffisant, formaliste, somptuaire, superflu par rapport à toute valorisation utilitaire. La poésie voue un culte à la poéticité et s'acharne à la cultiver.

Le cosmopolitisme idéaliste des modernistes est à la fois en corrélation et en opposition avec le cosmopolitisme mercantile du capitalisme libéral, euphorique et florissant grâce à la récente entrée des marchés latino-américains dans le grand circuit du commerce international. Cette oligarchie s'enorgueillit de sa prospérité en édifiant des pastiches architecturaux cyclopéens : parlements romains, bourses de commerce helléniques, usines gothiques, casernes mauresques, résidences néo-classiques, ornées de frises et de fresques dont le style adopte les déités de la classe dominante : la science, la technique, le progrès, le commerce. Tributaire de cette pétulante ploutocratie imbue de l'obsession du profit, la bohème se gausse de l'arrivisme bourgeois, se marginalise du système, se targue d'une aristocratie spirituelle qu'elle oppose à la mésocratie de l'argent, pousse à l'extrême une stylisation recherchée afin de dénigrer le manque de raffinement des parvenus. Elle se réfugie dans l'onirisme fantaisiste, dans l'ésotérisme, le légendaire, l'exotique, voies de sublimation, d'évasion compensatrice face à la coercition du positivisme pragmatique, aux contraintes du réalisme bourgeois. L'évasion n'est pas seulement chimérique, elle est également formelle. Les modernistes ne se laissent aller ni à l'assoupissement ni au ravissement rhapsodique ni au verbe oraculaire. Ils astreignent les débordements déraisonnables et débridés du romantisme à une formalisation des plus expertes et des plus efficaces. Confrontés à une réalité qu'ils tiennent pour difforme et déformante, ils s'attachent au ciselage, au modelage, à l'orchestration, à l'ajustement, car ils considèrent la perfection formelle comme une des finalités les plus spécifiques de l'art. Imprégnée de pouvoirs transcendantaux et cathartiques, la forme a, pour les symbolistes (et parmi eux pour nos modernistes), plus de pouvoir d'étrangeté et de transfiguration que la fantaisie.

Que les modernistes se libèrent de la craintive réalité environnante par la recréation archéologique et par l'évasion chimérique ne les empêche nullement d'être les premiers à témoigner d'une actualité qui les enfièvre : succès du machinisme, accélération des transformations de l'ère industrielle, vie grouillante et multitudinaire des villes technicisées. Les modernistes sont, comme l'indique le nom adopté par ce mouvement, les premiers adeptes de la modernolâtrie futuriste. Rubén Darío et Leopoldo Lugones font le dithyrambe de cet archétype de l'omnipotence mécanique qu'est la locomotive. Ils vantent l'ivresse de la vitesse, s'extasient devant les nouveaux moyens de locomotion : automobile, paquebot, train express. Perméables, ils se vouent au culte du changement apporté par l'ère technologique, ils s'imprègnent de cet historisme partisan de la religion du progrès. Nous sommes à l'aube du fonctionnalisme, de l'esthétique industrielle qui cherche à adapter ses formes au règne du fer et du béton. C'est l'époque des palais de verre, des pavillons Baltard, des expositions universelles, du Grand et du Petit Palais, des premiers hangars, de la tour Eiffel, le début des gratte-ciel new-yorkais, qui viennent confirmer le mythe du nouveau monde, la mobilité et la mutabilité de l'Amérique, terre promise glorifiée par Darío dans son *Canto a la Argentina* (Chant à l'Argentine) et par Lugones dans son *Oda a los ganados y a las mieses* (Ode au bétail et aux moissons). Les modernistes infusent à leur poésie la vision instable, véloce et simultanée d'un art planétaire en accord avec le rythme et les expériences des temps nouveaux. Non contents de consigner l'actualité par une référence à l'outillage technologique, ils la représentent dans son enchevêtrement fiévreux, en adaptant les moyens figuratifs à cette superposition syncopée d'impressions hétérogènes et fugaces en quoi la réalité s'est transformée. Ils utilisent la juxtaposition kaléidoscopique, inaugurent la technique de la mosaïque, anticipent le montage cinématographique. Pratiquant un genre proche du reportage, ils inscrivent l'impact immédiat d'une réalité à l'état brut, à peine versifiée, pour ne pas la dénaturer par un excès de configuration littéraire. Ou encore, ils emploient les termes les plus prosaïquement techniques, indices probants de l'actualité, afin de les arracher à leur contexte utilitaire et de les soumettre à un arrangement arbitraire comme composants d'une métaphore déréalisante, d'une affabulation lyrique.

Avec les modernistes s'instaure le culte du nouveau, de l'originalité impérative. L'art côtoie la mode qui représente son lien avec le présent mouvant, il cherche le perdurable à travers le péremptoire. La mode est le code culturel dont les messages émettent des signaux de modernité. Ce voisinage implique un tribut versé à l'actualité ponctuelle, à l'histoire dans ses manifestations les plus passagères, car la réalité est devenue synonyme de la contingence et du transitoire. Le monde occidental vit une temporalité particulière dont la conséquence idéologique est cette crise d'affirmation, d'idées précises, cette relativisation de tous les absolus.

Cette temporalité se manifeste dans l'art par la valorisation de l'instantané et par un désir de capter les impressions insaisissables, les états d'âme les plus fugitifs. L'impressionnisme est la technique de l'instantané chromatique, la représentation des accords vibratoires, de l'instabilité optique des couleurs ambiantes. Il correspond à une vision mobile non astreinte à des contours précis, et seulement représentable à travers l'inachevé, l'esquisse, le sketch, l'ébauche. La sensibilité impressionniste impose le refus du successif et de la démarcation, lesquels sont abolis au profit d'un simultanéisme sensuel qui se complaît à l'annotation immédiate et spontanée de stimulations évanescentes. De consistance liquide ou gazeuse, elle provoque la dissolution, la volatilisation du corporel. Elle transforme tout en pure fluidité, pure durée, fusion brumeuse. De là son attachement à l'idée d'atmosphère, de climat, de clé, son aspiration polyphonique, sa tendance au musical.

Les modernistes jouent sur un registre psychologique des plus étendus, qui va de la mascarade, des simulacres, du portrait d'apparat, de l'élégance la plus stricte, du respect de l'étiquette, des protocoles auliques aux explorations de l'inconscient; de la clarté et de l'impassibilité parnassiennes à la confusion chaotique des profondeurs; des émaux et camées à la saison en enfer; du stéréotype, du topique et du typique à l'instinctif, au pulsionnel, au libidinal. Registre qui s'étend du midi à la mi-nuit, des veilles apolliniennes à l'onirisme panique.

Le majestueux rivalise avec les forces obscures. Les poètes cherchent à se libérer des répressions rationalistes, invitent au dérèglement des sens qu'ils expriment à travers l'alchimie du verbe. La sexualité est à fleur de texte et s'énonce sans euphémismes, la névrose émerge et désarçonne, bouleverse le message, démantèle la chaîne discursive. L'auto-exégèse devient « séisme mental », le génie lugubre annule toute normative. Dans ce régime nocturne, le caprice, l'arbitraire, la démesure deviennent des valeurs esthétiques. A l'absurdité du monde, au non-sens de l'existence correspondent le non-sens et l'absurdité de l'art.

Parce qu'ils confondent inconnaissable et inconscient, original et anormal, les modernistes sont attirés par le psychopathologique, par les déviations, les perversions, le lubrique, le libidineux, le satanique. Le poème se fait « psychologation morbido-panthéiste », éventre la subjectivité aliénée, se laisse aller à la séduction du gaspillage, du désordre, de l'orgie, de la cruauté, de la perdition, de la chute dans les tréfonds ténébreux : primauté de l'instinct de destruction, de la pulsion de mort.

Excentrée, la personnalité se désajuste. Scindée, la conscience se démantèle. Fragmenté, le moi s'aliène. Le moi obscur disloque le moi lucide en le privant de son identité. L'inconscient est l'antagoniste, le révélateur de la finitude, de la fragilité du moi réfléchi. Le sombre intérieur, cet envers imprévisible, ce sous-sol tortueux, est le gisement du désir, des rêves, de la pensée et du langage. L'inconscient est l'associé insaisissable, insondable, qui impose à la conscience une dualité inconciliable. Par l'irruption des puissances irrationnelles, l'enharmonie et l'entropie envahissent le poème, les oppositions et les conflits s'installent à l'intérieur du discours pour saper l'enchaînement logique, la cohérence conceptuelle. Obscurité et incongruité se transforment en stimulateurs de la suggestion poétique. Le signe poétique devient hermétique, illogique, anormal, il s'éloigne de plus en plus du discours naturel. Le poète tend à l'obnubilation volontaire afin de transgresser les limites de la perception normale, il cherche à dépasser les signifiés émergents pour que resurgissent les virtualités sémantiques.

Le déséquilibre psychique reflète le déséquilibre universalisé. L'absurde règne de toutes parts. Un absurde positif qui libère de la causalité empirique et permet, par la voie d'une imagination libérée, d'inventer des mondes inédits (créationnisme de Huidobro) ou de retourner au principe à travers le mythe, de rétablir le lien avec nos Mères Primordiales. Un absurde négatif qui aliène la raison, dénonce l'insignifiance de l'existence, l'opacité du monde, l'altérité insurmontable des choses (*Trilce, Residencia en la tierra, Altazor*). La vision devient désintégratrice, chaotique, convulsive, sans espoir. Le monde apparaît comme un cryptogramme régi par des lois indéchiffrables. L'homme a créé des schémas abstraits de compréhension qui correspondent à la contexture de son intellect mais pas à celle de la réalité. Pour une véritable connaissance, il convient d'inverser le cours de la pensée discursive, de revenir à l'infrastructure, d'affirmer la négation, de reconnaître l'affaiblissement des recours de la conscience réflexive qui est capable d'atteindre les cimes les plus abstraites mais ne peut appréhender les raisons de fond. Profondeur et conscience s'avèrent incompatibles. Toute plongée annule le conscient. L'origine ne peut être perçue qu'intuitivement et non pas cognitivement. Le langage linéaire et temporel de l'homme est inconciliable avec la simultanéité temporo-spatiale de l'univers. Pour concevoir la réalité, pour la dire, il faut une parole antithétique, allusive, sinueuse, labyrinthique, passionnelle, métaphorique, plurivoque. Le discours philosophique se rapproche du poétique (Nietzsche, Kierkegaard).

La poésie moderniste est la caisse de résonance des contradictions et des conflits de son époque. Elle reflète cette crise de conscience qui engendrera la vision contemporaine du monde. Les continus se brisent. Les certitudes du concept Renaissance, qui est à l'origine de la science expérimentale moderne, se relativisent ou s'infirment. Tous les systèmes perdent de leur cohésion ou de leur pertinence. La réalité, par excès d'hétérogénéité, d'instabilité, de discontinuité, devient de plus en plus illisible. Partout apparaissent des zones de pénombre où la pensée ne peut pénétrer. La substance du monde, tout comme celle du sujet, se refuse à être objectivée. Les distinctions entre sujet et objet s'estompent. La subjectivité profonde s'avère incompatible avec les catégories rationnelles. On ne peut pas plus expliquer ou expliciter le *quoi* que le *qui* ou le *comment*. Toute signification s'appuie sur une base obscure et silencieuse. Toute clairvoyance présuppose un socle ténébreux. Toute affirmation repose sur une négation. La philosophie s'efforce d'adapter la connaissance à la nature mouvante, variable et contradictoire de la réalité (dialectique hégélienne et marxiste, vitalisme bergsonien). Il s'agit d'ôter à la logique toute fixité ou étroitesse syllogistique. La critique épistémologique détruit l'illusion d'une progression rationnelle illimitée, d'une connaissance pyramidale. Le nihilisme et l'agnosticisme se répandent. Des philosophes pessimistes comme Nietzsche et Kierkegaard s'efforcent de fonder le savoir sur cette irrationalité rebelle qui désormais apparaît comme un élément constitutif de la réalité, ils tentent d'assumer la différence radicale entre réalité vécue et réalité conçue. La vérité devient anthropologique. La crise de la notion de l'humain encourage la naissance de l'anthropologie, de la linguistique, de la psychiatrie et de la psychanalyse.

Les modernistes participent d'une littérature crépusculaire (Rilke, Pessoa, Kafka, Joyce, Musil, Svevo, Strindberg, Mann). Ils assistent au crépuscule des dieux, au déclin du monde morose de la Belle Epoque. Ils vivent le passage du contexte artisanal personnalisé, de la société villageoise, à l'anti-nature du fer et du béton, à la concentration anonyme des mégalopoles, à la mécanisation de la vie, à l'organisation à grande échelle. Ils passent du gigantisme, du délire cosmogonique, de l'exaltation messianique, de l'emphase apocalyptique, de la grandiloquence, du pathétisme, des transports rhapsodiques, du sentimentalisme mélodramatique, de la confession attristée, de la communion panthéiste du romantisme à la médiation formaliste et symbolique du maniérisme et à une meilleure élaboration, une conscience technique plus spécifiquement littéraire, une poétique plus subtile, une poéticité au second degré, des correspondances, une sensibilité impressionniste, un dire indirect, des nuances, une recherche de l'expressivité à travers des suggestions rythmiques et sonores et une raréfaction enrichissante.

Alliés aux symbolistes, les modernistes visent à la singularité et à l'indépendance de la poésie, considérée avant tout comme un art verbal, une formalisation spécifique du langage. Ils prônent l'hégémonie de l'imaginaire et du musical sur l'idéologique. « On ne fait pas des vers avec des idées mais avec des mots », dit Mallarmé. Ils agissent comme s'il existait un antagonisme inconciliable entre nature et fable, littérature et réalité. Valéry parle d'impossibilité définitive de confusion entre la lettre et la réalité. Jouant d'un humour paradoxal, Wilde, quant à lui, ne se contente pas de prédire le divorce absolu entre art et nature mais affirme que la nature est une création de l'art. La poésie est valorisée par sa capacité d'incitation, de suggestion, par son goût pour l'expressivité et non par sa conformité au réel. Réalité, vérité, clarté, généralité, objectivité, acquièrent une valeur négative.

L'autonomie poétique semble être directement proportionnelle à l'éloignement du réel immédiat. Cet éloignement est favorisé par une mainmise sur tous les recours d'évasion, de rêve, d'étrangeté, d'exotisme, d'ésotérisme, de fantastique. Il se produit au moyen d'une rupture avec les liens logiques, avec la vraisemblance réaliste, avec toute vérification extratextuelle; il se développe par la conversion du moyen en message esthétique, par une prépondérance absolue accordée à la forme.

Les modernistes amènent à son point de rupture le système de la représentation traditionnelle qui assume un continuum lexical et tonal, pour évoquer par degrés le cadre successif, vu depuis un même point d'observation et avec une perspective monofocale. Ils nous conduisent à la rupture imminente de l'analogie classique, de la causalité admise, du mimétisme naturaliste. Ils pratiquent le bond, la surprise, le disruptif, l'irruption inattendue, les divergences lexicales, les mélanges synesthésiques, les miscellanées fabuleuses, les figurations légendaires, mythologiques, transhistoriques,

transgéographiques, transculturelles. Ils donnent libre
cours à la fureur métaphorique, saturent le texte de
métaphores radicalisées. La métaphore devient un des
recours favoris pour créer l'étrangeté, déréaliser et
littératuriser le discours, pour transformer l'habituel en
inhabituel, l'exotérique en ésotérique, pour introduire
la nouveauté déconcertante, l'étonnement devant l'inédit que l'on exige du poème. Proie de la fantaisie, de la
métaphore et du néologisme à tout crin, la poésie
devient l'art d'échapper au coutumier, à la réalité
habituelle, au langage usuel. Cette distanciation accroît
parallèlement l'autosuffisance du signe poétique qui
instaure ses propres interrelations, son propre univers
linguistique.

Les modernistes valorisent l'envoûtement des suggestions rythmiques, imaginatives, musicales. Le son l'emporte sur le sens. Ou plutôt, le son cesse de n'être plus
que support pour devenir producteur de sens (homophonie est homologie). La lettre l'emporte sur l'idée.
La forme régit le contenu. L'intelligence discursive est
en retrait. Le contenu idéologique et la représentation
sont médiatisés par la mise en relief de la composition.
Pour les modernistes, l'art est d'abord une intervention
formelle, il dote la matière modelable d'une configuration sensible. Leur formalisme, enclin à la surcharge
ornementale et à l'afféterie, contribue à accroître la
conscience instrumentale des faiseurs de poésie. A une
plus grande conscience technique correspond une plus
grande conscience critique. La virtuosité des modernistes implique le maximum d'intentionnalité opérationnelle, de configuration orchestrée, de structuration, de
technicité agissante. Le texte, loin de dissimuler le
travail d'élaboration, le met en valeur, car le savoir-
faire est ce qui correspond le plus pertinemment à
l'art.

Le modernisme fait preuve de la plus grande des envergures stylistiques. Il joue sur tous les registres, s'essaye à tous les modules, au répertoire le plus vaste des imitations, versions, transformations, innovations. Il passe des canons les plus formels à la dissolution des formes régulières, de la versification la plus concertée au vers libre et au démantèlement de la colonne versale, des artifices les plus stylisés à un discours incohérent, alluvial, préfigurant le staccato de Vallejo et l'avalanche nérudienne. C'est des modernistes que surgiront la notion et la pratique d'un art expérimental.

La prédominance de la forme sur le fond implique d'opter pour un art de surface. Les modernistes rejettent la prétentieuse profondeur romantique, ils ne cherchent ni l'épaisseur ni la touffeur substantielles. Ils tentent d'alléger le poème de ses servitudes extratextuelles, afin de l'orienter vers son immédiateté la plus concrète : la configuration du mot au moyen d'une manipulation experte. Travailler en surface signifie accepter la prédominance de la matière du texte, lequel est avant tout une disposition particulière du langage sur la surface de la page blanche. L'art de superficie côtoie l'art décoratif. Les arts plastiques, de même que la littérature de la fin du XIXe siècle, insistent sur le décoratif par opposition à ce qui imite le naturel, dans un désir de stylisation en tant que pouvoir d'abstraction. L'art n'a pas une fonction reproductrice. Il stylise la bigarrure du réel sensible afin d'abstraire une configuration synthétique, il débrouille l'écheveau du perçu immédiat en le représentant sous une forme symbolique. En peinture, c'est la primauté du linéaire, de l'arabesque. En poésie, c'est celle des tracés, des feuillages, des volutes verbales. On assiste, dans les arts plastiques, à l'essor de l'art nouveau, du modern style.

Dans l'art du verbe, c'est le règne du symbolisme, leur correspondant littéraire. Toutes ces manifestations sont corrélatives, elles proviennent d'un même contexte esthétique. On y retrouve une recherche commune de rythmes mélodieux et d'associations suggestives, une même imagerie, des icônes semblables, une égale volupté.

Art de surface, art bidimensionnel, art de silhouette, art de profil, art linéaire, art ornemental, art floral. A l'image du modernisme, l'art nouveau, son équivalent visuel, ou l'impressionnisme, son équivalent musical, imposent les harmonies ondulantes, le règne de la courbe sensitive, le mouvement sinueux, les entrelacs, le rythme des bulles et des tourbillons. Art féminin, art félin, lascif, émollient, ondoyant, flamboyant. Art fleuri, fait de corolles, de chevelures flottantes, de ramures, et qui s'inspire de l'univers biomorphique et le soumet à une stylisation aussi raffinée que sophistiquée. Art du non-pratique et du superflu, art charmant, sensuel, somptuaire, il représente à la fois le déclin et la culmination de l'ère artisanale : le triomphe ultime de la fantaisie luxurieuse, gaspilleuse, sur la résistance des matériaux. Métal, verre, pierre, bois, dociles aux artifices, sont habilement transfigurés en floraisons et feuillaisons, en femmes serpentines et ailées, en ondulantes ondines. Triomphe de la débauche d'images sur l'usure du faisable, du dicible profitable, le modernisme se lance, irrésistible et jouisseur, à l'assaut de la retenue réaliste.

Rubén Darío :
Le sujet transversal
ou la subjectivité
kaléidoscopique

Les modernistes inscrivent en amplitude et en profondeur un déploiement psychologique maximal. Ils représentent, sur la scène textuelle, une vision de la subjectivité qui déjà s'apparente à la nôtre. La clairvoyance harmonique du régime diurne qui, dans les jubilations du discours élevé trouve une juste consonance entre langage, monde intérieur et monde extérieur, est rabaissée, scindée par la puissance obscure des profondeurs sans visage, par le gargouillement des tréfonds corporels, par le bruit confus des mélanges intimes qui ne se laissent ni assigner ni désigner. Bien qu'encore assimilé à la querelle théologique entre cathédrale et ruines païennes, où les vibrations frémissantes des « mille visions de fornication », de « toutes ces aigreurs mélancoliques », des « frissons de la chair maligne », sont maléfices sataniques et démoniaques, Rubén Darío fait surgir à la surface du poème la décharge pulsionnelle de l'inconscient qui va dissocier le message et commencer à disloquer l'expression. Lorsque la sublimation, en appelant aux splendides synthèses du vitalisme panthéiste, conjure le dérèglement psychique en le transmuant en une jouissance harmonisante, la tension libidinale traverse l'écrit et le somatise, elle l'allitère et le rythme afin de résonner à

travers l'articulation buccale, vocale et les intensités
toniques. Quand le poème se propose d'enregistrer le
« séisme mental », la crise d'une conscience atterrée
par la disparité entre l'être et le connaître, par la
disproportion entre son bouleversement et l'infime
savoir qu'il a de lui-même, l'illusion du langage dispa-
raît en même temps que sa raison d'être, sa fonction de
porte-parole d'un moi responsable, doté d'une identité
personnelle et fondé sur l'intégrité d'un corps. Le texte
soumis alors à des tiraillements entre désir, angoisse,
frustration et faute, révèle la discontinuité du sujet, du
corps, du langage, du monde.

Du fait du retrait de l'Appariteur suprême, le moi
fragmenté et le corps démembré détruisent l'équilibre
de l'attribution des signifiés ainsi que leur distribution
dans les séries linéaires. Le langage ne peut alors
exprimer qu'intensités, révélations, consommations ou
destructions. Le texte, de Darío à Vallejo, laissera
émerger au lieu du sujet constitué un sujet en plein
processus d'engendrement ou de dissolution, un sujet
non pas préétabli et relié à une réalité préconçue mais
génétique et favorisant la figuration de rapports autres
entre le conscient, l'inconscient, les objets naturels et
les appareils sociaux. La subjectivité rebelle, renversant
ses barrières, représentera une transversalité négative
qui décomposera et recomposera le dispositif poétique
instauré, afin de manifester sa capacité de transformation, de rupture, de mobilité, d'ubiquité, de simultanéité. Il désarticulera l'organisation du texte, basée sur
ce consensus considéré comme naturel qui suppose un
langage devant énoncer l'affectation courante des
sujets et objets. Il la démantèlera afin de décodifier le
langage, au risque même de mettre en danger son
fonctionnement social par un excès de signifiants erratiques, afin de le désautomatiser, d'y réintroduire la

pluralité pulsionnelle, la matière impatiente, la charge corporelle des hétérogénéités.

Darío manifeste une alternance inconciliable entre le super-ego du vitalisme euphorique et l'infra-ego taciturne et thanatique. Le désir affable le comble de jouissance d'un ego tout-puissant et narcissique : il se complaît à l'identifier au dominateur solaire (Apollon, Hélios, Persée, Pégase), à la virilité monarchique, à ce qui est fougueux, sagittaire, au héros coercitif, à la violence offensive de celui qui transperce, qui étreint et rompt, à l'héliolâtrie triomphante.

> *¡Oh ruido divino!*
> *¡Oh ruido sonoro!*
> *Lanzó la alondra matinal el trino,*
> *y sobre ese preludio cristalino,*
> *los caballos de oro*
> *de que el Hiperionida*
> *lleva la rienda asida,*
> *al trotar forman música armoniosa,*
> *un argentino trueno,*
> *y en el azul sereno*
> *con sus cascos de fuego dejan huellas de rosa.*
> *¡Adelante!, ¡oh cochero*
> *celeste!, sobre Osa*
> *y Pelion, sobre Titania viva.*
> *Atrás se queda el trémulo matutino lucero*
> *y el universo el verso de su música activa.*
>
> (Helios)

Oh, le bruit divin!
Oh, le bruit sonore!
L'alouette matinale a lancé son trille,
et sur ce prélude cristallin,
les chevaux dorés
dont l'Hiperionide
tient serrée la bride,

en trottant font une musique harmonieuse,
un grondement argentin,
et dans le serein azur
de leurs sabots de feu laissent des foulées de rose.
Fouette! ô cocher
céleste! par-dessus l'Ossa
et le Pélion, sur Titania vive.
Là-bas s'efface la tremblante étoile matutinale
et le vers de sa musique l'univers avive.

                                        (Helios)

Virilité érigée et verticalité ascendante s'opposent chez Darío à la chute ténébreuse. Cette sexualité assaillante, volontaire, expansive, conquérante, contraste avec la sexualité régressive, celle du repliement dans l'humidité, dans la morbide intimité féminine; gigantisme éblouissant contre gullivérisation opaque, repliement rétrécissant, plongée en soi-même, enroulement fœtal. Et par opposition à l'apothéose d'un super-ego démiurge, doté d'un pouvoir infini, la misère d'une finitude confuse qui déjoue et mutile, qui estompe et embourbe.

El alma que ha olvidado la admiración, que sufre
en la melancolía agria, olorosa a azufre,
de envidiar malamente y duramente, anida
en un nido de topos. Es manca, está tullida,
¡Oh, miseria de toda lucha por lo finito!
                    (¡Oh, miseria de toda lucha por lo finito!)

L'âme qui a oublié l'admiration, qui pâtit
dans l'aigre mélancolie, puante de soufre,
de jalouser mauvaisement et durement, niche
dans un nid de taupes. Elle boite, elle est estropiée,
Oh, misère de toute lutte pour le fini!
                    (*Oh, misère de toute lutte pour le fini!*)

Infini symphonique contre fini dysphonique ou aphone.

La poésie de l'exaltation vitale, du vaste « orgueil viril » ou de l' « *odor di femina* » s'inspire d'une cosmogonie érotique. L'homme et la femme en copulant incarnent le principe de dynamisme harmonieux de l'univers, celui qui assimile la fécondité humaine à la fécondité tellurienne, la fécondité naturelle à la fécondité artistique. Sexualité et art sont également liés aux rythmes du corps, ils coïncident avec tous les rythmes cycliques de la nature. Amour et art, en donnant tous deux le jour, nous font participer au « rythme magique » de la musique cosmique, nous permettent de pénétrer « le mystère/du cœur du monde ». Par l'aimée on accède à la « jouissance qui embrase les entrailles du monde », à « l'utérus éternel » d'où émane toute création, à la sagesse suprême, celle de l'accord consommé avec le cosmos.

Cette coïncidence concertante s'inscrit dans une poésie euphonique, euphorique, unitive, harmonieuse où signifiants et signifiés concourent à créer l'homologie homophone ou l'homophonie homologue qui régissent le poème, analogue jubilant de l'univers eurythmique. Célébration, triomphe, tout est communion communicative, circulation fluide, synchronie irrésistible. La pulsion sexuelle, transfigurée par sa symbiose mythique avec la sacralité tellurienne, trouve son plus bel épanouissement; glorifié, son théâtre atteint une échelle cosmique. Les signifiants étant sémantisés et les signifiés somatisés, l'épiphanie érotique érotise les sons et renvoie le langage à sa base d'articulation buccale – « frôlement, mordillement ou baiser » –, au plaisir oral et glottique. La jouissance opère une redistribution du langage afin de le rendre musical, elle le renvoie aux

bases pulsionnelles de la phonation. Syntaxe et prosodie sont subordonnées au pouvoir allitératif qui trace
son circuit à travers les restrictions logiques et métriques, les limitations lexicales et l'alignement syntagmatique. La phonation ne joue plus le rôle servile de
différenciatrice morphosyntaxique, elle efface les traits
distinctifs, dissout les identités en un élan choral qui
replonge le mot dans son sémantisme originaire et
antérieur à la représentation symbolique, antérieur à la
coupe thétique séparant pulsion et signe, signifiant et
signifié. Elle fait resurgir le rythme kinésique, immanent au fonctionnement du langage, qui précède la
structure articulant les séries grammaticales. La coalition sonore entraîne de nouvelles unités sémantiques
non phrastiques. Les phonèmes sémantisés tendent à
constituer leurs propres réseaux en reliant les lexèmes
qui les englobent. Cette sympathie sonore, prégrammaticale, rétablit les potentialités pulsionnelles réprimées
par le règlement prosodique et la norme linguistique;
elle déploie une poussée unificatrice en contrepoint
avec la disposition thético-symbolique. Par l'irruption
des rythmes phoniques primaires, Darío déclenche un
processus de relâchement de la langue qui culminera
dans les chants VI et VII d'*Altazor* où les possibilités
d'allitérations finissent par abolir toute opposition. Les
signifiants sémantisés musicalement imposeront une
phonation autre que celle de l'élocution normale, utilitaire. Ainsi l'énonceur sera le sujet concret qui consigne directement sa propre subjectivité. Les mots aban-
donneront l'ordre du langage pour matérialiser l'inscription d'un corps réel.

Par opposition à cette jubilation enjouée, à cette
mimésis perfective, cette sublimation mélodieuse d'un
super-ego omnipotent, celui du poète panthocrate, on
trouve son antipode, l'alter ego inconciliable, insonda-

ble : l'inconscient perturbateur qui désaccorde et désagrège, qui disloque les relations et la communication.
Darío est à la fois l'orchestrateur de ce discours élevé
qui incorpore tout à travers la distribution harmonique,
et le désorchestrateur qui enregistre l'afflux des forces
obscures, celles des tréfonds impérieux et confus luttant pour rompre les barrages de la conscience en
émettant des signaux épars, erratiques, une foule de
signifiants réfractaires au signifié et que le langage,
agent de l'ordre censorial, ne peut ni fixer ni aligner ni
formuler.

Dans ces *Cantos de vida y esperanza* (Chants de vie
et d'espérance), le sujet constitué par la conscience à
travers une interaction réglementée entre corps, langage et société ne parvient plus ou ne veut plus retenir
l'explosion d'une subjectivité qui dépasse le discernement et franchit les limites idéologiques de la rationalité, qui perturbe la conduite linguistique puisqu'elle ne
se laisse ni distribuer dans les séries linéaires ni représenter. L'ego narcissique dont l'ancrage assure la force
cohésive, c'est-à-dire la faculté de relier les structures
réelles aux structures oniriques et symboliques moyennant des synthèses transcendantales, se voit menacé
par des décharges énergétiques rebelles qui le décomposent, le désagrègent. Des afflux psychosomatiques
disparates le projettent dans de multiples directions,
luttent pour déchirer la texture, le tissu du continuum conscient et déjouer les dispositions de l'intelligence logique et catégorielle. L'intromission
discordante d'un excès d'hétérogénéité qui, pulsative et
pulsionnelle, produit une poussée, ne permet ni d'assigner ni de désigner. L'éclat de l'âme, estompé, s'éteint,
la conscience aveugle, et l'introspection se fait errance
vague et tâtonnante. La « Divina Psiquis », prisonnière

de l'être nerveux et du corps sensible, est comme un
papillon pris au piège :

> *Te asomas por mis ojos a la luz de la tierra*
> *y prisionera vives en mí de extraño dueño :*
> *te reducen a esclava mis sentidos en guerra*
> *y apenas vagas libre por el jardín del sueño.*

> Tu te penches par mes yeux à la lumière terrestre
> et prisonnière d'un étrange maître vis en moi :
> mes sens en lutte de toi ont fait une esclave
> et tu erres à peine libre de par le jardin du rêve.

Ces accès déstructurants refusent de se laisser approprier, diriger, modeler par le sujet connaissant. Récal-
citrants, ils sont réfractaires à une séparation entre
sujet et objet, qui les rendrait signifiables. Cette subjectivité profonde refuse de s'en tenir à la position du sujet
symbolique ou syntaxique, à l'absence, l'abstraction du
somatique qui permettrait sa dénotation en tant que
signe. Elle impose une descente, sous l'ordre symbolique, à la base préverbale, au noyau intime à l'endroit
secret où s'engendre la signification. « Et au-delà de
toutes les consciences vulgaires/tu explores les recoins
les plus sombres et les plus terrifiants. »

La représentation « s'introvertit », tente d'aller en
deçà ou au-delà de la frontière symbolique, vers les
« sens intimes ». Elle voudrait s'installer dans « l'abîme
qui sépare », dans l'inconscient, réacteur hermétique
qui produit l'irruption destructrice. Là, le sujet s'excentre et l'identité psychologique, illusion de l'ego idéal,
s'efface : « Ah, bien triste est celui qui sur son sphinx
intérieur/un jour pose les yeux et interroge ! Il est
perdu ! »

Il n'est pas facile de déterminer la part idéologique et

existentielle que contient le psychologisme de Darío.
Stimulé par les préoccupations de son temps, par la
littérature clinique aussi bien qu'artistique, et particulièrement dans le Paris de Charcot et de Janet qui
l'incite à presser sa propre « cité cérébrale » :

Y me volví a París. Me volví al enemigo terrible,
centro de la neurosis, ombligo de la locura, foco de todo
surmenage, *donde hago buenamente mi papel de* sauvage
encerrado en mi celda de la rue Marivaux.
                    (Epistola a la Señora de Leopoldo Lugones)

Et je suis revenu à Paris. Revenu à l'ennemi terrible
centre de la névrose, nombril de la folie, foyer de tout
surmenage, où je joue très à cœur mon rôle de sauvage
enfermé dans ma cellule de la rue Marivaux.
                    (*Lettre à Mme Leopoldo Lugones*)

Darío discourt sur les émergences de l'inconscient. Le
poème *Auto-pieza de disección espiritual* (Auto-pièce
de dissection spirituelle) est la fiction véridique qui
tente de dévoiler le voilé. En inscrivant les troubles de
la subjectivité, le poème prétend représenter l'inconscient transféré à la lettre (l'inconscient lettré). Cardio-
gramme, encéphalogramme, il dit le psychotique :
délires, manies, hallucinations, obsessions, phobies,
névroses. Il étale les états morbides, les angoisses
déstructurantes, la dislocation provoquée par une spontanéité non contrôlée, l'égarement fantasmatique, les
altérations des liens objectuels, l'irrésistible autisme qui
fait se replier l' « auto-Hamlet » sur lui-même et l'asser-
vit au cohabitant insondable.
    Le premier *Nocturno*, mieux que tout autre poème,
montre comment va s'effaçant le moi narcissique qui
jusqu'aux *Prosas profanas* avait permis de constituer
un épicentre d'élocution résistant. Désormais, la dis-

jonction, la discordance, l'incertitude opèrent leurs
déplacements, leur désamorçage dans la représentation
comme dans le support. Présidé par la pulsion de mort,
à l'instar de bien d'autres poèmes du *Cantos de vida y
esperanza* qui contredisent ce titre optimiste, ce *Nocturno* témoigne d'un processus qui excède le sujet et
commence à subvertir les pratiques socialement admises. Il rend compte d'un excès négatif, mouvant,
amorphe, que le moi réflexif ne parvient pas à séparer,
à identifier, à symboliser. Disruption, divergences, scission, entropie, s'opposent aux significations établies,
aux modules du sens catégoriel; elles produisent une
inadéquation entre signifiants et signifiés, laquelle finit
par déplacer et disperser le sujet unitaire de la langue
linéaire, par troubler, traverser et désajuster le dispositif textuel.

Quiero expresar mi angustia en versos que abolida
dirán mi juventud de rosas y de ensueños,
y la desfloración amarga de mi vida
por un vasto dolor y cuidados pequeños.

Y el viaje a un vago Oriente por entrevistos barcos,
y el grano de oraciones que floreció en blasfemias,
y los azoramientos del cisne entre los charcos
y el falso azul nocturno de inquerida bohemia.

Lejano clavicordio que en silencio y olvido
no diste nunca al sueño la sublime sonata,
huérfano esquife, árbol insigne, obscuro nido
que suavizó la noche de dulzura de plata...

Esperanza olorosa a hierbas frescas, trino
del ruiseñor primaveral y matinal,
azucena tronchada por un fatal destino,
rebusca de la dicha, persecución del mal...

El ánfora funesta del divino veneno
que ha de hacer por la vida la tortura interior;

la conciencia espantable de nuestro humano cieno
y el horror de sentirse pasajero, el horror

de ir a tientas, en intermitentes espantos,
hacia lo inevitable desconocido, y la
pesadilla brutal de este dormir de llantos
¡de la cual no hay más que Ella que nos despertará!

Je voudrais exprimer mon angoisse en vers qui abolie
diront ma jeunesse de roses et de rêveries,
et l'amère défloraison aussi de ma vie
par une douleur vaste et des soins petits.

Et le voyage vers un vague Orient sur des bateaux entrevus,
et le grain des oraisons qui s'épanouit en blasphèmes,
et les effarements du cygne au milieu des flaques
et le faux azur nocturne d'une mal-aimée bohème.

Lointain clavecin qui en silence, en oubli
n'as jamais donné au rêve la sonate sublime,
esquif orphelin, arbre insigne, sombre nid
qui a velouté la nuit d'une douceur argentée...

Espoir aux senteurs d'herbe fraîche, trille
du rossignol printanier et matutinal,
lys qu'un destin fatal a tranché,
recherche du bonheur, et persécution du mal...

L'amphore funeste du divin venin
qui toute la vie sera la torture secrète;
la conscience épouvantable de notre boue humaine
l'horreur de se savoir de passage, l'horreur

d'aller à tâtons, par de brusques affolements,
vers l'inévitable inconnu, vers le
cauchemar brutal de ce dormir plein de larmes
dont il n'y aura qu'Elle pour nous réveiller!

Ce *Nocturno*, tout en infirmant les pouvoirs mimétiques et sublimants de la poétique de la rêverie unificatrice, celle qui est à l'unisson avec la « musique du monde », exprime « l'amère défloraison », le passage, de l'ordre idyllique des choses (la fleur est superlative, c'est le modèle de la plénitude manifeste, l'archétype de la nature édénique, le centre béatifique) à la boue épouvantable (régression vers le monde d'en bas, vers le chaos primitif, le préformel), c'est la chute du rêve vers le cauchemar, de la lumière/lucidité vers les ténèbres/obnubilation. Le poème débute sur une détermination affirmative dont le sens unidirectionnel va bientôt s'interrompre. Dès la deuxième strophe, la concaténation se relâche, le développement devient parataxe de constructions nominales, à tel point qu'à la quatrième strophe on ne retrouve plus qu'une énumération d'idées sans liens relationnels explicites. La troisième strophe me séduit par sa laxité/lassitude, ses entrelacs, par ce que ses images ont de fantasmatique, par la liberté de ses associations, par son pouvoir réverbérant, ses sens virtuels, nomades, sa capacité de résonance, ses latences :

> Lointain clavecin toi qui en silence, en oubli
> n'as jamais donné au rêve la sonate sublime,
> esquif orphelin, arbre insigne, sombre nid
> qui a velouté la nuit d'une douceur argentée...

On entre avec elle dans un temps suspensif, dans une expansion gazeuse, une sourdine onirique qui abolit les discriminations du conscient discursif. Le transport, l'envol de la musique captivante s'apaise et redescend pour se muer en navigation nocturne sur la mer intérieure, en repli apaisant, en régression protectrice. L'impossibilité de retrouver l'unité par la chimère du pouvoir impérial (« et fort je me suis élevé aussi haut que Pégase »), l'élévation angélique (« Et c'est cette même âme qui au fond de l'infini vole »), entraîne le sujet fragmenté (« Tandis qu'à la nuit pleine l'esquif

infortuné/va sur la vague hostile orphelin de l'au-
rore... ») vers la régression *ab ovo*, le retour imaginaire
au corps de la mère, d'immémoriales retrouvailles
aquatiques. « Esquif orphelin », canot sans bateau,
nous rappelle le berceau (la corbeille de Moïse); arche
voyageuse, carapace qui protège, arcane, ramènent à
l'intimité maternelle. Cet esquif, incitateur de rêverie à
la dérive, insulaire et claustral, se féminise, à l'image
de toute maison, jusqu'à conduire vers l'enroulement
fœtal dans le « sombre nid/qui a velouté la nuit d'une
douceur argentée ». Cette image de repli intra-utérin,
euphémisme du ventre maternel, symbolise le retour
apaisant vers l'indifférenciation du commencement.
L'onde maternelle porte, berce, endort dans la douce
mollesse de la nuit féminine. Retrait du géant narcissique vers l'homoncule, vers le micro-univers germinal,
retour à l'utérus. La Mère Première, la lune lactifère
qui veloute de douceur argentée, appelle à une réintégration réparatrice.

« Esquif orphelin, arbre insigne, sombre nid »,
noyaux aux irradiations multivoques, faisceaux relationnels, polariseurs d'images, condensateurs symboliques, madriers flottant sur une eau fantasmique où se
défont les liens de la causalité extérieure; émergences
hallucinatoires du désir.

A mesure que le *Nocturno* descend du songe purificateur et cathartique au « cauchemar brutal de ce
dormir plein de larmes », à mesure qu'il passe des
thaumaturgies du plaisir splendide à la « toile sans
couture », aux « vitres opaques », à la « pleine nuit » de
la mort, le module prosodique se désajuste. Sous
l'empire du climax thanatique, la poussée désarticu-
lante de la pulsion de mort force pour ébranler les
barrières logométriques. Dans la dernière strophe, la
césure et la coupure du vers enfreignent à tel point la

distribution syntaxique qu'elles provoquent des hémistiches indécis par un affaiblissement de cette même césure et des anomalies comme la rime de l'antépénultième et du dernier vers : *la/despertará.*

Transie et transpercée par la subjectivité erratique, la langue cesse de fonctionner comme une économie clairement articulée par les positions marquées par les pronoms. Cette subjectivité échappe aux pauses pronominales. Le sujet pulsionnel se dérobe; fuyant, fluctuant, il trouble le domaine logico-symbolique, désordonne le dispositif discursif. Il brouille l'identification distributive du je-tu-il. Multiforme, multivalent, il veut occuper toutes les instances de la locution. Subjectivité kaléidoscopique, translative, résidant davantage dans les brèches, les sauts, les transitions, que dans les postes de localisation pronominale. Le sujet de l'énonciation, qui déjà n'est plus un point mais un éclatement, se multiplie à travers tout le circuit. Les fantasmes font irruption pour enfreindre l'énonciation normative, installer le conflit au sein de la propre entité du sujet grammatical. Ainsi scindé, ce sujet est transversal au *Nocturno.* L'unique pronom personnel du poème, « Elle », renforcé par une majuscule de majesté, représente la seule identité précise, prépondérante : la mort. La perte de l'unanimité primordiale n'est qu'imaginairement réparée par une réintégration dans le corps de la mère ou par un retour au monde inanimé sous forme fœtale ou létale.

Avec Darío, le conflit qui divise l'ego, l'excentration qui déplace et dédouble le sujet, commence à s'emparer du poème et produit des dislocations, des glissements et des permutations. Conscience fragmentée aussi bien chez ce poète :

> *Cuatro horizontes de abismo*
> *tiene mi razonamiento,*
> *y el horizonte que más siento*
> *es el que siento en mí mismo.*
>
>   (Sum)

> Quatre horizons d'abîme
> comporte mon raisonnement,
> et l'horizon que je sens surtout
> est celui que je sens en moi.
>
>   *(Sum)*

que chez Vallejo :

> *¡Cuatro conciencias*
> *simultáneas enrédanse en la mía!*
> *¡Si viérais cómo ese movimiento*
> *apenas cabe ahora en mi conciencia!*
>
>   (¡Cuatro conciencias...!)

> Quatre consciences
> simultanées se mêlent à la mienne!
> Si vous saviez comme ce mouvement
> a peine maintenant à tenir dans ma conscience
>
>   *(Quatre consciences...!)*

A partir de Darío, le sujet palpitant, opaque, du bouillonnement corporel, le sujet charnel, va affronter le sujet grammatical impassible, transparent et vide pour le mobiliser, le fantasmatiser, le diversifier, le rabaisser, le renvoyer à sa base somatique. Le poème va finalement provoquer le désajustement du discours normatif afin de faire éclater le sujet unitaire et linéaire, conventionnel, de transgresser ses répressions, de contrevenir à ses censures, c'est-à-dire d'abolir ses limites idéologiques. Ce processus, réactivé par la

« psychologisation morbo-panthéiste » de Herrera y Reissig, éclatera avec la révolte révulsée de Vallejo.

Le poème se fera limite de l'expérience communicable. Il ne sera plus l'énoncé d'un sujet donné, propre, conforme, mais la destitution du locuteur unitaire installé dans une continuité linguistique supposée, extension de l'illusoire continuité du réel. Le poème s'ouvrira aux assauts de l'autre, du sujet pluriel dissocié, inconstant, celui de l'épaisseur mentale et viscérale qui lutte pour réintroduire dans la succession syntagmatique ses contretemps, ses contre-espaces, ses simultanéités, ses ubiquités, ses intensités et ses densités mouvantes, sa mobilité relationnelle.

Les avatars de l'avant-garde
(Révolution instrumentale,
révolution mentale,
révolution littéraire)

L'avant-garde instaure la rupture de la tradition et la tradition de la rupture. Elle est étroitement liée à la notion de crise généralisée, de coupure radicale avec le passé, de grand krach. Elle coïncide avec le besoin de changement et impose à l'art une transformation continuelle. Elle encourage un profond renouveau des conceptions, des conduites et des réalisations artistiques, qui concorde avec celui qui s'opère dans le domaine technologique : révolution instrumentale dont le corollaire est une révolution mentale.

L'art d'avant-garde récuse à la fois l'image traditionnelle du monde (conception théo, géo, anthropocentrique) et le monde de l'image (vision perspectiviste, mimésis réaliste, esthétique harmonico-extensive). Il naît avec le remodelage vertigineux imposé par l'ère industrielle, ère des concentrations multitudinaires dans les villes manufacturières, des communications rapides, des circulations internationales, du rattachement des régions les plus éloignées au nouvel ordre désormais véritablement mondial. Conjointement au brusque changement externe qui bouleverse totalement l'habitat urbain et culmine avec le cataclysme de la Première Guerre mondiale, survient une altération intime, un changement de mentalité joint à une crise

foncière, radicale, des valeurs. La réalité stable du
monde rural et artisanal, la solidarité séculaire de la
communauté locale, l'ordre familial des relations per-
sonnalisées sont perturbés, renversés par l'éclatement
du cadre habituel de vie et de référence. Le développement tentaculaire des grandes villes, l'extension désordonnée de l'espace saisissable, l'entrée forcée dans le
vertige historique, provoquent des troubles psychologiques et contraignent à une difficile adaptation. Les
étourdissantes Babel concentrent des multitudes hétérogènes et les forcent à s'incorporer à la société de
masses en leur imposant la standardisation entreprise
sur une grande échelle dans la production à la chaîne.
La population urbaine entre à la fois dans le règne du
mécanique, la vie unanime, et dans la démesure, la
simultanéité hâtive et hétérogène, l'incessante mutabilité de la cité moderne. Elle pénètre dans le contexte du
« *collage* ». Cette grouillante fourmilière, tout en plongeant le citoyen dans un tourbillon de sensations super-
posées, menace son intégrité, efface son identité, l'angoisse, l'énerve, le déséquilibre, le soumet à un processus trop accéléré d'unification. Paysage manufacturé,
ustensiles fabriqués en série, habitat homologué, tout le
soustrait aux liens vernaculaires ou provoque la disjonction entre cosmopolitisme et autochtonie.

La ville compétitive, profane, mercantile et pragmatique impose un changement de mentalité, encourage
la religion du progrès, inspire un historicisme de perpétuel avancement, de remplacement incessant de l'ob-
jectuel et de constante modification notionnelle. Elle
déstabilise et déplace en une constante recréation sans
rétrospection. Le modèle de comportement progres-
siste est donné par les sciences exactes. Quant au
modèle de production, il provient des sciences appli-
quées : il est technologique. Il implique un constant

renouvellement des procédés et des produits, lequel, en art, se traduit, à travers la permanente mobilité normative et formelle, par une perpétuelle controverse et une extrême diversité stylistique. C'est ainsi qu'apparaît, sous l'invocation du siècle mécanique, une avant-garde optimiste qui vante les conquêtes du monde moderne et assume les impératifs du programme technologique. Elle multiplie dans les textes les signes d'actualité et, admirative, étale sa modernité. Elle cultive l'agilité et le simultanéisme cinématiques, l'économie du langage télégraphique, la rapidité et la condensation, la syncope, l'ellipse et la parataxe; elle adopte les techniques idéographiques de l'affiche publicitaire et de la mise en page journalistique, elle tend au dessin abstrait; un esprit géométrique l'inspire. Elle est formaliste, invente des dispositifs sophistiqués, prône la spécialisation et pratique l'expérimentation. Elle se laisse influencer par le relativisme et le probabilisme de la science contemporaine qui lui fournit les bases épistémologiques de ses manipulations aléatoires, de ses juxtapositions insolites, de sa multiplication de foyers, directions et dimensions. Alors que les peintres cherchent à incorporer le temps aux dimensions spatiales, les poètes s'emploient à spatialiser la temporalité. Dans la littérature hispano-américaine, nul ne représente mieux cette avant-garde modernolâtre que Vicente Huidobro, porte-parole de *L'Esprit nouveau* et de *L'Antitradition Futuriste* de Guillaume Apollinaire.

L'autre avant-garde, la pessimiste, est celle de l'éboulement nérudien de *Residencia en la tierra* (Résidence sur la terre) et de la tumeur de conscience du Vallejo de *Trilce*; pas celle qui se pâme, mais celle du spasme. L'autre, c'est l'avant-garde affligée, celle de l'angoisse existentielle, celle de l'homme seul qui attend au milieu de la foule anonyme, indifférente à sa cassure, à son

orphelinage. C'est l'avant-garde de l'assomption déchi-
rante de la crise, celle de l'absurde comme négatif
universel, celle de l'image démantelée, de la vision
désintégrante. C'est l'avant-garde de l'antiforme et de
la culture adverse, celle qui désajuste la textualité
établie pour ouvrir la voie à la charge du fond impa-
tient, pour renvoyer le langage au hourvari préformel,
celle de la beauté convulsive, du discours effiloché, de
la cohérence névrotique, du « jet qui ne sait comment
se diriger », du « circuit entre notre pauvre jour et la
nuit grande », celle qui est plongée jusqu'à la moelle
dans l'univers informe de la contingence.

Cette avant-garde déroute, désacralise et rabaisse;
elle oppose à la projection transcendantale, à l'élévation sublimante et au transport purificateur, la laideur,
le non-sens et l'insignifiance de l'existence partielle,
opprimée par l'ordre indésiré, réprimée par les empê-
chements empiriques. Elle oppose, à la stylisation de la
poésie transfigurative, un registre brut de l'habituel, du
local, du vulgaire, du crûment somatique, de l'incident
et de l'accident dans leurs mélanges antithétiques, de
l'homme dans sa circonstance, sujet à l'impact déstruc-
turant de sa lutte mentale et sociale, l'homme à la vie
fractionnée, à la conscience scindée par des oppositions
inconciliables.

Imprégnée de codes négatifs, cette avant-garde
rebelle de l'être grégaire sur la terre désolée veut
dés-écrire l'écrit, l'ouvrir aux pouvoirs défigurants de
l'irrationnel. Elle s'adonne à la déréliction, à la déraison et à la démesure, elle démantèle la fiction mimétique, désordonne l'histoire consécutive, disloque la sage
succession afin de permettre l'inscription des désordres
intimes, l'affleurement des poussées viscérales à la
surface de la lettre. Elle n'imite pas les apparences
sensibles, ne respecte pas les assignations et désigna-

tions du réel légitime. Elle accentue le divorce entre parole personnelle et parole publique. Elle lâche les rênes aux excès non codifiables, efface les marques différentielles, subvertit la subordination des signifiants aux signifiés, fond le sujet dans le signe. Le poème se fait palimpseste plein de sursauts, l'écriture s'agite et se fissure, tout profil est brisé par les rythmes frénétiques, le cours haletant est entraîné, porté par une violence syncopée, une exaspération qui ne tolère pas d'arrêt, qui rejette toute conclusion rhétorique et soumet l'œuvre d'art à l'inachèvement.

L'esthétique de l'inachevé prédomine tant dans le domaine plastique que littéraire. On peut appliquer à la poésie ce qui vaut pour la peinture. Bords entamés, lignes brisées, plans détruits, disloqués, interpénétrables; les limites linéaires ne coïncident pas avec les zones de couleur, les objets se libèrent de leur poids et lévitent dans un espace qui devient champ de forces en lutte, d'énergies déchaînées. Surface émiettée, l'espace scénographique est remplacé par un espace ouvert à tout, il est déformable à volonté (la géométrie euclidienne est déplacée par la topologie de Riemann). Les liens entre les parties ne sont pas conçus en fonction de leur distribution extensive, selon une logique d'usage, mais d'après la nature intime, la constitution interne des objets qui perdent leur contour habituel. La qualité des signes dépend désormais de leurs valeurs énergétiques. L'art doit recourir à des combinaisons différentielles afin de figurer l'ambivalence spatiale et temporelle des phénomènes, l'appartenance simultanée d'un même signe à plusieurs ensembles momentanément constitués. La dispersion focale, la fragmentation juxtaposée, les montages différentiels (dérive d'une fonction par accroissement de la variable) démantèlent le schéma figuratif traditionnel, dérangent la transposition linéaire et globale d'ensembles autrefois intégrables, proposent une image de l'univers qui ne coïncide pas avec le découpage utilitaire, mettent en évidence la capacité humaine de créer des regroupements très hétérogènes, régis par d'autres causalités, par une conception nouvelle du temps et de l'espace désormais liés. L'ordre de la relativité et de la discontinuité succède à celui de l'action unificatrice.

L'esthétique de l'inachevé, du fragmentaire et du discontinu trouve sa meilleure solution formelle dans le *collage*. Inauguré par les peintres, il devient vite applicable à tous les arts. Le collage met en contraste des segments extraits de contextes très dissemblables et les juxtapose dans des ensembles figurés comme transitoires, comme hasardeux, sans qu'ils perdent leur altérité. Il procède à un découpage arbitraire de fragments provenant de messages préformés et à leur redistribution en une configuration hétérotypique. Chaque collage établit son propre contrat communicatif. Les ruptures articulatoires coexistent sans se fondre les unes dans les autres. Objet mobile et aléatoire, il fait preuve d'une prodigieuse capacité de liaison d'ensembles éphémères, exerce une énergie polymorphe qui décentre l'énonciation et libère les signes de leur inclusion conventionnelle. Toute relation de cadrage pulvérisée, les fragments sont rendus à une combinatoire totalement ouverte. Les emprunts à des registres aussi divers augmentent le nomadisme, donnent au texte le vertige de la dérive, le rendent caméléonesque. Enfin, le collage remet en question toute compatibilité établie, il propose un constant remodelage du monde.

L'œuvre, auparavant conjonction sélective, centripète, s'ouvre à la multivocité, à la polyphonie extérieure, s'excentre, s'auto-expulse de son domaine surveillé; elle s'ouvre à la contextualité confuse, au chahut du dehors. Elle se laisse envahir par la parole d'autrui, aliène son intégrité. Le collage met en action une rhétorique décomposée, une contre-rhétorique; il ouvre le texte à l'irruption déstructurante des autres discours, les antagoniques; il suscite une pollution d'événements verbaux d'une valeur indécise qui estompe le littéraire, le dissout dans d'autres discours ou qui, en le généralisant, empêche son identification. La langue ne lamine plus, ne lisse plus la réalité, elle met en évidence sa disparité, sa rivalité, sa disconti- nuité. Le collage témoigne des conditions de liaison et de rupture de toute parole vive. Le texte se dés-énonce par excès d'énonciation et par multiplication d'auteurs. L'œuvre ne fonctionne plus comme une totalité auto- suffisante, comme une correspondance de parties ren- voyant toujours au tout; d'une contexture à présent mixte, éclatée, morcelée, elle se laisse envahir par les autres inscriptions, par le vacarme de la rue, le fracas de l'extra-texte, le bruit de fond. Elle devient manifes- tement carrefour intertextuel traversé par différents vecteurs symboliques, champ de bataille idéologique, intégration précaire. Dans le collage, l'hétérogénéité est la stratégie de sa constitution modulaire.

L'avant-garde fonctionne comme toute littérature mais elle radicalise les tendances. Elle exagère une dialectique toujours présente dans les choix esthéti- ques, dévoile le dilemme qui préside à la genèse de toute œuvre d'art verbale : se concentrer dans le spécifiquement littéraire ou s'excentrer vers l'extra- littéraire. Dans l'écriture avant-gardiste, ces deux pro- pensions inter-agissantes coexistent : elle se laisse char- mer par le galimatias extérieur, se crible et s'effiloche sous l'effet de la diversification babélique, elle adopte l'esthétique de la profusion entropique, de l'accumulation, du vertige additif ou de la voracité d'implication, ou alors elle se replie sur sa propre inhérence, postule comme objectif primordial son propre processus de réalisation, trouve dans ses matériaux spécifiques ses principes de constitution, s'affirme comme autosuffisante, autoréférente, autotélique. Délire ou préciosité, pandémonium ou arcane. Et à travers ces deux orientations, la même perte de résonance sociale, un même discours solitaire rejetant la fausse intégration, s'insurgeant contre le pouvoir dominant, renonce à la communication socialisée, est déterminé par les élans de sa propre individuation, passe des mythologies collectives aux mythologies privées et s'appuie sur des expériences que le système utilitaire relègue au domaine du superflu ou du récréatif pour les préserver en tant que négation de l'existence insatisfaisante, qu'alternative utopique, qu'aperçu de la société souhaitable.

Alors que le surréalisme se retire de plus en plus vers l'ordre préindustriel, prône la régression naturalisante et s'efforce de sauver les zones négligées par la compréhension scientifique : la mentalité mythique, la vision onirique, l'archaïsme, l'ésotérisme, l'oraculaire, le chamanisme, la psychologie préconsciente ou la parapsychologie, les dadaïstes décident d'affronter la dévaluation provoquée par le nouveau contexte urbain et la société de masses. Ils assument la rupture de l'ordre agraire, la cassure de la cohésion sociale, le discrédit de la culture humaniste, l'invalidité axiologique et la carence ontologique. Ils savent qu'ils doivent agir dans le vide, écrire au bord du précipice. Ils essayent de muer en énergie transformatrice la situation de retranchement, de déception face au monde invivable. Ils sont les premiers à s'aventurer dans les déserts industriels à travers des expériences de distorsion ou d'aridité linguistiques. Comme ils ne peuvent échapper effectivement au dérèglement et à la vacuité, ils les affrontent au moyen de tactiques de choc ou de diversion. Ils cherchent à éviter l'insignifiance ou la soumission sociale par le retournement humoristique, les distorsions burlesques, l'irrévérence facétieuse, les effets de surprise, le non-sens, l'incohérence extrême, une esthétique de la mutabilité, capable d'employer n'importe quel matériel ou procédé comme bélier ou perche pour défoncer ou dépasser les sens admissibles. Submergés par la culture de la consommation et du déchet, ils inventent l'art résiduel (*trash-art*) capable de profiter artistiquement de la grande diversité des détritus du monde industriel. En contact immédiat avec la langue collective, avec la multiplication et la simplification des messages transmis par les moyens de communication massive, ils ouvrent leur écriture aux parlers familiers et populaires, au mitraillage stéréotypé du langage publicitaire et journalistique. Le langage n'agit plus en tant que barrage protecteur mais comme une énergie collective qui doit se libérer conjointement aux autres forces naturelles et sociales. Si Pablo Neruda inaugure dans la poésie hispano-américaine la descente onirogénésique recherchée par les surréalistes, l'attitude dadaïste est représentée par les transgressions humoristiques, les renversements ironiques, les contaminations verbales de *Trilce*.

LE TEMPS QUI TROUBLE

Il est difficile de formaliser le bouillonnement des multiples manifestations de la première avant-garde littéraire, de l'avant-garde proprement dite. Difficile d'analyser judicieusement la grande agitation des débuts de notre modernité quand nous sommes nous-mêmes impliqués dans le programme de la société industrielle et participons à cette nouvelle expérience de la réalité due au révolutionnaire accroissement de la capacité des hommes à transformer la matière première en fonction d'une englobante instrumentation technique des ressources planétaires. La rapidité des communications et les échanges actifs avec les régions les plus éloignées du globe, l'interdépendance des nations, soumises à la répartition du travail et subordonnées à la même économie de marché, nous rend soudain mondiaux, actuels, cosmopolites. Bien que relégués par le nouvel ordre technologique à la condition de fournisseurs de matières premières et de consommateurs de produits manufacturés, nous n'échappons pas nous non plus à la transformation des capitales provinciales en têtes de Goliath, en villes babéliques à la circulation vertigineuse, dont les contrastes simultanés favorisent une certaine excitabilité, celle des mélanges multitudinaires, des changements accélérés, des déplacements en masse qui provoquent des concentrations déséquilibrées. L'art qui représente ce cumul prolifique, ce fouillis transformateur est aussi actif et métamorphosant que le *big bang* qui les suscite et les incite.

Comment réduire à des schémas régis par la sagesse critique un bourbier aussi effervescent et perpétuellement excentré par la multiplication des dimensions, des directions, des foyers, des modes, cadres de référence, échelles; comment canaliser cet enchevêtrement de probabilités urgentes intimement lié aux notions de changement, de collapsus, de dynamisme, de hasard, de rupture, de discontinuité, de relativité, de fragmentation. Comment formaliser selon des lois exégésiques l'art de l'explosion dévastatrice, art qui se définit comme subversivement informel; comment expliciter l'art de la vision chaotique, de l'extrême irrationalité, des messages entropiques radicalisés, de la communication communicable. Agent de la contre-culture ou culture adverse, l'avant-garde cherche par des interventions contrevenantes ou catastrophiques à invalider les anciens systèmes de représentation symbolique de la réalité plutôt que les rhétoriques en vigueur. Son action s'appuie surtout sur des codes négatifs. Anti-art (*underground, off off*), elle se propose, en littérature, de dés-écrire l'écrit, de le décodifier, le déstabiliser, le désautomatiser, le désyntaxiser, le déstructurer, de désassembler des dispositifs textuels instaurés pour débarrasser l'écriture de ses fixations conceptives et perceptives afin de promouvoir un autre système symbolique qui permette de redistribuer le réel en rétablissant une nouvelle concertation entre vision et représentation du monde. Et dans le domaine de l'art, de même que dans celui des autres conduites techniques, on remarque la croissante diversification des modes et des moyens qui correspond à une pluralité aussi cognitive qu'opérative, tandis que tous les ordres (temps/espace, objectif/subjectif, naturel/artificiel, réel/imaginaire, nécessité/hasard) s'interpénètrent en des mixtures multivoques.

Cet art de la tension dissonante, de l'aliénation, de la transversalité négative montre qu'il est difficile de s'installer mentalement dans la modernité, il prouve que le passage de l'ancienne à la nouvelle vision n'est pas consommé et ne le sera peut-être jamais. Même chez les hérauts du siècle mécanique, chez les porte-parole de la modernolâtrie, les avant-gardistes comme Vicente Huidobro, on notera ce conflit permanent entre la volonté d'être de parfaits contemporains – d'entrer de plain-pied dans le temps historique, la substitution rapide, la momentanéité changeante, la vertigineuse consommation de la société industrielle qui remplace continuellement ses produits, y compris les culturels –, et le contradictoire et paradigmatique désir de permanence, de transcendance. Dès le début apparaît et persiste l'antagonisme conflictuel entre un présent précaire et précipité de force vers un avenir incertain, et la nostalgie de la présence constante et totale, de la complétude, de l'axial, du nouménal; conflit entre un habitat manufacturé, uniformisé par la standardisation mondiale, et le désir de régression à l'ordre protecteur, au monde maternel, mythique; conflit entre la mobilité hallucinatoire de l'ère des communications, et l'assise réparatrice de l'autochtonie, du familial, du natal; accueil et refus de la machine; acceptation de la contingence et besoin de se perpétuer; objectivisme formaliste et technocratique en même temps qu'envie irrépressible de déployer le désir, de revenir au domaine du jeu et de la sensualité, de se réinstaller dans le placenta régénérant, d'apparaître comme sujet charnel qui consigne directement sa subjectivité; descente profanatrice des cieux, et foi dans le pouvoir d'aura, de catharsis de l'art; dé-sublimation réaliste et sublimité mystique.

LA TRIPLE VECTORIALITÉ DE L'AVANT-GARDE

En dépit de cette complexe intrication, je crois entrevoir trois dominantes, trois directrices qui permettent une distribution des manifestations de la modernité, comme si les traces ou marques qui l'inscrivent littérairement se laissaient relier et articuler tout au long de ces axes :

a) *Une directrice réaliste/historiciste* liée à la notion d'une actualité accélérée, compulsive, sujette à des transformations radicales et en rupture révolutionnaire avec le passé; cette directrice prône le signalement de la contemporanéité innovatrice dans toutes les instances du texte et incite à inventer les moyens de représentation littéraire aptes à figurer une nouvelle vision du monde.

b) *Une directrice formaliste*, se libérant des restrictions du réel empirique qui encourage l'autonomie du signe esthétique par rapport au référent extérieur, et développe toutes les potentialités inhérentes au littéraire en le renvoyant au domaine de sa propre pertinence.

c) *Une directrice subjectiviste* qui fouille dans les profondeurs de la conscience, ouvre le texte aux afflux psychosomatiques de l'inconscient et démantèle la textualité établie afin de marquer les contretemps et les contre-espaces, les intensités et les densités rebelles des tréfonds.

(Le suffixe « iste » signale subtilement le caractère d'idéologèmes de ces tendances; il donne l'idée d'une connaissance reflétée, d'une médiation culturelle, des manières ou modes qui conditionnent les comportements techniques et cognitifs d'une époque au sein d'une société donnée.)

Cette triple vectorialité s'applique autant au versant rénovateur du modernisme qu'à sa prolongation dans l'avant-garde; elle permet de renforcer cette connexion causale entre le trio majeur des poètes modernistes – Rubén Darío, Leopoldo Lugones, Julio Herrera y Reissig – et leurs équivalents avant-gardistes – Vicente Huidobro, César Vallejo, Pablo Neruda – que j'analyse dans *Celebración del modernismo* (Barcelone, Tusquets, 1976) où j'essaye de démontrer que les postulats et les pratiques de base de l'avant-garde ont été préconisés et exercés par les modernistes. Il serait peut-être

souhaitable d'englober les deux mouvements, ainsi que
le fait la critique anglo-saxonne, en un même complexe : la modernité.

a) Directrice réaliste/historiciste

L'avant-garde conçoit la modernité comme culte de
la nouveauté, volonté de participer au progrès et à
l'expansion résultant de la révolution industrielle,
acharnement à manifester le contact avec l'histoire
immédiate, la micro-histoire personnelle et la macro-
histoire collective unanime, désir d'engendrer une littérature ouverte au monde, capable de consigner la
réalité changeante dans toute son étendue et à tous les
niveaux, littérature ayant la trempe, le rythme, le nerf
d'un présent en rapide transformation. *L'Esprit nouveau* d'Apollinaire inspire la poétique du créationnisme de Huidobro et de ses séquelles hispano-améri-
caines (l'ultraïsme, le stridentisme, le martin-fierisme,
le nadaïsme, etc). Le culte de la nouveauté impose au
mouvement avant-gardiste un cours changeant qui se
caractérise par la prolifération de tendances épisodi-
ques. Toutes, elles manifestent leur dévotion pour un
présent prospectif, en désaccord absolu avec le passé
proche et lointain, un présent qui tend à une futurité
en perpétuel progrès. Les prêches avant-gardistes pré-
conisent un antipasséisme réfractaire à toute restauration, un anti-académisme opposé à toute renaissance.
Par ses positions extrêmes, l'avant-garde se présente
comme une instauration à partir de zéro, une inaugu-
ration *ex nihilo*, née de la rupture de tout continuum.

Son historicisme se fonde sur la conscience de crise,
de coupure empirique et épistémique qui modifie le
fondement des anciennes conduites techniques et
cognitives en une corrélation intime.

L'avant-garde agit selon une double stratégie, l'une futuriste et l'autre agoniste. La première, positive, glorifie les réussites du siècle mécanique, les progrès de l'ère des communications, l'exaltation de la ville technifiée, multitudinaire et babélique, le vertige et l'élan du moderne, d'une actualité mondialement synchrone qui a brisé les confinements régionaux et idiomatiques pour s'imposer partout. L'avant-garde est un phénomène des capitales dépendantes des échanges internationaux. La modernolâtrie est une dévotion urbaine. L'avant-garde apparaît comme le signe d'actualité qu'engendrent les centres métropolitains engagés dans un processus de modernisation; elle reflète la volonté de combiner l'art local avec l'art international.

La deuxième stratégie est présidée par une vision apocalyptique qui prétend instaurer la « table rase » par le rejet catégorique de tout modèle traditionnel, des conceptions et formalisations en vigueur. Elle s'exprime à travers les codes négatifs qui lui confèrent ce caractère subversif de contre-culture, de culture antagoniste, d'anti-art, d'antiforme (séquelle du dadaïsme et du surréalisme), qui va constituer une des bases principales de son esthétique. Elle affecte la notion d'activisme, de militantisme, qui met l'accent sur les valeurs volontaristes et énergétiques; l'action de l'avant-garde est principalement un travail de sape. Immergée dans le flux temporel pour intervenir dans ce dynamisme qui accélère et approfondit les mutations, l'avant-garde s'efforce d'être un agent déstabilisateur et destructeur des dispositifs institués, elle veut intervenir en tant que ferment d'une révolution en passe de se généraliser. Elle conçoit l'artiste comme un héros négatif qui se sacrifie sur l'autel de l'avenir. La rébellion et l'intransigeance sont inhérentes à ses adeptes. Par la négation, en opérant au moyen du système moins – infraction à la règle et/ou soustraction d'éléments définisseurs au sein d'un cadre spécifique à chaque genre ou à chaque forme artistique – ils se proposent d'abolir les normes conventionnelles et de rénover par l'affirmation futuriste et projective ou par la négative vitaliste, catastrophique, la culture d'un passé exsangue.

La modernolâtrie futuriste et le vitalisme primitiviste génèrent tous deux une avant-garde expansive, exultante. Pénétrés du culte du changement provoqué par l'accélération technologique, annexés à la culture de la consommation qui constamment remplace ses produits, prosélytes du progrès, métropolitains et internationalistes, les modernolâtres émaillent leurs textes d'indices ostentatoires de l'actualité. Dans leurs visions et instrumentations du texte, ils tentent d'établir des correspondances avec la rationalité technologique. Ils étendent la notion scientifique d'expérimentation aux pratiques esthétiques. Ils instaurent l'ère des manifestes, font montre d'une franche propension aux programmes, cultivent la réflexion théorique, la conscience analytique, se plaisent aux formulations axiomatiques et, dans leur déontologie littéraire, essayent de rejoindre l'empirisme et l'objectivisme des discours scientifiques. Pour sa part, le vitalisme fortifiant postule l'invalidité de la culture lettrée, réagit contre l'excès inhibant d'accumulation savante et se propose de démolir l'ordre répressif par la barbarie libératrice et une régression génétique permettant de récupérer les pouvoirs primitifs, le naturel perdu.

A l'avant-garde exultante, qui se prolongera à travers des variantes technocratiques et formalistes comme celles du mouvement concret, succédera une deuxième époque (comment la dater? la chronologie est changeante, fuyante), au cours de laquelle les désajustements, les disrythmies, les disruptions s'intérioriseront tout en s'intensifiant, où l'exaltation optimiste face à une société industrielle à laquelle l'on n'a jamais eu pleinement accès, deviendra désolation dysphorique, réification, vide angoissant, cassure existentielle avec sa carence ontologique consécutive. *Trilce, Residencia en la tierra* et *Altazor* sont à la fois des représentations poétiques d'expériences abyssales et des reflets de la marginalisation de l'écrivain latino-américain dans des sociétés ou trop archaïques ou d'un capitalisme grossier en constante crise. Ils figurent une existence précipitée dans l'abîme du néant, celui d'un être plongé dans une solitude de plus en plus absolue et impossible à partager, soumis à une double carence qui le conditionne négativement : l'impossibilité de trouver un principe de connexion, de raison suffisante, et l'irréversibilité d'un temps marqué par la perte. Les probabilités de donner un sens positif à son existence lui sont refusées : un travail qui lui permette de se rattacher de manière productive à la communauté ou de s'insérer dans l'histoire collective, l'histoire avec une perspective d'avenir réparateur; il est privé de la possibilité de transcendance, de ce sens téléologique capable de donner un sens au présent discontinu; privé de la direction susceptible de transformer sa temporalité en valeur historique, suprapersonnelle, de transformer l'individu en un être communautaire.

L'écriture solitaire qui refuse la fausse intégration sociale proposée par le régime oppressif et unificateur, s'en remet à sa propre immanence, accentuant par l'exercice de l'arbitraire, de la déraison et de la démesure, le divorce entre parole poétique et discours socialisé. Elle incorpore cette tension dissonante à sa propre texture et devient sismographe des intensités contrastantes et des chocs traumatiques.

L'enregistrement de l'actualité apparaît manifestement à la surface du texte, il est littéralement explicité
ou s'introvertit en modifiant le système de représentation pour proposer une autre figuration et, par là, une
autre appréhension du monde. Il y a une *contempora-*
néité explicite qui consigne la réalité moderne moyennant la mention de l'outillage technologique et des
progrès urbains, qui propose une littérature citadine,
cosmopolite, de voyageurs et de polyglottes, transgéo-
graphique et translinguistique, et une *contemporanéité*
implicite qui invente de nouveaux procédés textuels
pour symboliser la multiplicité vertigineuse et hétérogène du réel; vision multifocale, pluralité polyphonique
d'instances discursives, montage cinématique, collage,
dislocation de l'image, voisinages antagoniques, esthétique du discontinu et du fragmentaire, révolution
typographique, recours à la vitesse, à la simultanéité, à
l'ubiquité, etc.

Le désir d'inscrire le réel agit comme un impulseur
d'innovation car la réalité est un cumul mobile qui
exige une adéquation constante de la vision, des modules de perception et des instruments de transcription.
L'avant-garde se charge périodiquement de rétablir
le lien entre la conception et la représentation du
monde, entre l'actualité cognitive et la représentation
artistique.

b) Directrice formaliste

Tout en s'efforçant de s'inscrire comme des contemporains du siècle mécanique, les avant-gardistes
accroissent leur autonomie poétique. Par le développement des potentialités spécifiques de l'art verbal et la
mise en pratique de toutes les libertés textuelles –
liberté d'association, de direction, d'extension, de disposition, de référence –, ils briguent des entités esthéti-

ques autosuffisantes, auroréférentes, autotéliques. Les restrictions empiriques, rhétoriques et imaginatives étant abolies, ils se proposent de doter le poème d'une forme et d'un sens propres, non restreints par des subordinations externes.

Un tel bouleversement prosodique, une semblable transformation du langage, une amplification aussi grande du dicible, et, par conséquent, du concevable, provoquent non seulement une coupure radicale sur le plan esthétique, mais une rupture d'ordre mental, épistémique : elles préfigurent une autre conscience possible et, en dernière instance, un autre factuel supposable, elles proposent d'autres manières de percevoir, de concevoir, de représenter le monde. Ce libre arbitre est une conquête progressive qui parvient à s'exprimer pleinement dans *Altazor*. On y procède, par progression métaphorique, au démantèlement de la langue soumise à l'ordre objectif et à la raison d'usage, afin que la parole recouvre la plénitude de ses pouvoirs.

La sensibilité impressionniste accentuée par le modernisme provoque un amollissement, une fluence, une volatilité qui rendent les contours vacillants et les corps diffus. Tout est fluctuant, tout vibre, tout émet des signes à la recherche d'accords subtils. Le monde devient une immense chambre d'échos, d'appels, de résonances : monde en expansion, monde pénétrable. Toute séparation supprimée, l'imagination circule sans restrictions afin d'établir des correspondances invisibles, inusitées. La succession et la distinction sont invalidées par un simultanéisme sensuel qui se délecte dans l'ébauche de stimulus évanescents où l'indécis côtoie l'indicible.

Cette vision mobile, labile, cette fusion brumeuse du fond et de la forme, exempte de netteté, cette acuité

qui se détache des solides statiques et profilés, cette
rêverie qui se désobjective pour flotter ou voler, mène
à l'abandon du littéral en faveur du figuré, à la
raréfaction enrichissante, au règne des synesthésies qui
musicalisent le visuel et visualisent l'auditif, au relâchement de la colonne versale, sans isométrie ni principes
fixes d'organisation numérique, à la décomposition du
cadre en faisceaux de sensations suggestives, en vibrations sentimentales, en pulsations chantantes. La vision
impressionniste incite à surpasser l'imagination reproductrice et l'intelligence discursive; elle libère les énergies réprimées et tend vers une poéticité qui se complaît au déploiement de sa propre inhérence.

En contrepartie de l'absurde négatif de l'avant-garde
pessimiste qui, dans l'angoisse et la crispation, dit le
non-sens de l'existence et l'irrationalité du monde, en
contraste avec l'absurde déprimant qui alourdit et
désagrège, avec ce désintégrateur qui dissocie esprit et
monde et déchire la conscience, l'avant-garde optimiste, débarrassée des interdits réalistes, se complaît à
exercer l'absurde positif, le pouvoir démiurgique, à
annuler toute distinction séparatrice, à provoquer au
sein du poème la convergence du plus distinct et du
plus distant, à rétablir le lien désiré du figurateur à ses
figurations, à tout renvoyer à l'unité originelle.

La métaphore radicale est le principal agent de
l'imagination sans entrave, le recours privilégié pour
doter le texte d'une autonomie maximale. Opératrice
imaginante, elle suscite une transgression catégorielle
créatrice de sens inédit. Avec ses carrefours déconcer-
tants, ses chocs insolites et ses explosions expansives,
elle annule le déterminisme empirique et le contresens
logique. Expérience visionnaire, en se renforçant elle
défait le monde littéral pour le remplacer par un autre,
régi par la causalité hylozoïste du métaphorique. Elle

s'ouvre au déploiement mythique, formule l'informulable, postule des entités et des identités inconnues : elle inaugure d'autres mondes, d'autres existences possibles. Généralisée, la prolifération métaphorique permet de récupérer l'énergie originaire de l'image, elle réinstalle le dynamisme fondamental de la vie psychique, la pollution prélogique du commencement, le grand sémantisme primordial qui est la matrice procréatrice de nouvelles attributions significatives, de futures pertinences.

Une fois brisée l'identification romantique entre parole et vie qui impose au poète de dire naturellement le vécu, de s'auto-exprimer spontanément, le poème devient une construction indépendante, exempte de toute fonction extra-textuelle, qui instaure ses configurations et ses relations spécifiques, son propre univers linguistique. Les signifiants se rebellent contre la sujétion aux signifiés. Ils transgressent la norme d'économie, d'atténuation et de transparence que leur impose le langage utilitaire. Dotés d'un extraordinaire relief sensible, ils inversent la relation de signification pour devenir objet du dire. L'espace et le son interviennent activement dans le sens, ce sont des conducteurs privilégiés de l'information esthétique.

L'avant-garde démantèle le discours instauré, elle le transforme en un cheminement dont le développement est imprévisible et qui relie par des relations aléatoires les composants les plus dissemblables. Elle rend le poème excentrique, polymorphe, polytonal, polyphonique, plurivoque. Le texte multiplie ses convocations arbitraires qui déjouent la prévisibilité et projettent le lecteur hors des orientations habituelles. Les cadres et les échelles de référence se diversifient, les matériaux agrégés tendent à une hétérogénéité maximale. Le texte se transforme en une structure ouverte, il établit des connexions multivalentes, une indétermination qui multiplie la signifiance et rend la lecture plurielle. Le poème accroît son pouvoir inventif, son incitation fermentatrice, son impact provocateur. Plutôt qu'à un récepteur, il en appelle à un opérateur presque aussi actif que le producteur.

Le poème impliquera une intervention transformatrice dans toutes ses instances, c'est-à-dire le maximum de technicité manifeste. C'est une réalisation irréalisante dans la mesure où elle comporte le plus grand éloignement de la communication habituelle et de la représentation considérée comme naturelle. Elle se présente comme une *performance* instrumentale, une fabrication (même sur le plan lexical), une composition (au sens musical), une fonction (au sens théâtral), une manipulation experte.

Manifestation d'un étalage instrumental et iconique, le poème se fait objet somptuaire, superflu en regard des valeurs coutumières. Il se transforme en pur dispositif de plaisir : il se déréalise pour procurer au désir sa réalisation imaginaire. Artifice de séduction, il absout des censures réalistes, du sens commun et du sens pratique. Par son caractère d'objet ludique, il implique un état d'exception, un interrègne joyeux. Intermédiaire onirique, il facilite une conduite émancipée. Négation de l'ordre régnant, méconnaissance de tout ordre répressif, il s'écarte complètement du circonstanciel et de l'environnant pour préserver une liberté que seule la dimension esthétique procure.

c) *Directrice subjectiviste*

Dès les modernistes apparaissent sur la scène textuelle la notion et les modules de représentation de la subjectivité telle que nous la concevons et l'exprimons nous-mêmes. Le texte enregistre les perturbations de la conscience, il se laisse captiver par le psychotique, il exhibe les états morbides, les angoisses désorganisatrices, la dislocation provoquée par une spontanéité incontrôlée, le délire fantasmatique, les altérations des liens objectuels, l'autisme irréprimable qui le renvoie et le subordonne au cohabitant insondable : l'inconscient. Le texte sort de ses gonds, se convulse, s'affole pour dire les poussées insensées du moi abscons, les émergences indomptables des profondeurs.

Luttant pour ébranler la conscience censurante, le fond turbulent affleure. Il surgit brusquement en émettant des signaux désordonnés, un tumulte de signifiants intrus, insoumis, insensés que le langage, agent de la sage cohérence, ne peut ni fixer ni ordonner ni énoncer. A partir de Darío, le sujet stable éclate. Le sujet lisible, réglé par une interaction contrôlable entre esprit et monde, corps, parole et prochain, n'arbitre plus, ne veut ni n'exige que l'on réprime l'éclatement d'une subjectivité trop indocile. Cette intimité pressante et chaotique dépasse l'entendement et trouble le contrôle linguistique : elle ne se laisse ni assigner ni désigner, refuse de circuler dans des alignements syntagmatiques; elle ne se laisse ni saisir ni figurer. Des poussées psychosomatiques discordantes décident, contraignent, elles outrepassent la structure du continu conscient, le criblent, le déchirent, décomposent les arrangements normaux, violent les transactions décidées par le discernement discursif. L'irruption de ce comble d'hétérogénéité, de cette altérité insaisissable, disloque la communication sensée, renverse la conduite sociale et impose une plongée dans l'ordre symbolique vers la base préverbale, l'intimité où le sujet est engendré et la signifiance générée. L'impulsion de cet effet non codifiable, centrifuge, entropique, repousse les significations établies, et provoque une inadéquation des signes qui déplace et disperse le sujet unitaire de la langue linéaire, traverse, bouleverse et démembre le système textuel.

A partir de Darío, le sujet fervent, enfoui et abstrus, viscéral rivalisera avec l'identifiable sujet pronominal, l'abstrait et impassible sujet grammatical, il l'exaspérera, le désaccordera, l'éparpillera. Le poème, de Darío à Vallejo, fera resurgir un sujet non plus constitué, générique, mais qui s'élabore peu à peu, un sujet représenté en plein processus d'amalgame ou de démembrement; le poème ramènera alors non pas à un sujet présupposé, en relation avec un ordre préconçu, mais génétique et obligeant à exprimer des relations insolites entre le conscient et l'inconscient, l'instinctif et le social.

Atavique et transie, la subjectivité rebelle traversera le texte dans un désarroi entropique, un bouleversement qui en appelle à la restauration de l'ordre caché, désiré et désirant. Elle s'inscrira comme une transversale négative qui décompose l'écriture statuée afin de manifester sa capacité de transmutation et de commutation, sa motilité, sa mutabilité. Atrabilaire, elle va désorganiser le discours naturalisé, enfreindre le consensus selon lequel la langue doit énoncer des compatibilités courantes entre sujet et objet. Elle va le transgresser en augmentant la dispersion iconique, en accentuant l'émotivité idéolectale; elle va affoler, opacifier le message au risque de menacer sa réception. Elle altérera les codes, pour réintroduire la pluralité pulsionnelle, la matière ardente, la charge charnelle des disparités.

Le saut à travers
le chas de l'aiguille
(Connaissance de et par la poésie)

Aborder épistémologiquement la poésie de César Vallejo soulève une problématique complexe : cela implique de se pencher sur une question cruciale qui concerne toute œuvre poétique : la relation entre poésie et connaissance. Et les points d'interrogation se multiplient : que signifie la poésie et comment le signifie-t-elle ? La poésie peut-être être un véhicule de connaissance à proprement parler ? Dans quelle mesure peut-elle apporter une connaissance valable sur ce qui est extra-poétique ? Comment cette connaissance se manifeste-t-elle dans la trame plurivoque du poème ? Comment détacher de sa multivalence une connaissance pertinente sur la réalité extérieure au poème ? Peut-on considérer la poésie comme un moyen idoine pour établir une connaissance vraie ? Quelle est la relation entre poésie et vérité ? Qui valide, qui vérifie la connaissance poétique ? Comment la connaissance opère-t-elle à travers le signe poétique ? Quelle est la spécificité de la connaissance poétique ? Qu'est-ce qui relie le poème aux discours proprement cognitifs ? La poésie est-elle un succédané ou un complément de la science et de la philosophie ?

Traiter Vallejo de poète réaliste est presque un lieu commun – mais son réalisme est un réalisme actualisé,

débarrassé des restrictions de la reproduction naturaliste chère au XIXᵉ siècle *[1]; on s'accorde à dire que
Vallejo nous transmet sans idéalisation, sans rêverie
évasive, sans besoin d'harmoniser ou d'exalter (donc
de rendre irréel) un constat véridique de son expérience vitale; il est admis que sa représentation du
monde correspond à la vision que postulent la science
et la philosophie contemporaines[2] et que Vallejo, à
travers des signes sensibles, une figuration symbolique,
des images chargées de résonances affectives, une
structure verbale singulière et qui singularise la perception du message, nous propose une métaphore épistémologique, une transcription toute personnelle de la
réalité.

Ici, le monde est signifié métaphoriquement, il est
surtout connoté par les images, suggéré par les symboles, il est comme un sens second, un terme de référence. Il peut ne pas apparaître à la surface, dans le
dire direct, mais il sert de support aux associations.
Dans le discours poétique de Vallejo, la réalité est
récupérable. Mais nous ne pouvons traduire le sens
référentiel du poème en axiomes cognitifs sans perdre
totalement cette valeur fondamentale du message
Trilce ou *Poèmes humains* que représente la signification spécifiquement poétique. Opérer une telle limita-
tion serait trahir ce que le poème communique, le
mutiler, le réduire à des scories.

Vallejo transcrit une version personnelle du monde,
qui implique une connaissance particulière de la réalité. Si nous ne reconnaissons pas combien la singularité, l'anormalité, la personnalisation, l'autonomie du
langage poétique sont en relation avec la généralité,

---

* Toutes les notes appelées par chiffre sont de l'auteur et sont
regroupées en fin de volume.

l'univocité, l'objectivité des signifiés cognitifs, nous resterons dans la confusion et la contradiction.

Pour Vallejo, vérité, en poésie, équivaut à évidence sentimentale, où idées et attitudes sont inséparables; vérité ne veut pas dire fidélité aux faits mais constance de l'affectivité; conviction rejoint sensibilité, intellect passion, perception sensualité. Vallejo transcrit sa réalité, les faits sans discrimination hiérarchique, leur « advenir » total, sans démarcation entre l'extérieur-objectif et l'intérieur-subjectif, ses événements non assujettis à une classification catégorielle, son existence quotidienne brute et totale, où la concrétisation matérielle maximale est donnée par son immédiateté physiologique, par l'instance la plus palpable, la plus présente et la plus pressante : son propre corps.

Trilce est une sorte de sténographie psychique (encore que très formalisée) qui inscrit un parcours accidenté, un devenir souvent divaguant, un processus non pas concertant mais déconcertant, où tout s'agglomère à la fois. C'est un bourbier bouillonnant, un étourdissement dans lequel convergent, interfèrent et s'interpénètrent les sillages de différents discours, comme dans la coulée d'une conscience mouvante qui entremêlerait ordres, références, temps et espaces divers. Nous sommes loin de la pensée discursive, du développement linéaire, du syntagme qui se déploie graduellement, de la connaissance progressive qui suit les articulations de la logique classique, de la sagesse mesurée de l'humanisme traditionnel. Vallejo appartient à notre monde, un monde régi par l'idée de relativité, de simultanéité, d'instabilité, de fragmentation, de discontinuité et d'interpénétration[3] :

> ¡Cuatro conciencias
> simultáneas enrédanse en la mía!

¡Si vierais cómo ese movimiento
apenas cabe ahora en mi conciencia!

(¡Cuatro conciencias…!)

Quatre consciences
simultanées se mêlent à la mienne!
Si vous saviez comme ce mouvement
a peine maintenant à tenir dans ma conscience!

(Quatre consciences…!)

Sa poésie enregistre la réalité telle que la ressent une subjectivité hypersensible, hyperaffective et stimulée par la névrose. Chez Vallejo, une intellection aiguë, capable d'abstraire de la situation immédiate, individuelle, une projection générique, capable, également, de donner une dimension suprapersonnelle et philosophique à la circonstance ponctuelle, biographique, anecdotique, s'allie à une forte personnalisation en butte aux tribulations, à un arbitraire extrême (associations subjectives de sens, indéchiffrables pour le lecteur ignorant les circonstances stimulantes qui les ont motivées), à une suprême singularisation stylistique, à un summum d'idiolecte, d'anormalité.

Vallejo est un poète avant-gardiste. L'avant-garde instaure une rupture de la tradition et une tradition de la rupture, rupture de tous les continuums : logique, tonal, temporel, spatial, causal, linguistique; rupture de tous les absolus concevables. L'avant-garde bouleverse la normalité et les normatives bourgeoises. Dissociation, enharmonie, entropie, tension dissonante, conscience conflictuelle, irrationalisme s'opposent à la raison positiviste, pragmatique, ou à l'ordre préconisé par le spiritualisme idéaliste, partisan de la sagesse harmonieuse, de la beauté équilibrée, de la catharsis édifiante, encouragée par la pureté formelle et l'élévation thématique.

La poésie de Vallejo, comme celle des meilleurs fleurons de l'avant-garde, est accidentée, plurifocale, excentrique, aléatoire, ludique, enlaidissante, perturbante, surprenante, raréfiante, imprévisible. Vallejo déconcerte, déraisonne, déplace, disloque, dérange, détourne, importune.

Lorsqu'on l'interprète, lorsqu'on essaye de le déchiffrer en transposant sa poésie à un discours critique, lorsqu'on veut augmenter par la voie herméneutique son intelligibilité, il ne faut ni rétablir impérativement la normalité (à savoir l'élocution admise et exigée par le consensus majoritaire) ni réduire sa complexe plurivalence à une paraphrase qui transformerait cette profusion en purs jugements de connaissance; il ne faut pas passer par-dessus les incongruences suggestives, les contresens, les contraventions, distorsions, inversions, violations verbales en les simplifiant volontairement, en les traduisant en signifiés clairs, vérifiables dans l'extratexte. Le message poétique est la totalité des signes porteurs de l'image esthétique et importés par elle :

> *y si vi, que me escuchen, pues, en bloque,*
> *si toqué esta mecánica, que vean*
> *lentamente,*
> *despacio, voŕazmente, mis tinieblas.*
>
> (Pantéon)

> et si j'ai vu, alors qu'on m'écoute en bloc,
> si j'ai touché à cette mécanique, que l'on voie
> lentement,
> doucement, voracement, mes ténèbres.
>
> *(Panthéon)*

Toute connaissance qui déborde du poème, qui ne s'en réfère pas à ce qui est intrinsèquement poétique, passe par la formalisation qui l'insère, est comme en suspens. Si le message poétique contient une connaissance relative à ce qui existe hors de l'univers autonome du poème, cette connaissance s'imbrique dans un contexte dont la fonction est tout d'abord esthétique et qui exige une certaine attitude de réceptivité. Le poème réclame une soumission qui accepte le caractère de l'expérience poétique et son plaisir, qui admette les conventions littéraires présupposées par un conditionnement perceptif, une certaine forme d'illusion, un traitement linguistique particulier et différent du discours naturel. Cette connaissance de portée extra-poétique ne peut se détacher de la structure tout entière du poème; elle est insérée dans un montage verbal spécifique et dépend de la fonction particulière du poème. Il s'agit d'une connaissance au sein de la forme artistique et qui n'est traduisible qu'en termes artistiques. On ne peut pertinemment restreindre le signifié d'une œuvre d'art aux connaissances qu'elle pourrait renfermer, on ne peut ramener son contenu à des assertions axiomatiques. Les connaissances véhiculées par le langage artistique sont inséparables de l'expérience vive, globale (non analytique) par laquelle nous les captons; elles doivent être appréhendées et se vérifier au-dedans du signe esthétique pris comme une intégrité indépendante[4]. La vérification ne peut ignorer le signe-poème et le restreindre à de simples signifiés conceptuels. Elle ne peut réduire le complexe imaginatif-affectif-sensoriel-intellectif à des concepts clairs et distincts :

...¡Ah doctores de las salas, hombres de las esencias, próji-
mos de las bases! Pido se me deje con mi tumor de
conciencia, con mi irritada lepra sensitiva, ocurra lo que
ocurra, aunque me muera! Dejadme doler, si lo queréis,
mas dejadme despierto de sueño, con todo el universo
metido, aunque fuese a las malas, en mi temperatura
polvorosa.

               (Las ventanas se han estremecido...)

... Ah docteurs des salles, hommes des quintessences, vous,
les proches des bases! Je vous demande de me laisser à ma
tumeur de conscience, à ma lèpre irritée et sensible, advienne
que pourra, dussé-je en mourir! Laissez-moi souffrir si vous
voulez, mais laissez-moi éveillé de songes, avec l'univers
entier, même si ça fait mal, plongé dans ma température
poussiéreuse.

            (Les fenêtres ont tressailli...)

Les mots sont soumis à des interactions reliées par un
« design » verbal qui les transforme en poème. Ils sont
activés par une irradiation réciproque. Ils sont ce qu'ils
signifient objectivement, outre toutes les résonances
qu'ils éveillent, toutes les associations qu'ils suscitent.
Dans les poèmes de Vallejo – comme sans doute dans
toute poésie – il y a une relation inversement proportionnelle entre fonction poétique et fonction référentielle. Ce que les poèmes gagnent en fonction référentielle, ils le perdent en fonction expressive. Que l'on
compare, pour preuve, la prose *No vive ya nadie* (Plus
personne ne vit) avec son correspondant thématique, le
poème LXI de *Trilce*; tous deux concernent le foyer
inhabité, la relation entre l'absence physique et la
présence dans le souvenir. Dans le premier, c'est la
dénotation qui prime (désignation non subjective), et la
langue conserve sa neutralité pour ne pas produire

d'interférence dans l'exposé sentencieux. Par de rares perturbations animiques ou imaginatives, l'instance poétique renonce à ses pouvoirs spécifiques, se borne à transmettre avec le moins de distorsion possible le message gnomique. Poétiquement, cette prose est moins émouvante, c'est-à-dire moins opérante que le poème LXI où la réflexion générale se transforme en expérience personnalisée, où l'« advenir » se confond avec le « souffrir » et avec la langue qui l'exprime.

La forme affirmative en elle-même n'est pas cause d'appauvrissement poétique; il existe bien des poèmes dont l'échafaudage du discours d'exposition est extérieurement visible; *Los nueve monstruos; Considerando en frio, imparcialmente...; Voy a hablar de la esperanza* (Les neuf monstres; Froidement considéré, impartialement...; Je vais parler de l'espoir) en sont les exemples les plus achevés – on les dirait soutenus par une ossature conceptuelle, mais l'enchaînement intellectif ne se concentre jamais en raisons pures, il n'est jamais axiomatique; la concaténation est altérée par le langage figuré, par les transpositions, la teneur sentimentale, les multiples incertitudes qui sèment l'équivoque; la normalité discursive est superficielle, parodique, ironique; elle est transgressée, raréfiée, rongée par d'autres instances verbales contrapuntiques qui rendent le poème polyphonique.

La perte d'efficacité poétique se produit lorsqu'il existe un excès de détermination sémantique, elle vient presque toujours d'un excès de prédétermination idéologique. Il y a déperdition poétique lorsque les signifiés sont réduits à l'univocité, fixés sémantiquement, et qu'on leur impose une signification restrictive. Autrement dit, l'efficacité poétique est directement liée au pouvoir de suggestion, d'évocation, qui provient de l'instabilité sémantique, elle est en relation directe avec

l'enrichissement informatif produit par une plurivalence livrée à sa propre dynamique; elle est directement liée aussi à la multivocité qui permet au lecteur
une pluralité de lectures, une pluralité d'options agis-
santes.

Vallejo, même s'il s'inspire de la dialectique
marxiste, du matérialisme historique, même s'il poétise
en fonction de la lutte des classes, revendique des
valeurs socialistes et prône la solidarité révolutionnaire,
n'est jamais apodictique, axiomatique, concluant, com-
pulsivement simplificateur. Il ne subordonne jamais les
exigences poétiques à des diktats partisans, ne limite jamais sa liberté d'écriture, ne restreint jamais l'ampleur
de ses recours expressifs au nom d'une lisibilité plus
immédiate, ne se soumet jamais à des stratégies péda-
gogiques, à des servitudes esthétiques, n'aliène jamais
son instrument, ne s'aligne sur aucun dogmatisme.
Vallejo ne catéchise pas, il n'exemplifie aucun credo
politique; ses poèmes sont dénués de morale, ils ne
sont pas convertissables en impératifs catégoriques.

Le réalisme de Vallejo est mobile et changeant
comme la réalité et comme la connaissance de notre
époque. Réalisme nourri et activé par cette réalité
même, à travers un échange dynamique et malléable.
Réalisme non stéréotypé; qui n'est ni livre de recettes
ni règle canonique ni constante formelle, sujette à des
modèles archétypes; réalisme qui n'est pas formule
mais relation épistémologique avec la réalité[5].

Amour, sexe, temps, mort, foyer, société, humanité,
sont, chez Vallejo, des incitations iconiques, des prétextes pour sa figuration symbolique, allégorique, parabo-
lique. Ce sont des déclencheurs d'imaginaire, des
moteurs d'une écriture qui les transforme librement en
actants poétiques, des implications d'un signe esthétique en correspondance métaphorique avec la réalité,

correspondance à ne pas confondre avec une équivalence et encore moins avec une servitude. L'écriture poétique, quoique d'inspiration réaliste, est illusionniste et déréalisante. Le référentiel, configuré par la forme artistique, est soumis à un nouvel ordre et à un réseau de relations qui le libèrent des exigences de la réalité empirique. Il est déconnecté de sa trame, de son insertion, de son enchaînement, de sa causalité, de ses restrictions et de ses urgences habituelles. Il serait incongru, impertinent d'essayer de préserver ce qui est purement référentiel en le séparant du projet et de la réalisation artistiques. De même qu'il serait vain d'extraire de la poésie de Vallejo une connaissance objective, impersonnelle, de raison suffisante, de vérification extérieure au signe poétique. La vérification extratextuelle n'a pas d'importance; les poèmes ne peuvent ni ne doivent être assimilés aux catégories générales de la connaissance. C'est-à-dire que leur fonctionnalité n'est pas dépendante de la valeur référentielle ou cognitive qu'ils renferment.

Le protocole littéraire est un intermédiaire qui distord, un intercepteur, un perturbateur du référentiel et du cognitif. Le poème implique un consensus préalable, des conventions admises à la fois par l'émetteur et par le récepteur, tous deux acceptant la fiction qui consiste à ne pas s'opposer au transport, à l'embargo émotionnel et à accorder à l'artifice une vraisemblance, un naturel, une entité presque équivalente au réel. Cet illusionnisme consenti, cette confiance imaginative et émotionnelle en un ordre soumis à ses propres exigences nous éloigne de la connaissance référentielle.

Le poème renvoie immédiatement au poème; son message se retourne sur lui-même, se renverse, met en évidence le moyen verbal employé, les rapports formels de son ordonnance particulière, la matérialité de ses signes, il approfondit la dichotomie entre ces derniers et les objets signifiés. Chez Vallejo, on remarque de prime abord l'usage innovateur et inattendu du code de la langue, la diversité des recours, le non-respect des habitudes discursives, la désautomatisation verbale, comme s'il repensait chaque fois le lexique et la syntaxe de la langue espagnole, comme s'il les détournait de leur usage général pour les plier à ses modes personnels de construction. Sa poésie gagne en singularité, c'est-à-dire en spécificité, au fur et à mesure qu'elle s'émancipe de la structure discursive, des connexions, de la congruence du langage référentiel.

Le poème, d'abord autoréférent, se retourne ensuite vers le destinataire de son message. En littérature, la communication est sensible, expressive, elle est subjectivée, elle passe pour un ego qui la personnalise en lui infusant de l'émotion. Chez Vallejo, cette instance du moi émetteur du texte est omniprésente. Ce moi protagoniste est excentrique, divergent, aliéné. Ses poèmes nous informent d'une subjectivité tourmentée, angoissée, obsessive; leur cohérence est intermittente, névrotique. Vallejo nous livre son psychisme convulsé, crispé, il nous envoie une décharge de haute tension psychologique. Chez Vallejo, la proposition ou les termes de la proposition, à savoir l'objet ou l'état des choses qu'elle désigne, se mêlent au vécu, se confondent avec la représentation ou l'activité mentale du poète. Chez Vallejo, s'il y a quelque assurance sémantique, elle réside dans l'évidence personnelle, elle s'enracine dans le mot indissolublement lié à l'émetteur du poème. Ses propositions sont toujours perceptives, imaginatives, évocatoires ou représentatives. Il ne marque pas la distinction qui permet un langage référentiel et cognitif, qui instaure un sens autonome, neutre, impersonnel. Il ne sépare pas tout à fait mots et choses, il ne libère pas complètement le son du sens. Vallejo n'extrait pas de l'état des corps l'événement immatériel, n'abandonne pas ses profondeurs pour s'isoler de ce qui est personnel et penser en surface, abstraitement. Vallejo, tout en exprimant les événements extra-textuels, exprime l'événement du langage confondu avec son propre advenir[6].

Ce n'est qu'après avoir transposé ces deux instances – le signe dans sa configuration formelle et sa matérialité, puis le renvoi du texte à l'émetteur – que le poème peut se référer à une réalité extra-textuelle. La connaissance implique une intention sémantique donnée, une relation gnoséologique avec cette réalité, un désir d'appréhender le véritable signifié des choses, d'établir une conformité entre la pensée et les faits réels. Telle est, je crois, la volonté de Vallejo qui se propose de rompre avec la tendance idéalisante et sublimante de l'art. Ses poèmes nous transmettent une triple information : information textuelle spécifiquement poétique; information sur celui qui émet, sur une subjectivité partiellement, conjoncturalement récupérable à partir du poème même; information, enfin, sur le référent dénommé réalité. Cette troisième instance, la réalité référentielle, est à son tour interférée, distordue par les réalités textuelles et expressives, qui, dans l'écriture de Vallejo, sont déterminantes, imposantes. Vallejo n'est jamais neutre, il ne passe jamais directement aux contenus cognitifs, il entrave (en la raréfiant, en l'enrichissant) la communication référentielle par une haute dose de transmutation formelle et stylistique, une charge d'expressivité saisissante et une prépondérance sentimentale.

Le poème ne peut jamais être un pur moyen cognitif. Il n'est pas non plus l'instrument permettant la connaissance appropriée de ce qui existe en dehors de son univers autonome. Cependant, chez Vallejo, il y a des signifiants cognitifs, des assertions sur la réalité extra-textuelle et supra-individuelle, bien que la gnose soit toujours inextricablement mêlée à la trame complexe de la signification. Comme dirait Antonio Machado, Vallejo ne nous propose pas de préceptes mais des percepts.

Quelles connaissances tirer, par exemple, du poème XIII de *Trilce*, qui établit une relation entre sexe, conscience et mort ?

> *Pienso en tu sexo.*
> *Simplificado el corazón, pienso en tu sexo*
> *ante el hijar maduro del día.*
> *Palpo el botón de dicha, está en sazón.*
> *Y muere un sentimiento antiguo*
> *degenerado en seso.*
> *Pienso en tu sexo, surco más prolífico*
> *y armonioso que el vientre de la Sombra,*
> *aunque la Muerte concibe y pare*
> *de Dios mismo.*
> *Oh Conciencia,*
> *pienso sí, en el bruto libre*
> *que goza donde quiere, donde puede.*
> *Oh, escándalo de miel de los crepúsculos.*
> *Oh estruendo mudo.*
> *¡Odumodneurtse!*

> Je pense à ton sexe.
> Le cœur simplifié, je pense à ton sexe
> devant le mûr enfantement du jour.
> Je palpe le bouton des délices, le voici à point.
> Expire alors un antique sentiment
> dégénéré en cervelle.
> Je pense à ton sexe, sillon bien plus prolifique
> et plus harmonieux que le bas-ventre de l'Ombre,
> la Mort dût-elle concevoir et accoucher
> de Dieu même.

> Oh, Conscience,
> je pense, oui, à la brute libre
> qui jouit où il veut, où il peut.
> Oh, scandale de miel des crépuscules.
> O tumulte muet.
> Téumetlumuto!

Son point de départ semble être une méditation tendant à énoncer des jugements axiomatiques. Il y a, à quatre reprises, une insistance sur l'attitude de réflexion qui paraît mobiliser le texte. Celui-ci commence sur un mode affirmatif-énonciatif, mais il se poursuit de telle sorte que le conceptuel agit à l'intérieur d'une constellation sémantique hétérogène. Le cours (ou parcours) s'éloigne graduellement d'un fil discursif, d'un enchaînement syllogistique, d'une induction objective, de l'apodigme ou de l'épigramme. Vallejo méprise, déprécie la cogitation; il fait monter la tension affective, glorifie la jouissance sans préjugés, vante l'animalité libérée de prurits intellectuels, rend son verbe interjectif et de plus en plus métaphorique, annonce et pratique le scandale : le poème culmine en un vers inversé qui proclame, souveraine désinvolture, l'arbitraire de son écriture.

Vallejo n'objective pas, ne précise pas, ne prescrit pas, ne distancie pas, ne neutralise pas, ne refroidit pas. Il subjective, disloque, pathétise, ironise, emphatise, désespère. Il n'opte jamais pour la connaissance proprement dite. La tension, toujours dissonante, n'est pas facteur d'analyse, de jugement, mais de représentation sensible, de figuration ou transfiguration métaphorique, elle est un activant imaginatif.

Vallejo semble suspendre le processus intellectif avant d'atteindre le degré suffisant d'abstraction et d'impersonnalité qui l'affranchisse de l'esprit concep-

teur. Vallejo ne le démêle pas, ne le distingue pas, ne le
clarifie pas, il le livre tout brut, sous sa forme de
conglomérat (« cœuresprit lié à mon squelette »), de
perception pré-conceptuelle. Il ne le discerne pas, ne le
délimite pas, ne l'épure pas. Il n'explique pas, il
complique. Il exécute toutes sortes de cabrioles logiques, il saute et sursaute, il est elliptique, hermétique, il
laisse des creux dans la cohésion, il surfile par intermittence. Quelle connaissance extra-textuelle et extra-
vallejienne nous communique-t-il à travers les mutila-
tions syntaxiques, les concordances anomales, la cohérence névrotique de ce discours effrangé ?

> *Cual mi explicación.*
> *Esto me lacera de tempranía.*
> *Esa manera de caminar por los trapecios.*
> *Esos corajosos brutos como postizos.*
> *Esa goma que pega el azogue al adentro.*
> *Esas posaderas sentadas para arriba.*
> *Ese no puede ser, sido.*
> *Absurdo.*
> *Demencia.*
> *Pero he venido de Trujillo a Lima.*
> *Pero gano un sueldo de cinco soles.*
>
> (Trilce, XIV)

> Telle mon explication,
> Ceci me lacère de matinalité,
> Cette manière de marcher sur les trapèzes,
> Ces braves brutes comme des postiches,
> Cette glu qui colle le mercure à l'intérieur,
> Ces derrières assis à l'envers,
> Ce ça ne se peut, qui se put,
> Absurde,
> Démence,
> Mais je suis venu de Trujillo à Lima,
> Mais je gagne un salaire de cinq *soles*.
>
> *(Trilce, XIV)*

Vallejo transmet des séquences mentales, il figure les bouillonnements d'une conscience en pleine agitation, représentée dans son énergie multiforme, ses potentialités préalables à tout quadrillage classificateur. Vallejo préfigure les virtualités de la conscience, il communique des connaissances germinales, des atomes cognitifs tourbillonnants dans leur torrent psychique originel, antérieur à la codification démonstrative, à la classification catégorielle, à toute spécialisation. Ses impulsions sont gnomiques, prédéfinitoires, préanalytiques. La séduction poétique provient du dynamisme instable, de la mutabilité bouillonnante, de la mobilité de ce monologue intérieur dans lequel se déverse un magma mental à l'état préformel.

Vallejo, paradoxalement, met son habileté technique et l'un des plus vastes instruments expressifs de la langue espagnole au service d'une représentation chaotique. Il applique son talent formel au modelage d'une image (c'est-à-dire d'un corrélat suggestif) de l'informe : l'immédiateté de son intimité mentale, la simultanéité spasmodique et hétérogène de sa conscience. Vallejo figure la préfiguration, ou figure la défiguration.

« Altazor » :
La métaphore désirante

Altazor entame un processus de radicalisation métaphorique. La prépondérance du sens figuré sur le sens littéral provoque la translation au règne illimité d'une fantaisie générative qui, par une irréversible subversion référentielle, va déranger les catégories, les modes fondamentaux de l'objectivité pour proposer d'autres appréhensions du monde, d'autres systèmes de symbolisation. La transposition métaphorique, s'emparant de toutes les pratiques signifiantes, modifiera toutes les instances linguistiques – lexique, morphologie, syntaxe, prosodie – jusqu'à consumer le triomphe de l'Eros relationnel, dans la fougueuse et fusionnante homophonie homologue du chant final. Des métaphores du signifié, qui peuvent être paraphrasées, *Altazor* progresse vers celles du signifiant, celles qui s'implantent dans le support matériel, métaphores incarnées, métaphores corporelles.

Dès le début d'*Altazor*, la vision métaphorique nous absorbe, dès le début le sens s'épanche avec effusion, multipliant ses axes pour que nous ne puissions pas l'ancrer dans la littéralité. Le discours divague, obstinément translatif, provoquant des transferts multiples et multi-directionnels. Dès le début nous nous apercevons que le poème agit au figuré, que le sens circule surtout à travers le déploiement mouvant et labile des glissements, des significations adventices et indirectes. La continuité métaphorique contraint à se déplacer, à renoncer au sens lexical et à chercher dans l'éventail des connotations celles qui rendent possibles d'autres attributions significatives. Dès le début, le poème joue sur la présentation de sens simultanés intarissables n'exigeant pas de choix, pas d'interprétation déterminative qui endiguerait l'ouverture sémantique réverbérante. Dès le début, on a un ample déploiement de la potentialité connotative. Ce fourmillement des latences, cette lutte des sens propres contre les sens figurés, ce jaillissement iconique prodigue en signifiance, ce large éventail des virtualités, constituent la charge la plus réactive du sens : l'admissibilité du poème semble infinie et la signification inépuisable.

Les modificateurs métaphoriques agissent comme des foyers au sein d'un cadre qui est l'énoncé tout entier. La transposition métaphorique résulte de la relation entre foyer et cadre. Dans *Altazor*, la constante multiplication des foyers métaphoriques finit par métaphoriser globalement le contexte. Puisque les significations signifient contextuellement et que l'éventail potentiel des connotations est la constituante décisive du poème, nous pouvons en déduire qu'*Altazor* est une métaphore continuelle, ou que la métaphore est son principe d'engendrement, ainsi que son principe de plénitude; la métaphore lui permet l'élargissement maximal du sens.

Le poème signifie toutes les significations possibles. Le lecteur n'est pas obligé de faire un choix parmi les admissibles, et si par besoin de congruence il en sélectionne certaines qui lui paraissent mieux convenir au sujet, les autres, celles qu'il délaisse, restent perpétuellement disponibles et peuvent, lors d'une nouvelle lecture, devenir décisives. Le lecteur élabore lui-même les connotations du modificateur, susceptibles de produire du sens. Dans *Altazor*, la possibilité de créer de nouvelles significations contextuelles est illimitée.

Dans *Altazor* on ne trouve pas le dédoublement de la métaphore analogique entre l'immédiateté du sens littéral et la médiateté du sens figuré. Dans *Altazor* la référence littérale reste infirmée par l'entourage métaphorique qui instaure un autre ordre de choses. En fait, le sens propre se restreint aux acceptions lexicales établies; et le sens figuré n'est pas une déviation mais une nouvelle attribution. *Altazor* suscite une transgression catégorielle créatrice de sens inédit. Par infraction à l'ordre référentiel établi (détenteur du bon sens, c'est-à-dire de la vraisemblance réaliste), la métaphore huidobrienne engendre un nouvel ordre. L'ordre établi lui aussi, comme tout ordre, fut tout d'abord généré métaphoriquement.

La métaphore est un événement qui provoque le recoupement de champs sémantiques contigus ou distants. La métaphore est le modificateur qui confère au sujet un prédicat inusité. Dans les métaphores courantes, les habitudes culturelles décident non seulement de la frontière entre le sens littéral et le sens figuré mais aussi de leur degré d'intersection; dans les métaphores huidobriennes, les métaphores vives, il y a choc et collision, explosion et radiation expansive. Cette métaphore impertinente est le creuset de nouvelles pertinences qui naissent par démantèlement des catégorèmes antérieurs, sous l'impact d'autres identités, d'autres différences.

La métaphore, opérateur imaginant, représente une fusion entre le logo-sens et la sensorialité, elle représente le sens du sensible, la métaphore est une icône verbale. Elle combine *sens* et *sensa* pour produire un objet (le poème) où le sens dévale la pente de l'image. La métaphore représente le déploiement iconique du sens dans l'imaginaire. La prolifération métaphorique permet de récupérer l'énergie originelle de l'image, elle renvoie au dynamisme fondamental de la vie psychique, à la pollution prélogique, prélinguistique des origines, au grand sémantisme primordial qui est la matrice à partir de laquelle se développera la pensée rationnelle. La métaphore huidobrienne renvoie au verbe auroral, aux songes du mot, à la zone matricielle, à la genèse relationnelle, au placenta linguistique.

L'hégémonie métaphorique annule le déterminisme empirique et le contresens logique. *Altazor* ôte au langage sa fonction utilitaire ou fonction didactique du signe pour lui permettre d'accéder à la réalité sous le mode de la fiction. Le poème suscite un autre monde qui correspond à d'autres possibilités d'existence. La métaphore est une expérience perceptive, visionnaire, elle est acte figuratif. La métaphore généralisée, radicalisée, propose le passage à un autre référent. *Altazor* défait le monde littéral pour le remplacer par un autre, régi par la causalité hylozoïste du métaphorique. *Altazor* refait la réalité instaurée par le consensus social; en la réécrivant, il la redécrit. Et comme dans *Altazor* le pouvoir de réorganiser la vision s'élargit au maximum, universellement, la métaphore provoque une telle migration figurative qu'elle se fait transmigration conceptuelle. Elle représente un autre ordre factuel, régi par un autre ordre causal, elle propose un autre schéma symbolique du monde.

La métaphore est le lieu où commence à s'opérer toute coupure épistémologique. Les systèmes symboliques font et défont le monde. Si tout symbolisme vise en dernière instance à redisposer la réalité, la métaphore est l'agent privilégié d'une telle recomposition.

Elle cesse alors d'être un trope et devient le principe
transférentiel commun à tous les discours. Personnification, synecdoque, métonymie, antonomase peuvent
être considérées comme des variantes de la translation
métaphorique. Ainsi, *Altazor* appartient tout entier au
domaine métaphorique, où la qualité esthétique va de
pair avec la qualité cognitive. *Altazor* devient métaphore épistémologique ou fiction heuristique.

La métaphore est au poème ce que le modèle hypothétique est à la science. Elle s'attache plus à montrer
qu'à démontrer, à la logique de la découverte qu'à
celle du constat, à la probabilité qu'à la preuve. Le
modèle pratique un nouveau langage pour postuler un
moyen imaginaire non soumis à la preuve d'existence;
c'est un mode prédicatif, un mode du dire, plus
soucieux de ses possibilités de déploiement que de sa
véracité. La métaphore, en utilisant tous les pouvoirs
de développements mythiques de la fable heuristique,
ouvre et découvre des mondes.

La métaphore huidobrienne dépasse les limites du
discours socialisé pour manifester une charge qui
dépasse le sujet constitué et les structures usuelles de la
communication. La métaphore radicale formule des
états informulés. La formulation de l'informulable
rompt le bloc des formalisations raisonnables; elle
rétablit la mobilité et la mutabilité que le moi responsable réprime, elle permet l'affleurement du fond impa-
tient. Si la dénotation littérale, la pertinence sont des
censures normatives ou des impératifs catégoriques
imposés par la conscience au langage en tant qu'instru-
mentiste de la pensée rationnelle, la métaphore, avec
ses condensations et ses déplacements, ses transports et
ses transpositions, ses ubiquités et ses simultanéités,
avec ses tropismes extravagués, ses anachronismes et
ses anatopismes, ses régressions temporelles et spatia-

les, est la messagère de la pressante pluralité pulsionnelle.

A travers la métaphore, agent de l'excentration, les concaténations insensées font irruption pour introduire des causalités disparates qui renvoient à une multiplicité hétérogène de mondes. *Altazor* déjoue les relations admises entre sujet, corps, langage et société. Allant jusqu'au bout de son pouvoir discordant, elle provoquera d'abord une subversion référentielle, puis lexicale, puis syntaxique et phonétique pour atteindre, par un chambardement libérateur, les fondements mêmes de la production signifiante.

Le poème est le lieu qui localise le désir. Le poème dit la présence symbolique de l'absence. Le désir naît d'une carence, d'une frustration fondamentale qui provient de l'accès du sujet au langage dont l'ordre symbolique impose des coupures différentielles dans la continuité originelle. Le désir est désir de la plénitude première, d'une présence protectrice, constante et absolue. Le désir transcende la signification par l'impossibilité de signifier son objet. Tout établissement de sa part étant provisoire et insatisfaisant, il s'exprime à travers un continuel déplacement, des transgressions qui laissent la trace de signifiants ineffables. Le désir, en s'installant dans le langage, ourdit des métaphores qui mettent sujet désirant et objet désiré en relation imaginaire; il produit le poème en tant que construction fantasmatique ou substitutive de l'objet du désir. Le poème fantasmatise la présence, la transforme en présence symbolique. Le poème est une argutie désirante, un remplacement spectral de l'absence.

Le langage scinde le sujet car le sujet grammatical ne peut opérer qu'avec les séries linéaires de la chaîne signifiante comme sujet logique, comme le sujet vacant des positions pronominales, vidé de son épaisseur et de

sa densité psychosomatiques. Le sujet réel, celui des
mélanges confus du moi enfoui, est excentrique au
langage, mais il lutte pour être réincorporé. Le fantasme cherche, à travers l'imagination pulsionnelle, à
réinstaller l'objet du désir, à rétablir la communion du
commencement. Telle est la gageure d'*Altazor* : exprimer des intensités, des émergences, des embrasements,
des destructions qui rompent l'équilibre établi dans
l'attribution des signifiés et de leur prévisible, leur
lisible distribution dans les séries grammaticales; déloger le classique sujet ponctuel en connexion prévisible
avec une réalité préconçue, afin de promouvoir la
figuration d'autres relations entre le conscient, l'inconscient, les objets naturels et les appareils sociaux.

En brisant les restrictions réalistes, la subjectivité
rebelle traverse le discours en tant qu'altérité négative,
bruit qui ne se laisse pas articuler, entropie qui décom-
poserait et recomposerait le dispositif poétique pour
devenir insaisissable et forcer le mot à représenter une
autre cohérence que la logomachie de surface. Par une
violation du code linguistique, sujets et objets, désaffec-
tés de leurs affectations habituelles, révèlent la force de
l'excès non codifiable, irréductible à la signification.
Cette subjectivité insoumise déjoue les effets du conscient, ébranle tant son étroitesse que ses alternances
pour laisser affleurer l'ordre occulte dans lequel la
scission qui dédouble le sujet s'efface et où toute
fragmentation se résout par un retour à la solidarité du
commencement. Une fois les signifiants sémantisés et
les signifiés somatisés, la langue, engluée par le plaisir
oral et glottique, abandonne la structure phrastique
pour le bouillon sonore. Ainsi la belle nageuse récu-
père-t-elle son rôle aquatique et purement caressant.

Enfourchant le « cheval de la fugue interminable »,
celui des transferts métaphoriques, *Altazor*, grâce à des

« mots pleins de fièvre et de vertige intérieur », au « mirage des nouvelles hypothèses », à des « transfusions électriques de rêve et de réalité », pratique la subversion référentielle et lâche les rênes à cette énergie possessive du désir conciliateur, assembleur, copulatif, jusqu'à « entraîner les cieux vers la langue », jusqu'à ce que la bouche, placée au bout du rêve mytho-génésique, récupère sa faculté de recréer l'univers. Jusqu'au *Canto III*, la vision emprunte les sillons élocutifs de l'énonciation phrastique. A partir du *Canto IV*, la progression linéaire du déploiement syntagmatique, troublée par les afflux déstructurants, commence à être ébranlée par les « courts-circuits au sein des phrases et les cataclysmes dans la grammaire ». La progression horizontale est cisaillée, trouée par ces poussées qui la traversent et la décomposent, par ces désarticulations incertaines, instables, fuyantes, ces attaques, ces décharges qui ne se laissent ni asseoir, ni assigner, ni désigner, par cette signifiance erratique, irruptive et éruptive, qui indispose, malmène, embrouille la concordance instituée entre sujet, langage et monde. Pour « tremper la langue dans des océans à naître », il faut intérioriser la « poésie poétique d'un poète poétique », il faut sortir ses cartes secrètes du fond de son crâne, atteindre la racine des oiseaux, descendre métaphoriquement dans le fond sémique, dans la langue infusoire, là où le rythme vocal retrouve le rythme buccal, le kinésique, le lieu de l'engendrement de la signifiance, le temps unitif antérieur à l'articulation du signe linguistique, à la coupure thétique entre signifiant et signifié.

Huidobro ne va pas se contenter de bouleverser l'ordre catégoriel de l'objectivité, des positions, propositions et dispositions, des attributions et distributions, des thèses et hypothèses qui permettent la représenta-

tion de cet ordre symbolique, de cet ordre linguistique
que nous appelons réalité, il va aller jusqu'à attaquer la
chaîne signifiante, il va la cribler, la fissurer par les
assauts des intensités rebelles, par cette force déformante alliée à une irrévérence ludique qui ébranle et
finit par renverser le dispositif textuel sociable. La
vision conjonctive du fond désirant attaque la structuration différenciatrice d'en haut pour manifester son
hétérogénéité, tenter, même de façon convulsive, spasmodique, surprenante, une redistribution de l'ordre
signifiant. Huidobro enfreint non seulement les règles
référentielles mais grammaticales. Non seulement la
dénotation (position de l'objet), non seulement le sens
(position du sujet) mais aussi le lexique, la phonétique.
Il attaque toutes les vraisemblances. Les disruptions du
fond sémique déchirent toute la stratification de l'ordre
symbolique en le transgressant par des destructions qui
marquent la déjection pulsionnelle. *Altazor* ouvre la
voie à la charge impatiente qui travaille, outrepasse et
menace l'ordre linguistique, agent répressif et censorial
de l'ordre social.

Pour planter l'infini en pleine poitrine, le parachute
de la poésie doit descendre *ab ovo* (« Laisse-toi tomber
sans retenir ta chute sans peur / tout au fond de
l'ombre / Sans craindre l'énigme que tu es pour toi
(...) Tombe au fond du temps / Tombe au fond de
toi »); pour trouver la clé des songes clos, la parole doit
entreprendre un retour vers la genèse; et pour trouver
l'objet primordial du désir,

> *Un ser materno donde se duerma el corazón*
> *Un lecho en la sombra del torbellino de enigmas*
> *Una mano que acaricie los latidos de la fiebre*

Un être maternel dans lequel s'endorme le cœur
Une couche à l'ombre du tourbillon des énigmes
Une main qui caresse les pulsations de la fièvre

elle doit se réinstaller dans la matrice lénifiante, retrouver l'apaisement « étranger à tout piège et à tout stratagème ». *Altazor* revient au dada primitif, au bouillon bio-générateur, à la prélangue, à la fluidité amniotique, au flottement mélodique, à la mélasse vocale :

Ai ai aia
Ululayu
           lulayu
                    layu yu
Ululayu
        ulayu
              ayu yu

Le signifiant, intersection psychosomatique, impose sa primauté afin de renvoyer la langue à son eurythmie accueillante, sa communion materno-musicale, sa scansion océanique, son utérus universel. L'incompatibilité de la surcharge impérieuse et du sujet unitaire et successif de l'articulation grammaticale cesse comme cesse ce refus réactionnel qui ne pouvait s'exprimer que par des éclairs, des brisures, la marque agressive qui empêche la fixation normative du sens, la cristallisation symbolique. Le plaisir effectue une redistribution érogène du langage, le renvoie à la base corporelle de la phonation. Il le rend holophrastique, le ramollit, supprime les coupures et les séparations. En subordonnant tout à l'éros allitérant, son cours mélodique efface les délimitations lexicales. La phonation n'est plus reléguée au rôle servile de différenciatrice morpho-syntaxique : elle appareille les traits distinctifs et fond

les identités dans un même élan choral. Elle fait
resurgir le rythme kinésique qui, immanent au fonctionnement du langage, précède la structure articula-
trice des séries grammaticales. La coalition sonore
convoque d'autres unités sémantiques non phrastiques.
Les phonèmes, émetteurs de latences sémiques, tendent, par attraction sonore, à constituer leurs propres
circuits de signifiance, leurs constellations de lexèmes
virtuels.

Dans les *Cantos VI* et *VII* d'*Altazor*, les possibilités
allitérantes s'intensifient au point d'abolir toute opposition normative. Les signifiants vont imposer leur sympathie symphonique et prégrammaticale. Abandonnant
la norme élocutive et prosodique, Huidobro impose la
prédominance de l'interjection afin d'apparaître
comme le sujet concret qui consigne directement sa
subjectivité. La voix qui délaisse l'ordre linguistique
pour l'ordre lingual matérialise l'inscription d'un corps
charnel.

*L'imagination mythologique
de Pablo Neruda*

Le contact avec le paysage de Temuco fut la première expérience enfantine consciente de Pablo Neruda. Contact et contagion d'une nature à la fois démesurée, séductrice et asservissante, dont le cycle de transformations présente une violence contrastante. Génératrice et destructrice, cette géographie, comme la poésie de Neruda, amoncelle, enchevêtre forêts vierges, montagne, mer, végétation envahissante, moiteur des germinations et des putréfactions, troncs dressés ou couchés et ensevelis, cataclysmes de pluies et de vents, emprise toute-puissante et cyclique des forces vives en perpétuelle métamorphose.

La nature agreste du sud du Chili va se fixer de manière indélébile dans l'imagination du poète pour constituer son principe de base; elle ne sera pas seulement le thème réitératif de son œuvre mais le parangon presque constant de ses comparaisons, le vivier de ses associations, l'orientatrice et la sustentatrice de ses visions.

De *Crepusculario* (Crépusculaire) à *Residencia en la tierra* (Résidence sur la terre), la poétique de Neruda sera une graduelle tentative de libérer son imagination des contrôles rationnels, de tout complexe culturel, de l'histoire, de la littérature, de la société. En cherchant à retrouver une parole qui soit affleurement immédiat de l'intériorité dans un flux spontané, instinctif, en essayant de récupérer le naturel le plus profond, le naturel acculturé, Neruda libère les forces métaphoriques qui engendrent la vision mythologique. Sa poésie la plus inspirée, la plus profondément personnelle, implique une suspension de la conscience réflexive, un état de ravissement, d'extase. Il renonce à la pensée analytique en faveur d'une pensée analogique ayant sa propre causalité. Il délaisse le cadre ou l'anecdote, se désintéresse du spectacle ou de la circonstance pour retrouver pleinement la mobilité et la mutabilité de l'imagination mythologique.

A mesure qu'il déploie cette imagination ancestrale, il nous renvoie avec une croissante insistance aux processus naturels et en particulier aux transformations organiques; il tend à créer une animation biologique. L'imagination de Neruda sera de plus en plus pénétrante, de moins en moins évasive, toujours plus matérialisante; il cherchera à pénétrer par approfondissement, par immersion ce noyau énergétique, ce centre génésique d'où émane toute création. Plongeant en lui-même, il ancrera sa poésie dans sa personnalité profonde, et c'est alors que la richesse de son imagerie première surgira et se répandra avec force, aussi débordante que l'envahissante nature de Temuco. Livrées à leur propre dynamique, dépourvues de censure, d'interférence formelle, d'abstraction, de souci de stylisation, les fixations de son enfance se manifesteront pleinement. Neruda retrouvera les visions de l'imagination fondamentale, de cette mythologie prélittéraire, préscientifique qui fond en une intime intercommunication tous les ordres de la réalité et qui est comme une énergie matérielle, transsubstantielle, multiforme, protéique, permanente.

En détectant les propulseurs, les mouvements imaginatifs, les processus métaphoriques, les instances, les déterminants du dynamisme nérudien, nous retrouvons le monde fort, pur et frais de son enfance avec les éléments maternels, le bois, la chair, la terre, la mer, la pluie, le vent, la géographie natale.

¿De dónde vengo, sino de estas primerizas, azules
materias que se enredan o se encrespan o se destituyen
o se esparcen a gritos o se derraman sonámbulas,
o se trepan y forman el baluarte del árbol,
o se sumen y amarran la célula del cobre
o saltan a la rama de los ríos, o sucumben
en la raza enterrada del carbón o relucen
en las tinieblas verdes de la uva?

(Canto general de Chile)

D'où proviens-je, si ce n'est de ces toutes premières matières
bleutées qui s'entremêlent ou bouillonnent ou se détrônent
ou s'éparpillent à grands cris ou se déversent somnambules,
ou s'escaladent et forment le rempart de l'arbre,
ou s'enfoncent et amarrent la cellule du cuivre
ou bondissent sur la branche des fleuves, ou succombent
dans la race enterrée du charbon ou miroitent
dans les vertes ténèbres du raisin?

(Chant général du Chili)

Tout en recréant fréquemment les images thésaurisées lors de son expérience précoce, il tentera d'imiter la nature dans ses processus créateurs et de concevoir ses poèmes comme s'ils étaient des manifestations directes de l'énergie naturelle. Le sens tend à l'instabilité, à la dispersion, à la ramification enchevêtrée, à la plurivalence; Neruda tisse un canevas parfois si épais qu'il est difficile d'en isoler les éléments. La vision globale importe davantage que l'individualisation des

composants; ce qui mobilise le lecteur c'est bien plus
les mouvements, les tropismes, les échanges, les perpétuelles transformations matérielles que la répercussion
d'images plus ou moins indépendantes. Ce naturalisme
conduira le poète à adopter une attitude ouvertement
anti-intellectuelle, à éviter toute réflexion esthétique, à
nier toute théorie, à postuler une poésie candide qui
dissimule le travail d'élaboration textuelle, la laborieuse
résolution des problèmes techniques sous une apparente obéissance à un obscur diktat de forces surhu-
maines. Ce naturalisme implique un enracinement profond dans le contexte rural, l'Amérique agreste et
agraire. La ville, contrairement à cette intégrité du
monde naturel, a pour Neruda un caractère négatif,
elle détourne et détériore, dégrade et dénature.

Il déclare dans *Infancia y poesía* (Enfance et poésie) : « ... je dois commencer ainsi cette histoire d'eaux,
de plantes, de forêts, d'oiseaux, de villages, car c'est
cela la poésie, tout au moins la mienne. » Puis, dans
son autobiographie du *Canto general* (Chant général) :

Lo primero que vi fueron
árboles, barrancas
decoradas con flores de salvaje hermosura,
húmedo territorio, bosques que se incendiaban
y el invierno detrás del mundo, desbordado.
Mi infancia son zapatos mojados, troncos rotos
caídos en la selva, devorados por lianas
y escarabajos, dulces días sobre la avena,
y la barba dorada de mi padre saliendo
hacia la majestad de los ferrocariles.

Ce que j'ai d'abord vu ce sont
des arbres, des ravins
ornés de fleurs d'une beauté sauvage,

humide territoire et forêts qui s'embrasent
et derrière le monde, l'hiver et sa débâcle.
Mon enfance ce sont des chaussures trempées, des troncs
[brisés
couchés dans la forêt, dévorés par des lianes
et par des scarabées, des jours doux sur l'avoine,
et la barbe dorée de mon père s'avançant
vers la majesté des chemins de fer.

Pour Neruda, poésie et nature s'apparentent, tels l'enfant et sa mère; l'identité, la filiation, s'établit spécifiquement avec cette forêt chilienne où son enfance s'est déroulée; l'origine de sa poésie se situe ponctuellement à Temuco, à partir de 1906, lorsque le futur poète commence à connaître, à habiter cette « sauvage beauté » qui l'entoure et le captive. Dès lors, sa poésie sera un retour à l'origine, une réactualisation de ce commencement; il manifestera une profonde autochtonie sans tomber dans le pittoresque ou la localisation explicite, il n'a nullement besoin d'indications géographiques pour exprimer sa solidarité avec sa terre natale.

Dans *Infancia y poesía*, il décrit les trains de ballastage qui larguaient entre les rails ces graviers vite entraînés par les ouragans et les averses. Son père en conduisait un et Neruda l'accompagnait dans certains de ses voyages vers le Sud :

... Parfois il m'arrachait du collège et je partais dans un train de ballastage. Nous cassions les cailloux à Boroa, cœur sylvestre de la frontière, théâtre des terribles combats espagnols et araucans. La nature là-bas provoquait en moi une sorte d'ivresse. Je devais avoir dans les dix ans mais j'étais déjà poète. Je n'écrivais pas de vers mais les oiseaux, les scarabées, les œufs de perdrix m'attiraient. C'était miraculeux de les trouver dans les failles, ardoisés, sombres et luisants, et d'une couleur qui me rappelait les canons des fusils. J'étais impressionné par la perfection des insectes...

La nature le fascine, l'enivre, aiguise en lui une appréhension sensible. Elle stimule la possession sensuelle et, partant, l'abandon sentimental, la consubstantiation avec les matières terrestres, cette fusion avec tout le vivant, qui plus tard se traduira par une effusion verbale. Ainsi se conditionneront une perception et une conception du monde qui déboucheront sur une esthétique. A partir de cette identification avec le tellurique, on verra se développer en lui non seulement le connaisseur, l'amateur, l'enregistreur mais aussi le dévoreur de la nature. Dans le répertoire de Neruda, les thèmes de nourriture occupent une place prépondérante. Il donne pour titre à l'un des poèmes de *Yo soy* (Je suis) : « *Los frutos de la tierra* » (Les fruits de la terre), s'apparentant à eux par consanguinité :

Dadme todas las cosas de la tierra, torcazas
recién caídas, ebrias de racimos salvajes,
dulces anguilas que al morir, fluviales,
alargaron sus perlas diminutas,
y una bandeja de ácidos erizos
darán su anaranjado submarino
al fresco firmamento de lechugas.

Y antes de que la liebre marinada
llene de aroma el aire del almuerzo
como silvestre fuga de sabores,
a las ostras del Sur, recién abiertas,
en sus estuches de esplendor salado,
va mi beso empapado en las substancias
de la tierra que amo y que recorro
con todos los caminos de mi sangre.

Donnez-moi toutes les choses de la terre, les palombes
qui viennent de choir, ivres de grappes sauvages,
les douces anguilles qui, en mourant, fluviales,
ont déroulé leur perles menues,
alors un plateau d'oursins acides
offrira leur sous-marin orangé
au frais firmament de laitues.

Et avant que le lièvre mariné
emplisse d'arômes l'air du déjeuner
telle une sylvestre fugue de saveurs,
aux huîtres du Sud, récemment ouvertes,
dans leurs étuis de splendeur salée,
va mon baiser imbibé des substances
de la terre que j'aime et que je parcours
par tous les sentiers de mon sang.

L'atmosphère de son enfance fut un humide territoire d'étés somptueux, gorgés de forêts, de champs de
blé, d'éteules, de nuées, de fleuves impétueux, de
corrals et d'enclos ensoleillés : tous les prodiges prodi-
gués par la terre écarlate, « la terre vernissée de
verveine / se dressant parmi les chênes, indélébile / et
collant aux roues comme chair écrasée ». La terre sera
toujours pour Neruda ce qui engendre et nourrit, la
génératrice et régénératrice de vie, la chair même. La
terre patrie, surtout, sera représentée comme mère et
demeure, comme une femme possessive et possédée
qui établit un lien charnel avec les hommes la peuplant.
Amérique est « vert utérus », « savane séminale, dense
cellier », puissance génitale, germinale. Tout au long du
Canto general, la sacralisation de la terre devenue
déesse féminine se manifeste avec insistance. Dans
Surgen los hombres (Surgissent les hommes), l'Arauca-

nie est un « froid utérus » où germent les *toquis**. Dans
Mélancolía cerca de Orizaba (Mélancolie près d'Orizaba), la patrie est une fiancée « pleine de graines » qui
appelle son amant, le poète. Lorsqu'il évoque l'Amérique, il dit : « dans ton ventre j'existe... dans l'utérus de
tes naissances », « inondé du sperme de ton espèce, /
nourri au sein de ton héritage ». Sa chair est terre
natale, terre ce qu'il mange et boit, terre, ses rêves et
son chant.

> *América, no de noche*
> *ni de luz están hechas las sílabas que canto.*
> *De tierra es la materia apoderada*
> *del fulgor y del pan de mi victoria,*
> *y no es sueño mi sueño sino tierra.*
> *Duermo rodeado de espaciosa arcilla*
> *y por mis manos corre cuando vivo*
> *un manantial de caudalosas tierras.*
> *Y no es vino el que bebo sino tierra,*
> *tierra escondida, tierra de mi boca,*
> *tierra de agricultura con rocío,*
> *vendaval de legumbres luminosas,*
> *estirpe cereal, bodega de oro.*

> Amérique, ce n'est ni de nuit
> ni de lumière que sont faites les syllabes que je chante.
> Terre est la matière qui s'est emparée
> de l'éclat et du pain de ma victoire,
> et mon rêve n'est pas rêve mais terre.
> Je dors entouré de spacieuse argile
> et de mes mains coule lorsque je vis
> une source de tumultueuses terres.
> Ce que je bois n'est pas vin mais terre,
> terre secrète, terre de ma bouche,
> terre d'agriculture avec sa rosée,

---

* *Toqui* : chez les anciens Araucans, chef d'Etat en temps de
guerre.

ouragan de lumineux légumes,
céréale lignée, cellier d'or.

De toutes les substances terrestres, il n'en est pas de
plus familière ni de plus aimée que « le bois maternel »;
il a été en contact intime avec lui dans les forêts
australes, les scieries et les maisons paternelles aux
planches humides et odorantes :

> Mais les scieries chantaient. Le bois s'accumulait dans les
> gares et l'on sentait de nouveau le bois frais dans les
> villages. Là-bas il reste toujours des vers que j'ai écrits sur
> les murs. Ils m'attiraient car les planches étaient lisses
> comme le papier et parcourues de veines mystérieuses.
> Depuis lors, le bois a été pour moi non pas une obsession
> car je ne connais pas les obsessions mais un élément naturel
> de ma vie.

> *Ay, de cuanto conozco*
> *y reconozco*
> *entre todas las cosas*
> *es la madera*
> *mi mejor amiga,*
> *yo llevo por el mundo*
> *en mi cuerpo, en mi ropa*
> *aroma*
> *de aserradero,*
> *olor de tabla roja,*
> *mi pecho, mis sentidos*
> *se impregnaron*
> *en mi infancia*
> *de árboles que caían,*
> *de grandes bosques llenos*
> *de construcción futura...*

> Ah, de tout ce que je connais
> et reconnais
> parmi toutes choses
> mon meilleur ami
> est le bois,
> j'emporte de par le monde
> dans mon corps, sur mes habits
> un parfum
> de scierie,
> une odeur de planche rouge,
> ma poitrine, mes sens
> se sont imprégnés
> dans mon enfance
> d'arbres qui tombaient,
> de grandes forêts chargées
> d'une construction future...

Neruda proclame à maintes reprises dans ses textes son amour pour le bois. L'arbre est un thème orchestré avec insistance à travers de multiples motifs – l'épaisseur, la puissante croissance, l'enracinement, la ramification, etc. –, il constitue également, et c'est là le plus important, un modèle imaginatif, un mythème transférable à tous les ordres de la réalité. A la généalogie humaine comme à la géologie. L'Amazone est « chargé de sperme vert comme un arbre nuptial »; les veines de l'améthyste sont « l'arbre mort dans une église glaciale »; le Machu Picchu est « arbre de cathédrales. / Bouquet de sel, cerisier aux ailes noires ». Les libérateurs de l'Amérique sont les branches successives d'un même arbre; en eux s'opère le cycle des transformations végétales :

> *Aquí viene el árbol, el árbol*
> *de la tormenta, el árbol del pueblo.*
> *De la tierra suben sus héroes*

como las hojas por la savia,
y el viento estrella los follajes
de muchedumbre rumorosa,
hasta que cae la semilla
del pan otra vez a la tierra

Voici que vient l'arbre, l'arbre
de la tourmente, l'arbre du peuple.
De la terre montent ses héros
comme les feuilles par la sève
et le vent étoile le ramage
d'une foule murmurante
jusqu'à ce que tombe la graine
du pain à nouveau sur terre.

C'est là encore une des fixations provenant des souvenirs d'enfance de Neruda; il le reconnaît dans ses Mémoires publiés dans *O Cruzeiro*, où il relate ses voyages de Temuco à Santiago, lorsqu'il était étudiant :

Entre-temps, le train passait des étendues de chênes et d'araucarias et des maisons en bois mouillé aux peupliers du centre du Chili et aux poussiéreuses maisonnettes en pisé. J'ai souvent fait ce voyage d'aller-retour entre la capitale et la province, mais chaque fois je me suis senti étouffer en quittant les grandes forêts, le bois maternel. Les maisons en pisé, les villes avec un passé me semblaient pleines de toiles d'araignées et de silence. Je reste jusqu'à ce jour un poète de l'intempérie, de la forêt froide que j'ai perdue depuis cette époque[1].

Tout devient démesuré dans ces forêts; la nature est, de même que le tempérament qu'elle modèlera chez Neruda, hyperbolique; et ses transformations catastrophiques :

Les grandes pluies éternelles étaient musique sur le toit.
Parfois, le matin, la maison d'en face s'éveillait sans son
toit. Le vent l'avait emporté à deux cents mètres de là. Les
rues se transformaient en grands fleuves de boue. Les
charrettes s'enlisaient... Puis venaient les inondations qui
emportaient les hameaux sur le bord du fleuve où vivaient
les familles les plus pauvres. Le sol subissait également des
secousses, des tremblements de terre. D'autres fois encore,
sur la cordillère apparaissait, terrible, un panache lumineux : le volcan Llaima se réveillait. Mais le pis était les
incendies. En 1906 ou 1907, je ne me souviens plus très
bien, eut lieu le grand incendie de Temuco. Les maisons
s'enflammaient comme des boîtes d'allumettes. Vingt-cinq
pâtés de maisons brûlèrent...

Cette nature au plus fort de son dynamisme exerce
sur Neruda fascination et accablement; elle est comme
un noumène à la fois démiurge et démon qui règne
avec un pouvoir majestueux. Face à cette souveraineté,
Neruda se sent plein d'une pieuse admiration; il cherche à se solidariser avec la puissante vitalité qui le
subjugue. Il naturalise ses propres manifestations et
anthropomorphise la nature, comme si entre créature
et créatrice il existait une identité absolue. Dans ses
visions poétiques, l'énergie naturelle est mouvante,
mutable, coléreuse, elle a des élans et des appétits
humains, elle agit avec la passion et l'impétuosité de
l'amour. Maîtresse suprême de tout ce qui est pondé-
rable, elle confère une partie de ses dons, et notamment l'aptitude poétique, à ceux qui n'ont pas rompu
le lien avec « l'originalité utérine des entrailles », avec
« les centres circulatoires », « tous les ferments fertiles /
des vies et des forêts ».
   Neruda se familiarise avec les gigantesques mouvan-
ces, avec les minimes mouvements, les pierres, les

plantes et les animaux du Sud; il acquiert, à travers leur fréquentation et leur captivante exploration, une connaissance minutieuse du macro et micro-univers naturel. Et sa mémoire thésaurise des images (comme celle de l'eau) qui seront de constantes récurrences dans sa poésie :

> Les longs hivers du Sud ont pénétré mon âme jusqu'à la moelle et m'ont accompagné sur terre. Pour écrire, j'avais besoin du vol de la pluie sur les toits, de l'aile des tempêtes venues de la côte et frappant villages et montagnes, du renouveau aussi de chaque matinée, après que l'homme et ses bêtes, sa maison et ses rêves ont été soumis durant la nuit à une force étrange et sifflante et terrible. Pour écrire, il m'a fallu le bruit des gouttières de par le monde. Les gouttières sont le piano de mon enfance... et leurs notes ou plutôt leur tambourinement m'a accompagné là où il m'a été donné de vivre retombant sur mon cœur et sur ma poésie[2].

On traite souvent Neruda, du fait de sa prédilection pour les formes vastes, les rythmes tumultueux, de poète fluvial ou océanique. Les deux adjectifs lui conviennent et pas seulement métaphoriquement parlant car l'eau en mouvement, celle du ciel, du fleuve ou de la mer, est, comme il le révèle lui-même, une expérience marquante, persistante, qui a inspiré plusieurs de ses livres. Il dit, par exemple, à propos de *Veinte poemas de amor* (Vingt poèmes d'amour) : « C'est un livre que j'aime car malgré sa mélancolie aiguë on y trouve le plaisir de vivre. Un fleuve et son embouchure m'ont beaucoup aidé à l'écrire : l'Impérial. Ces vingt poèmes sont le *romance* de Santiago... mais le paysage est toujours fait d'eau et d'arbres du Sud[3]. » *El habitante y su esperanza* (L'habitant et son espérance) est également lié, comme il le confie à son ami Cardona Peña, au souvenir des eaux australes :

> Ma famille allait tous les ans sur la côte, dans un port appelé *Bajo Imperial*, et c'est de ces excursions que date mon premier contact avec la mer et un immense fleuve qui débouche à cet endroit; le sens de l'océanisme, les vagues, les dunes lointaines et proches, cette vie passée à parcourir à cheval les plages, le climat froid avec ses sapins en fond, tout a vivement impressionné mon imagination. Ce port a eu une influence sur *El habitante y su esperanza* et sur *Veinte poemas de amor*. Il y a dans ces poèmes beaucoup de création émotionnelle de mes souvenirs marins, lesquels, je te le répète, m'ont tellement marqué que, pendant longtemps, je n'ai pu écrire sans penser profondément au bruit de la pluie et des vagues venant mourir sur la plage [4].

Residencia en la tierra, selon une déclaration de Neruda, possède également un rythme océanique et provient d'un noyau d'inspiration obscure, imprégnée du mouvement des vagues. Dans une lettre adressée à González Vera et datée de Rangún, le 6 août 1928, il signale : « Mon nouveau livre aura pour titre *Residencia en la tierra* et comprendra quarante poèmes en vers que je désire publier en Espagne. Tout y a le même mouvement, la même tension et se déroule dans la même zone de mon cerveau, comme une sorte de houle pareillement insistante [5]. » Pluie et vagues réapparaissent tout au long de son œuvre, non seulement comme thèmes dominants, mais comme des impulsions rythmiques et des cadences naturelles avec lesquelles le poète s'accorde pour faire jaillir le flot de son imagination.

Neruda part presque toujours d'une stimulation naturelle; ce qui déchaîne et engendre son inspiration, c'est le règne terrien, aquatique, végétal, animal, les métamorphoses de l'éternelle matière. *La copa de sangre* (La coupe de sang), daté de 1938, nous éclaire sur le lien substantiel de Neruda avec la nature, il aide à comprendre l'attitude du poète, ses modules imaginatifs, ses paramètres, ses parangons, les correspondances qu'il établit pour interpréter la réalité. Neruda y évoque deux événements qu'il considère comme décisifs dans son existence et auxquels il revient lorsque, dans un état de demi-veille, sa mémoire erre librement. D'abord le souvenir d'un verre de sang d'agneau fraîchement égorgé que ses oncles lui firent boire au cours d'un festin réunissant la famille; cette expérience, sacralisée par Neruda, acquiert un caractère rituel. Cérémonie d'initiation, elle symbolise l'accession à la virilité : « J'arrive dans une cour, je suis habillé en noir, j'ai une cravate de poète, mes oncles sont tous là, tous immenses, sous l'arbre guitares et couteaux, chants que bien vite le vin âpre entrecoupe. Puis, ils tranchent la gorge d'un agneau palpitant, à ma bouche voilà qu'ils portent une coupe de sang brûlant, au milieu des coups de feu et des chants, et je me sens agoniser comme l'agneau, et je veux arriver moi aussi à être un centaure, et, pâle, indécis, perdu au cœur de l'enfance déserte, je lève et bois la coupe de sang[6]. » Cette coupe de sang est comme un sacrement qui transforme un acte physiologique fondamental en cérémonie chargée de signification, qui met l'officiant en relation avec la force suprême de la vie; cette coupe est une manne dotée de pouvoirs primordiaux, un archétype mythologique qui conjugue les deux fonctions fondamentales de la vie organique : nutrition et sexualité. Quant à l'autre souvenir rappelé par Neruda, il est lié à la mort de son père :

Il y a quelque temps mon père est mort, événement strictement laïque, et cependant, quelque chose de religieusement funéraire s'est passé sur sa tombe, voici le moment de le révéler. A quelques semaines de là, ma mère, pour employer un langage quotidien et terrible, a trépassé elle aussi, et afin qu'ils reposent ensemble, nous avons mis le chevalier mort dans une autre niche. A midi, avec mon frère et des cheminots, amis du défunt, nous avons procédé à l'ouverture de la niche scellée et cimentée, puis nous avons sorti l'urne, envahie déjà par les champignons, avec, posée dessus, une palme aux fleurs noires et éteintes, l'humidité de l'endroit avait fendu le cercueil et quand nous l'avons descendu, ah, je n'en crois pas mes yeux, il s'est écoulé de l'eau en énorme quantité, des litres et des litres d'eau qui semblaient jaillir de l'intérieur de son corps, de sa substance. Mais tout a une explication, cette eau tragique était de la pluie, de la pluie d'un seul jour, d'une seule heure peut-être, de notre hiver austral, et cette pluie avait traversé toits, balustrades, briques et autres matériaux, autres morts aussi pour atteindre la tombe de mon père. Or, cette eau terrible, cette eau jaillie d'une impossible, insondable, extraordinaire cachette pour me révéler son secret torrentiel, cette eau originelle et terrible me rappelait une fois de plus par son écoulement mystérieux mon lien interminable avec une vie, un lieu et une mort déterminés[7].

Pour Neruda, cet événement constitue une révélation transcendantale, il le qualifie de « religieux » car il met en évidence des pouvoirs dépassant l'humain, sa vie individuelle, et le renvoyant à un mystère insondable, au centre originel de la nature, à la cause première : « ... j'appartiens à un morceau de pauvre terre australe vers l'Araucanie, mes actes proviennent des plus lointaines horloges, comme si cette terre boisée et perpétuellement pluvieuse recelait un secret m'appartenant et que je ne connais pas, que je ne connais pas et dois savoir et cherche éperdument, aveuglément, en scrutant de longs fleuves, la végétation, d'inconcevables tas de bois, des mers du Sud, me plongeant dans la botanique et la pluie, sans atteindre cette écume privilégiée que déposent et brisent les vagues, sans atteindre ce mètre particulier de terre, sans toucher mon sable véritable[8]. » Cette « eau originelle et terrible » est une épiphanie, une manifestation du sacré, du surnaturel; c'est ce que Rudolf Otto appelle le *mysterium tremendum, mysterium fascinans*, évidence d'une réalité autre que la profane, que celle de l'expérience normale, et qui constitue la réalité par excellence, permanente et signifiante, celle qui conserve l'origine, l'être véritable[9]. Mircea Eliade nomme *hiérophanies* de telles apparitions ou émergences : « C'est toujours le même acte mystérieux : la manifestation de quelque chose de " tout autre ", d'une réalité qui n'appartient pas à notre monde, dans les objets qui font partie intégrante de notre " monde naturel ", " profane " [10]. » A travers l'hiérophanie, un fait courant, quotidien, comme la pluie australe, se mue en autre chose sans cesser d'être ce qu'il est. Pour Neruda, la nature est chargée de signes annonciateurs du mystère cosmique, devant lesquels il sent un accablement d'ordre religieux.

Dans *La copa de sangre*, les objectifs de Neruda sont postulés : chercher l'arcane qui renferme la raison de son existence, et qu'il scrute aveuglément en plongeant dans des eaux troubles, en nageant à la dérive, en pénétrant dans les entrailles de la terre, dans l'intimité de la matière, autrement dit en s'assimilant intuitivement à ces forces génésiques et obscures sans pouvoir les expliquer ni s'expliquer; le texte propose également une esthétique, celle du vitalisme sentimental et débordant, du ravissement, d'un irrationalisme qui cherchera, par un saut imaginatif qui est toujours une immersion, un naufrage, à s'installer dans les tréfonds de son moi, afin de capter dynamiquement le flux spontané de sa conscience visionnaire, un libre flux semblable à celui du sang, de la sève, de l'humidité, du vent et des torrents.

Il y a chez Neruda un primitivisme volontaire qui cherchera peu à peu son véhicule expressif le plus approprié. Il reprend le « soyons barbare » de Baudelaire, postulat qui annonce l'un des vœux les plus constants de la poésie contemporaine : se dépouiller de la trop lourde tradition culturelle, de la charge littéraire, de la clarté raisonnée, mesurée et harmonieuse de l'humanisme européen. Ces valeurs s'avèrent anachroniques dans une société bourgeoise qui, au début de l'ère industrielle, accentue ses conflits et ses contradictions; qui, à mesure qu'elle devient urbaine et technique, regrette les bontés de l'homme naturel et non perverti par la civilisation. Mais aucun poète européen ne réussit à atteindre un dépouillement aussi intégral que celui de Neruda, ce poète des terres vierges où l'histoire pèse moins lourd et où la nature reste encore à l'état sauvage.

Par sa libération des entraves mentales, littéraires, son retour aux associations originelles, à la conscience atavique, à l'imagination ancestrale, Neruda se rapprochera du surréalisme. On ne peut sans doute pas parler d'influence (les premiers textes surréalistes sont ponctuellement contemporains de *El hondero entusiasta* [Le frondeur enthousiaste] et de *Tentativa del hombre infinito* [Tentative de l'homme infini]), mais de coïncidence esthétique. Chez Neruda, comme chez Breton, on retrouve un comportement mythologique; ils cherchent tous deux la naturalisation du langage artistique, l'abolition des modules préétablis, comme s'ils voulaient faire table rase de ce qui est institutionnalisé, acquis par apprentissage, de l'héritage et des prescriptions sociales, comme s'ils voulaient annuler l'histoire afin de retourner à une modalité primordiale de la matière, à la *materia prima*. Et pour consommer la régénération, il faut un engloutissement, une destruction préalable, une chute dans le chaos primitif, dans le non-formé, chute qui facilitera la récupération de l'intégrité du commencement. Selon Mircea Eliade, ces artistes contemporains rééditent les mythes cosmogoniques relatifs à l'origine du monde, à la naissance par excellence, au modèle exemplaire de toute création[11].

La nostalgie de l'état de splendeur vitale absolue, de la nudité et de la plénitude paradisiaques, le désir de retour aux origines, la conviction que la pureté, l'intégrité, la vérité, vertus majeures, sont l'apanage des commencements, lorsque l'homme n'avait pas encore rompu ses liens avec la nature, conditionneront profondément la vue du monde de Neruda. Quant à sa poétique, il pratiquera et prêchera une conception naturaliste, intentionnellement naïve, celle du pouvoir inconscient :

> Je n'ai pas beaucoup parlé de ma poésie. En réalité je n'entends pas grand-chose en la matière. C'est pourquoi je vais cheminant avec les présences de mon enfance. C'est peut-être de toutes ces plantes, ces solitudes, cette vie violente que naissent les vrais, les secrets, les profonds Traités de poésie que nul ne peut lire car nul ne les a écrits. La poésie s'apprend pas à pas au milieu des choses et des êtres, non pas en les rejetant mais en les ajoutant, en une extension aveugle de l'amour.

Le poète est, pour Neruda, le registre sensible, le conduit des sombres (parce que venues d'en bas et inintelligibles) forces génésiques, engendreuses des

créations aussi bien naturelles que culturelles. L'identification avec ce qui est primaire, instinctif, irrationnel,
onirique, senti et deviné avant que pensé, le pousse à
mépriser l'analyse critique, les recherches intellectuel-
les, les médiations culturelles, l'érudition. C'est ce qu'il
dit dans une lettre adressée à González Vera, le 24 avril
1929, où il révèle son profond désaccord avec Jorge
Luis Borges : « Il me semble surtout préoccupé par les
problèmes de la culture et de la société, qui ne m'intéressent pas, qui ne sont pas humains. Moi, j'aime les
grands vins, l'amour, les souffrances et les livres qui
nous consolent de notre inévitable solitude. J'ai même
un certain mépris pour la culture; pour interpréter les
choses une connaissance sans antécédents me semble
préférable, une absorption physique du monde, malgré
et contre nous. L'histoire, les problèmes de ''la
connaissance'', comme on dit, me paraissent dépourvus de dimension. Combien parmi eux rempliraient le
vide ? Je vois de moins en moins d'idées autour de moi,
et de plus en plus de corps, de soleil et de sueur[12]. »
Cette « connaissance sans antécédents », cette « absorption physique du monde » par un état de transe,
équivalent à une consubstantiation cosmique effrénée,
à un bond sympathique, une projection sentimentale et
imaginative pour s'installer au cœur de l'univers matériel. Les produits de ces enthousiasmes, de ces élans
inspirés, seront rhapsodiques, délirants, ils naîtront par
intermittence et se transmettront par un langage obscur, oraculaire.

La conscience de Neruda est totalisante. Elle veut
tout englober à travers une révélation subite et simultanée où les composantes, fusionnées pour créer une
surcharge expansive, ne peuvent être isolées; expression confuse, dont les contraires se rencontrent et
s'échangent, dont les ingrédients conceptuels sont obs-

curcis par la polysémie, l'instabilité sémantique et par
un amalgame indissoluble avec les ingrédients senso-
riaux, rythmiques et sentimentaux.

Neruda, au meilleur de son œuvre, tend à revenir à
une littérature alittéraire. Il tend à dépasser le protocole, cette disposition formelle, ce code qui fait qu'une
écriture entre dans le domaine du littéraire. Sa poésie,
plus qu'aucune autre, confirme la théorie de Northrop
Frye[13]. Selon ce dernier, la littérature répond à des lois
et à des structures permanentes, elle est fondamentalement constituée à partir de catégories prélittéraires
comme les rites, les mythes et le folklore. Les écrivains
aspirent plus ou moins consciemment à revenir à ces
sources. La littérature serait une progressive complica-
tion d'un groupe restreint de formules simples ou
d'archétypes qui procèdent des modes imaginatifs de
base et peuvent être surtout étudiés dans les cultures
archaïques. En ce qui concerne l'œuvre littéraire, Frye
détermine la relation qui existe entre rythme, cycle,
rite et rêve. Pour lui, le contenu, la référence ultime de
l'art est la nature, et en art, le lien avec la nature
découle principalement de la synchronisation de l'artiste avec les rythmes de son milieu. Presque tous ces
rythmes sont cycliques et ritualisés : saisons, jour et
nuit, marées, solstices, gestations, respiration. Le rituel
est un effort volontaire pour récupérer une relation
perdue, relation magique, avec les pouvoirs naturels.
Le rituel contient en germe les archétypes mythologiques. Un mythe est une cristallisation verbale de fragments de signification en une forme organique qui se
capte globalement et soudainement; il fusionne et transmet à la fois le rite et le rêve; l'un étant incommunica-
ble et l'autre inintelligible, ils ne peuvent être exprimés
que verbalement à travers leur agent symbolique : le
mythe, représentation de l'affrontement entre le désir

et la réalité, entre l'imaginable et le faisable. La littérature mythique présuppose un ordre global de la nature auquel correspond, par imitation, un ordre similaire du verbe. De même qu'il y a un centre profond de l'expérience imaginative d'où surgit le mythe comme oracle, comme révélation. Neruda va vers ce centre par immersion dans les profondeurs de la conscience, jusqu'à incarner dans des mots ces forces vitales, génésiques, génériques, qui sont linguistiquement des forces métaphoriques et des forces mythologiques. Leurs visions recréeront le répertoire des mythologèmes qui constituent le fondement non seulement de la mentalité primitive ou populaire, mais aussi de toute imagination humaine.

Nous sommes en train de dessiner une personnalité poétique (une idiosyncrasie et une idéologie), conditionnée par certaines expériences enfantines. Cette personnalité, avec sa vision et son attitude face au monde, cherchera progressivement les moyens verbaux les plus aptes à exprimer ces expériences. L'analyse diachronique révèle comment Neruda accorde, pas à pas, intention expressive et représentation verbale. Neruda a un tempérament romantique et son style le plus caractéristique est expressionniste. En 1926 déjà, dans le prologue de *El habitante y su esperanza* il affirme :

> J'ai une conception dramatique de l'existence, et romantique; ce qui n'arrive pas profondément à ma sensibilité ne me convient pas. Pour moi, il a été très difficile d'allier cette constante de mon esprit à une expression plus ou moins appropriée...

Voyons quand et comment se produit cette alliance.

Dans *Crepusculario*, son premier livre qui date de 1923, tout comme dans *Los heraldos negros* (Les hérauts noirs) de Vallejo et les premiers recueils de Huidobro, le processus déclenché par le modernisme se referme. Neruda assimile les tendances de son époque, il pratique les modalités en vogue : modernisme à la Darío, romantisme mélodramatique ou simplisme* qui le met en rapport avec le local, avec son temps et son espace réels. A travers un mélange de modes empruntés, on devine la vision et le style futurs, dans les poèmes liés à son expérience de la nature. L'identification corporelle avec les éléments terrestres apparaît :

> *mis venas continúan el rumor de los ríos.*
>
> *Que trascienda mi carne a sembradura*
> *que mis arterias lleven agua pura,*
> *¡agua que canta cuando se reparte!*

> mes veines prolongent la rumeur des fleuves.
>
> Que ma chair se transcende en jeunes pousses
> que mes artères charrient une eau pure
> une eau pure qui chante en se partageant !

L'analogie entre femme et terre, fécondité féminine et tellurique se répète : « Ta chair est terre qui sera mûre / Lorsque l'automne te tendra les mains. » Le poète, en sacralisant la terre, génératrice universelle, sacralise l'amour, l'union sexuelle avec la femme qui incarne la fertilité terrestre :

> *Entre les surcos tu cuerpo moreno*
> *es un racimo que a la tierra llega.*

---

* *Sencillismo* : courant littéraire latino-américain du début du siècle.

> *Torna los ojos, mírate los senos,*
> *son dos semillas ácidas y ciegas.*

Entre les sillons ton corps cuivré
est une grappe qui tombe jusqu'à terre.
Baisse les yeux, contemple tes seins,
ce sont deux graines acides et aveugles.

Les actes et les sentiments humains sont assimilés à des modèles cosmiques :

> *Amor, llegado que hayas*
> *a mi frente lejana,*
> *sé turbión que desuella,*
> *sé rompiente que clava.*

Amour, dès que parvenu
à ma source lointaine,
sois avalanche qui déchire
sois brisant qui cloue.

Poète et paysage se fondent romantiquement, agités par les cataclysmes, secoués par des forces catastrophiques.

En examinant ce qu'il mentionne, nous retrouverons souvent le thème de la nutrition fondamentale, des aliments terrestres : blé, lait, fruits, miel. Ainsi, le pain « fruitier et primitif », cet « Odorant pain ferme / qui dans l'enfance là-bas a confié son secret ».

Se référant à l'étape qui suivit *Crepusculario*, Neruda déclare : « ... j'ai voulu être un poète qui fasse entrer dans son œuvre une unité majeure. J'ai voulu être à ma manière un poète cyclique passant de l'émotion ou de la vision d'un instant à une unité plus vaste. » Dans son désir de s'accorder aux rythmes cycliques de cette nature qui motive et inspire son écriture, Neruda cessera d'être le poète impressionniste de la vibration ponctuelle, instantanée, pour devenir, comme dit Rodriguez Monegal, « un poète de livres[14] », un poète du déploiement, un poète aux amples périodes et au souffle soutenu. En 1923, il écrit d'un jet *El hondero entusiasta* qu'il ne publiera que dix ans plus tard. C'est un cycle, une « unité majeure », dans laquelle chaque poème s'enchaîne aux autres, où tous sont reliés par une identité thématique, par une même poussée « toute de furies, de vagues et de marées vaincues », un même frisson, une même vibration cinglante (« Je fais vibrer les frondes qui vont culbutant les étoiles »), un même registre. Neruda découvre sa propre voix (ou sa voix appropriée). La relation que nous avons établie entre rythme, cycle et rite peut pleinement s'appliquer à ce livre. Il exalte une passion amoureuse qui va s'amplifiant jusqu'à embrasser l'univers, un amour charnel envahi par la géologie, la botanique et la zoologie d'une nature sauvage, gigantesque, exorbitante, excitée au maximum de sa turbulence et de sa mutabilité. Tempête, tumulte, débordement, génération et destruction : l'aimée est à l'origine de toutes les métamorphoses. Il y a là, selon le poète, « des torrents et des fleuves de vers amoureux »! A l'origine de ces transes on retrouve toujours une étrangeté provoquée par un agent naturel, « une ivresse d'étoiles » :

    ... En 1923 j'eus une curieuse expérience. J'étais rentré tard chez moi, à Temuco. Il était plus de minuit. Avant de me coucher j'ouvris les fenêtres de ma chambre. Le ciel m'éblouit. Il était grouillant d'étoiles. Je vivais tout le ciel. La nuit était toute lavée et les étoiles antarctiques se déployaient au-dessus de ma tête. Soudain je fus pris d'une ivresse d'étoiles, je sentis un choc céleste. Comme possédé,

je courus à ma table, c'est à peine si j'avais le temps
d'écrire comme sous une dictée. Le lendemain je lus, plein
de joie, mon poème nocturne. C'est le premier du *Frondeur
enthousiaste*[15]

Après cette première grossesse céleste, Neruda va se
laisser emporter par l'impulsion spontanée, le tourbillon intérieur qui gonfle en lui et lutte pour s'extériori-
ser, il va adopter des voies formelles plus vastes, plus
organiques, plus ouvertes, des déploiements qui vont
permettre à ces torrents aux eaux tumultueuses et
profondes de se déverser pleinement. Il va s'ancrer
davantage dans l'imaginatif, le sentimental, l'onirique :

Aquí, la zona de mi corazón,
llena de llanto helado, mojado en sangres tibias.
Desde él, siento saltar las piedras que me anuncian.
En él baila el presagio del humo y la neblina.
Todo de sueños vastos caídos gota a gota.
Todo de furias y olas y mareas vencidas.
Ah, mi dolor, amigos, ya no es dolor de humano.
¡Ah, mi dolor, amigos, ya no cabe en mi vida,
Y en él cimbro la honda que van volteando estrellas!

Ici, la zone de mon cœur,
pleine d'un pleur glacé, trempée de sangs tièdes.
D'elle, je sens bondir les pierres qui m'annoncent.
En elle danse le présage des fumées et des brumes.
Toute de rêves vastes goutte à goutte tombés.
Toute de furies et de vagues et de marées vaincues.
Ah ma douleur, mes amis, n'est plus une douleur humaine!
Ah ma douleur, mes amis, n'a plus place en ma vie!
En elle je fais vibrer les frondes qui vont culbutant les étoiles!

Dans *El hondero entusiasta*, il se rapproche du style
qui convient le mieux au caractère de son inspiration;
on relève déjà ici l'empreinte du futur Neruda, ses

motivations centrales : le vertige cosmique, l'imagination compulsive, pénétrante, engloutissante, qui cherche à s'installer dans le noyau énergétique de la matière, l'érotisme matérialisant, le génétique et le génital, tous les ordres de la nature.

Le mouvement de *El hondero entusiasta* se prolonge jusqu'à provoquer une cascade de vers qui, réunis, formeront les *Veinte poemas de amor y una canción desesperada*. Dans ce troisième livre, le poète essayera d'aiguiser son outil en fonction de ses buts expressifs :

> Je me mouvais dans une forme nouvelle comme si j'avais nagé dans mes eaux véritables. J'étais amoureux et *Le frondeur* fut suivi de torrents et de fleuves de vers amoureux. Très vite, j'eus un autre livre... Alors, resserrant la forme, surveillant chacun de mes pas sans perdre l'élan du début, cherchant à retrouver mes réactions les plus simples, mon propre monde harmonique, je me mis à écrire un autre livre d'amour. Ainsi naquirent les *Vingt poèmes*[16].

Les considérations formelles ne doivent pas entraver ses pulsions. Il veut forcer le verbe à répercuter fidèlement une conscience en extase, frénétique (« Ivre de térébenthine et de larges baisers... cimenté dans la solide frénésie marine... Pâle et amarré à mon dévorant déluge... follement chargé d'électriques démarches/d'héroïque manière en rêves séparé »), qui perçoit la réalité comme une superposition chaotique de sensations, d'idées et de sentiments impétueux, comme une plénitude brouillée, insaisissable et en constante mutation.

Une double expérience érotique est également à l'origine des *Veinte poemas de amor* : « Il y a deux amours fondamentaux dans ce livre : celui qui imprégnait mon adolescence provinciale et celui qui m'attendait plus tard dans le labyrinthe de Santiago. Dans les *Vingt poèmes*, ils se conjuguent d'une page à l'autre, donnant ici une flamme sylvestre, là un fond de miel sombre[17]. » « Flamme sylvestre » et « miel sombre » : pour définir les deux femmes, Neruda ne peut s'empêcher de trouver des parangons dans la nature car pour lui elle est investie des qualités qu'il admire le plus, d'une majestueuse fascination, d'un halo dans lequel il cherche sans cesse à se fondre. Rien de tel, pour louer l'aimée, que de la confronter, l'assortir aux puissances et aux éléments naturels, comme si elle résumait tout le créé. La femme est investie de toutes les propriétés telluriques, elle dispense les mêmes plaisirs que les fruits terrestres, elle possède le même dynamisme, elle subit toutes les mutations du monde naturel. Elle est assaut, fugue et brisure de la vague; le soleil l'environne et la fait passer de la lumière à l'ombre; elle est crépuscule, nuit constellée, brume, incendie. Son corps comporte des collines et des baies, comme en géologie; ses yeux renferment l'océan et son sourire est d'eau. Ses racines envahissantes se ramifient; la désirée possède la force de l'épi, la vastitude des pins, un corps de mousse, des bras de vigne vierge, des mains aux douceurs de raisin, une bouche de prune, un giron fleuri; elle est coquelicot, jacinthe, rose. Son corps est lacté, pisciforme, il se transforme en coquillage, en papillon, en abeille. L'aimée se confond avec ce qu'il y a de plus enraciné, de plus précieux et de plus profond en Neruda, son expérience de la nature :

> ¡Ah vastedad de pinos, rumor de olas quebrándose,
> lento juego de luces, campana solitaria,
> crepúsculo cayendo en tus ojos, muñeca,
> caracola terrestre, en ti la tierra canta!

Ah, vastitude des pins, rumeur des vagues qui se brisent,
lent jeu de lumières, cloche solitaire,
crépuscule qui descend en tes yeux, poupée,
coquillage terrestre, en toi la terre chante !

En réexaminant les *Veinte poemas*, on remarque des
similitudes avec les livres postérieurs, on constate à
quel point se rapproche des *Residencias* le neuvième
poème où se profilent manifestement les visions turbu-
lentes de Neruda, l'interpolation constante entre érotisme et nature, sa sensualité orgiaque, le transport, le
champ énergétique créé par la rencontre des forces
élémentaires, des pouvoirs contrastants du ciel et de la
terre. Le onzième poème nous communique lui aussi la
même image tempétueuse, tourbillonnante; le besoin
d'intensification de Neruda se traduit par de gigantesques convulsions et destructions, par les fureurs les
plus orageuses, par un trouble tourbillon de mots. Le
paysage est conditionné par le moi protagonique; c'est
un recours romantique : tout le devenir naturel est
identifié à des états d'âme; il y a un double paysage,
simultané et confondu, à la fois externe et interne.
Amant, aimée et monde se fondent en un attroupement
d'images et de sentiments inextricablement agencés, en
une texture bigarrée de significations qui s'interceptent
et se superposent :

Niña venida de tan lejos, traída de tan lejos,
a veces fulgurece su mirada debajo del cielo.
Quejumbre, tempestad, remolino de furia,
cruza encima de mi corazón, sin deternerte.
Viento de los sepulcros acarrea, destroza, dispersa tu raíz
                                                    [soñolienta.
Desarraiga los grandes árboles al otro lado de ella.
Pero tú, clara niña, pregunta de humo, espiga.
Era la que iba formando el viento con hojas iluminadas.

Detrás de las montañas nocturnas, blanco lirio de incendio,
¡ah nada puedo decir! Era hecha de todas las cosas.

Enfant venue de si loin, amenée de si loin,
parfois son regard fulgure sous le ciel.
Plainte, tempête, tourbillon de furie,
Traverse par-dessus mon cœur sans t'arrêter.
Vent des sépulcres emporte, détruis, disperse ta somnolente
[racine.
Déracine les grands arbres de l'autre côté d'elle.
Mais toi, claire enfant, interrogation de fumée, épi.
C'était elle qui créait le vent avec des feuilles brillantes.
Derrière les montagnes nocturnes, blanc lys d'incendie.
Ah je ne peux rien dire! Elle était faite de toutes les
[choses.

La séparation des plans devient de moins en moins
nette. Il existe une relation conflictuelle, dialectique
entre des homologues qui par moments sont opposés,
entre des contraires qui deviennent semblables et
même identiques. Chez Neruda un relâchement va se
produire peu à peu, une brèche dans les schémas
conceptuels, dans les catégories distinctives, et parallèlement, une augmentation de l'instabilité, de la polyvalence, de la contamination sémantique entre les composants convoqués, extraits surtout du contexte rural.
A partir de *El hondero* et des *Veinte poemas*, Neruda
basera principalement ses visions sur un fond naturel.
Bien qu'il ne précise ni la chronologie ni la géographie
et que le temps et l'espace mythique soient prépondé-
rants, nous percevons la présence directe ou transpo-
sée du paysage austral.

Le discours s'emplit de fissures, de ruptures, il
change à l'improviste d'orientation, le sujet devient
indéterminé, le verbe est souvent omis ou bien il ne
respecte pas les concordances de temps. La turbulence

à mesure qu'elle augmente, renverse la syntaxe. Raréfiée, la communication conceptuelle s'embrouille, elle
est envahie par l'incongruité enrichissante qui déborde
toute ordonnance abstraite, toute régularité. Ce relâchement se produit également dans la versification;
Neruda abandonne l'isométrie, l'extension des vers et
des strophes varie. Une certaine propension au vers
long se fait jour comme pour soutenir l'élan d'un poète
océanique. Le rythme s'étaye sur les constantes accentuelles, sur un ou plusieurs axes rythmiques qui servent
de support au débit sonore. Dès les premiers recueils,
on remarque, comme le souligne Amado Alonso, « un
relâchement, un affaiblissement de la forme unitaire de
l'idée, un relatif déliement de ses membres par l'amollissement de la syntaxe, comme si le poète s'attachait
plus à la matière contenue dans chacun d'entre eux
qu'à la construction mentale supérieure qu'ils forment
à eux tous. Faiblesse de la forme et visions isolément
concrètes, chargées de matière[18] ». Dans son désir de
représenter une perception chaotique de la réalité,
Neruda tend au dérèglement des sens. Il le prédit déjà
dans *El habitante y su esperanza* : « Tout se passe à
l'intérieur de nous, avec des mouvements et des couleurs vagues, indistinctes. » Il nous transmet une perception chaotique mais très concrète, corporelle, pleine
de « matière cosmique », emplie du terrestre visible,
palpable, audible et comestible.

Cette communion confuse et tumultueuse avec l'univers, cette absorption intuitive de la nature dans la
plénitude de son énergie s'accentuera avec *Tentativa
del hombre infinito*. Neruda accorde à ce texte, publié
en 1926, une importance décisive au sein de son œuvre
poétique, car il dépasse les *Veinte poemas* dans son
intention de concevoir une poésie qui agglutine tous les
antagonismes, englobe toutes les puissances du monde.

Parce qu'il constitue ainsi une des premières définitions du style le plus caractéristique du poète[19]. Niant l'influence de Huidobro sur *Tentativa*, Neruda fait une comparaison entre l'attitude de celui-ci et la sienne, il établit une différence entre habileté intellectuelle et appréhension obscure, entre le jongleur et l'augure :

> ...Il suffit de lire mon poème *Tentativa del hombre infinito* ou les précédents pour s'apercevoir qu'en dépit de l'habileté infinie, de l'art divin de jongler avec l'intelligence et la lumière et du jeu intellectuel que j'admirais chez Vicente Huidobro, il m'était totalement impossible de le suivre sur ce terrain étant donné que ma condition tout entière, tout mon être le plus profond, mes tendances et mon expression personnelle étaient aux antipodes de son habileté intellectuelle. Ce livre, *Tentative de l'homme infini*, cette expérience frustrée de poème cyclique, montre précisément un développement au sein de l'obscurité, l'envie de se rapprocher des choses avec une énorme difficulté à les définir : tout le contraire de la technique et de la poésie de Vicente Huidobro qui s'amuse à illuminer les espaces les plus minimes. Mon livre au contraire procède, comme presque toute ma poésie, de l'obscurité de l'être qui avance pas à pas, se heurtant à des obstacles afin de construire avec eux sa route[20].

Autrement dit, la poétique la plus enracinée et la plus constante chez Neruda est celle qui, dès les premiers livres, essaie de communiquer une réalité qui se manifeste comme évidence inintelligible, présence sentimentale harcelante et inquiétante, qui ne peut s'exprimer qu'indirectement, à travers les réactions subjectives du poète, s'éclairer que par des analogies ou des antinomies, être représentée que métaphoriquement par les affabulations de l'imagination mythologique.

Tentativa del hombre infinito est la première cristallisation de style qui corresponde parfaitement à la personnalité profonde de Pablo Neruda. Chez lui, poésie et vie vont de pair; non pas extérieurement, sur le plan de l'anecdote, des circonstances biographiques, de l'expérience objective (laquelle transparaît aussi dans ses textes, mais de façon allusive, entremêlée et se confondant avec les projections supra-empiriques d'une imagination compulsive), mais intimement, dans la fusion entre psychisme et véhicule linguistique, dans la subordination du mot au vécu. S'il rejette l'enchaînement épisodique, le déroulement chronologique, la progression cohérente, l'information graduelle, la classification catégorielle et la stylisation, Neruda ne pratique cependant pas l'arbitraire intentionnel, le jeu, l'aléatoire, pas plus qu'il ne se délecte de la formalisation abstraite, autonome, ni ne dote le langage d'un dynamisme indépendant, ou ne met en relief la spécificité du message poétique. Il se contente de s'attarder sur la forge ou sur le mortier, lorsque les mots résistent à l'aimantation, lorsqu'ils gênent l'afflux spontané, instinctif de l'intériorité. Sa recherche expressive va vers une plus grande identité entre message et moyen verbal, afin que ce dernier, réduit à communiquer les visions, remplisse efficacement son rôle et ne se distingue pas. La libération formelle, qui dans *Tentativa* en vient à renverser la syntaxe et à abolir la ponctuation, permet à l'écriture de retenir sans l'interdire l'émergence du psychisme souterrain.

L'absorption confuse du cosmos, ce dynamisme tournoyant, ce tourbillon de forces en perpétuelle mutation, constituent l'intuition fondamentale de Neruda, une intuition obscure qui nous renvoie à une modalité préformelle de la matière, au larvaire, au germinal, à la pollution de la vie originelle, à la nébuleuse primitive. Cette intuition chaotique se transmettra à travers un langage indistinct, surchargé de significations qui se diversifient, se regroupent, s'entre-croisent, se heurtent, s'irradient mutuellement comme les particules de la structure atomique. Une fois postulée l'identification du moi avec le cosmos, descendre vers les profondeurs du je, c'est s'installer dans les entrailles de la réalité. Pour Neruda la poésie est une mystérieuse transférence naturelle, une émanation venue d'en bas, d'un noyau d'énergie rayonnante à partir duquel le poète agit comme un intermédiaire; c'est une communication magnétique, une récupération du lien originel, un retour au fond et à l'origine. Si le poète fait office de médium, il doit, pour ne pas dénaturer le message, nous transmettre une séquence mentale non codifiée, une communication oraculaire.

Le non-formalisme, l'indétermination, le non-achèvement correspondent parfaitement à cette *Tentativa del hombre infinito*, tentative de représentation d'un tout trop vaste et en constante transfiguration. Pour ce faire, Neruda suscite une multiplicité de signaux hétérogènes, accroît le désordre, les ruptures, les changements de direction et de dimension qui activent la lecture et enrichissent les possibilités interprétatives. Par l'élimination de la ponctuation et des majuscules, par le renforcement de la contiguïté, de la fusion des mots à l'intérieur du vers, il se crée une sorte de discours ininterrompu où l'ambiguïté, la mobilité, le pouvoir suggestif et excitant du poème augmentent grâce à la fluctuation et à l'hésitation du signifié[21].

Tentativa del hombre infinito est comme une première ébauche de *Residencia en la tierra*, à tel point que les poèmes initiaux de *Residencia* semblent être des filons de la même veine. L'anticipation vient à la fois de la matière et de la forme; les deux livres présentent la même imagerie, la même dynamique, le même « désordre vaste et océanique », la même vision catastrophique, les mêmes hauts et bas, les mêmes amplifications, les mêmes fuites vers le démesurément cosmique. On retrouve aussi dans *Tentativa* les éléments technologiques, les matériaux délabrés, la machinerie urbaine sujette à une désintégration qui annoncent *Residencia en la tierra*[22]. Avec *Tentativa* se déchaîne ou s'accélèrent le dérèglement qui culminera dans *Residencia*, l'extériorisation toujours plus réussie d'un poète qui s'autodéfinit comme « le plus absorbé par la contemplation de la terre ». Afin d'éclairer la concordance de ces deux recueils, nous analyserons d'abord un passage de *Tentativa* puis le poème initial de *Residencia* : *Galope muerto* (Galop mort).

Voici le fragment de *Tentativa* :

> *no sé hacer el canto de los días*
> *sin querer suelto el canto la alabanza de las noches*
> *pasó el viento latigándome la espalda alegre saliendo de*
> *   [su huevo*
> *descienden las estrellas a beber al océano*
> 5 *tuercen sus velas verdes grandes buques de brasa*
> *para qué decir eso tan pequeño que escondes canto*
> *   [pequeño*
> *los planetas dan vueltas como husos entusiastas giran*
> *el corazón del mundo se repliega y se estira*
> *con voluntad de columna y fría furia de plumas*
> 10 *oh los silensios campesinos claveteados de estrellas*
> *recuerdo los ojos caían en ese pozo inverso*
> *hacia dónde ascendía la soledad de todo los ruidos espan-*
> *   [tados*
> *el descuido de las bestias durmiendo sus duros lirios*
> *preñé entonces la altura de mariposas negras mariposa*
> *   [medusa*
> 15 *aparecían estrépito humedad nieblas*
> *y vuelto a la pared escribí*
> *oh noche huracán muerto resbala tu oscura lava*

mis alegrías muerden tus tintas
mi alegre canto de hombre chupa tus duras mamas
20   *mi corazón de hombre se trepa por tus alambres*
exasperado contengo mi corazón que danza
danza en los vientos que limpian tu color
bailador asombrado en las grandes mareas que hacen
[*surgir el alba*
torciendo hacia ese lado o más allá continúas siendo
[*mía*

je ne sais dire le chant des jours
malgré moi me vient le chant la louange des nuits
le vent est passé me fouettant le dos joyeux sortant de
[l'œuf
les étoiles descendent boire à l'océan
5   de grands vaisseaux de braise tordent leurs voiles vertes
pourquoi dire ceci si petit que tu caches chant petit
les planètes tournoient comme virent les fuseaux enthou-
[siastes
le cœur du monde se replie et s'étire
avec une volonté de colonne une froide fureur de plu-
[mes
10   oh les silences campagnards cloutés d'étoiles
je me souviens les yeux tombaient dans ce puits inversé
vers où montait la solitude de tout les bruits épou-
[vantés
l'insouciance des bêtes dormant leurs durs iris
alors j'ai fécondé les hauteurs aux papillons noirs papil-
[lon méduse
15   apparaissaient fracas humidité brumes
et tourné vers le mur j'écrivis
oh nuit ouragan mort ta lave obscure glisse
mes joies mordent tes encres
mon joyeux chant d'homme suce tes mamelles dures
20   mon cœur d'homme escalade tes barbelés
exaspéré je retiens mon cœur qui danse
danse dans les vents qui lavent ta couleur

danseur étonné dans les grandes marées qui font surgir
[l'aube
obliquant par là-bas ou bien plus loin tu es toujours
[mienne

Le contenu peut être résumé en un schéma minime et intelligible : je ne sais pas chanter le jour, la nuit m'inspire mais devant son immensité à quoi bon dire quelque chose de petit, d'humain; les planètes tournent, le cœur du monde palpite au sein du silence campagnard, dans mon cœur se déchaînent les louanges de la nuit et je la possède jusqu'à l'exaspération, mienne à jamais. Sur ce canevas vient se greffer tout un sertissage d'incitations, de résonances, de projections imaginatives; il nous faut pour les recueillir pénétrer vers après vers ce texte.

1-2.   Ces deux premiers vers contiennent l'ébauche d'une poétique; *je ne sais dire le chant des jours* : c'est-à-dire, le chant de la veille, de la lucidité, *malgré moi me vient le chant la louange des nuits* : le poème surgit involontairement, comme un flot irrépressible, favorisé par la nuit, dans une obscurité équivalente aux ténèbres, aux profondeurs du moi, aux profonds replis du subconscient.

3-4.   Le vent austral apparaît, un vent violent qui fouette (*latigándome* est un américanisme); se produit ensuite une indétermination sémantique par absence de signes, une instabilité qui permet, grâce à la suppression de la ponctuation, autant d'interprétations que de possibilités d'établir des liens logiques entre les composants du vers :

a)   le vent est passé me fouettant, le dos joyeux sortant de
[l'œuf

b)   le vent est passé me fouettant le dos joyeux, sortant de
                [l'œuf

c)   le vent est passé me fouettant le dos, joyeux sortant de
                [l'œuf

d)   le vent est passé me fouettant le dos, joyeux; sortant de l'œuf
                [les étoiles descendent boire à l'océan

C'est probablement le vent qui émerge de l'œuf en un mouvement ascendant et les étoiles qui descendent en sens contraire (le vent balaye à l'horizontale et les étoiles tracent la verticale), à moins que les étoiles ne soient elles-mêmes les ovipares par anologie avec la naissance de la lune, ce grand œuf stellaire. Parmi ces concordances vacillantes, ce qui se fixe en nous comme noyau de signification est cette vision de naissance, de genèse, de l'embryonnaire qui se forme à partir d'un germe. L'apparition et la disparition périodiques des phénomènes naturels sont assimilées à la naissance et à la mort du vivant. Dans l'imagination mythique, le monde vit d'une vie organique, tout est doté de vitalité, toute naissance ou mort sont proches ou rapprochables, réitèrent les deux archétypes exemplaires : la naissance du monde (cosmogonie) ou sa destruction (déluge). Le vers 4 et le vers 7 portent l'amplification, la fuite vers le macro-métrique à sa dimension maximale, le cosmique.

5. *de grands vaisseaux de braise tordent leurs voiles vertes* : il y a là un enchaînement d'associations. Le vent et l'océan évoqués, les arbres secoués par la tempête rappellent des vaisseaux aux voiles vertes. Le désir d'intensification, d'activation les embrase.

6. *pourquoi dire ceci si petit que tu caches chant petit* : le chant caché reprend l'idée du second vers, de la poésie en tant que révélation de l'occulte. Le poète,

récepteur du cosmos, se sent anéanti devant l'immensité de l'univers; le poème rapetisse face à l'infini, à l'indicible.

7. *les planètes tournoient comme virent des fuseaux enthousiastes* : le mouvement amplificateur se poursuit et contraste avec la pauvreté de l'expression humaine. Mais le macro-métrique retourne à la sphère de l'homme grâce à la comparaison avec un artisanat de base, le tissage.

8. *le cœur du monde se replie et s'étire* : tous les mouvements naturels sont les manifestations vivantes d'un organisme qui palpite; ils renvoient, à travers cette vision d'un animisme biologique, anthropomorphique, au centre d'impulsion de toute énergie : le cœur du monde.

9. *avec une volonté de colonne* : métaphore topique, volonté de fer ou d'acier qui imagine la volonté comme quelque chose de dur, de pierreux, de métallique; *colonne* a les mêmes caractéristiques de résistance, c'est une variante du même schéma imaginatif mais avec une meilleure concrétion sensible, et pour *froide fureur de plumes*, la mobilité du poème s'appuie sur des incitations contrastées, quiétude de colonne et agitation de plumes; elle suggère, rattachée au repli et à l'étirement du cœur, l'image d'un oiseau dans une envolée frénétique, pleine de froide fureur car elle est nocturne.

10. *oh les silences campagnards cloutés d'étoiles* : est une modulation d'une autre métaphore topique (ciel piqueté d'étoiles), les clous sont plus liés à l'expérience quotidienne du poète que le mot piqueté, parsemé, ils ont par conséquent plus de présence sensible. L'imagination matérialisante de Neruda tend toujours à une concrétion majeure pour accroître la corporéité des images.

11. *je me souviens les yeux tombaient dans ce puits inversé* : la mobilité n'est pas seulement spatiale mais temporelle, le poème oscille entre le présent et le passé sans respecter une rigoureuse concordance des temps. Le ciel nocturne, par son obscurité insondable, est *puits inversé*; à l'idée de puits se rattache celle de chute, d'yeux qui tombent en l'air.

12. *vers où montait donc la solitude de tout les bruits épouvantés* : contradiction suggestive, incongruence enrichissante, les yeux qui tombent montent avec la solitude unanime, accentuée par des bruits isolés, distants, épars et effrayants. La nuit inspire une terreur qui, par cette perpétuelle transférence sentimentale entre poète et monde, se transmet aux bruits.

13. *l'insouciance des bêtes dormant leurs durs iris* : par l'absence de concaténation explicite – le texte établit en effet un discours incongru, mutilé quant à sa logique –, ce vers semble détaché du reste. Le lien syntaxique n'est pas déterminé afin d'enrichir les relations imaginatives. Parmi les mouvements cosmiques, une accalmie se produit; les bêtes dorment en s'abandonnant à leur inconscience, et leurs rêves sont de *durs iris*; derrière cette métaphore insolite qui crée une irréalité sensible, il en est une autre, courante : « un rêve de pierre », qui s'applique au sommeil profond et imperturbable. Dans la version de Neruda, le sommeil animal est comme une floraison solide, un iris pétrifié. Pour l'imagination mythologlique, qui établit un échange constant entre tous les ordres de la réalité, la floraison n'est pas l'exclusivité du végétal.

14. *alors j'ai fécondé les hauteurs aux papillons noirs papillon méduse* : Gaston Bachelard distingue deux types d'imagination appartenant tous deux au psychisme normal; une imagination reproductrice qui

s'appuie, sans la dépasser, sur la perception du réel
vécue et thésaurisée par la mémoire, sur ses possibilités
de combinaisons; et une imagination imaginative, non
sujette aux limitations de l'expérience objective, qui
nous propose l'inédit et provoque une explosion du
langage (les chimistes prévoient une explosion lorsque
les possibilités de ramification d'une force dépassent
celles d'interruption ou de délimitation)[23]. Il en va de
même des images de Neruda. Conçues par cette imagination créatrice, expansives, émouvantes, elles ne
débouchent pas sur des pensées mais, nous projetant
vers des directions plurielles et dissemblables, elles
provoquent des superpositions de sens simultanés. Le
poète se sent démiurge. Il est l'étalon qui ensemence, il
féconde le ventre de la nuit, répand dans ce *puits
inversé des papillons noirs*, quelque chose d'ailé,
d'obscur, d'actif et de léger; *un papillon méduse* : par
fluidification, par amollissement, le papillon devient
matière colloïdale, séminale, cœlentéré transparent en
forme de cloche ou d'ombrelle et qui monte ou descend selon les mouvements de l'eau, vole, se replie et
se déplie, comme le *cœur du monde* ou *la froide
fureur de plumes*. Dans cette image, grâce à l'allitéra-
tion, le son agit autant que le sens, l'association des
signifiés est aussi étroite que l'association phonique. La
vision de Neruda est érotique par essence, elle tend
toujours à établir avec tout ce qu'elle conçoit une
relation corporelle, charnelle, sexuelle.

15. *apparaissaient fracas humidité brumes* : l'apparition se situe dans un espace indéterminé, à la fois
naturel et imaginaire, mythique; *fracas* rappelle les
bruits épouvantés du contre-ut, et renforce l'évocation
d'une nature tonitruante, agitée par des vents tempé-
teux, par opposition aux *silences campagnards*; humidité brumes représentent quelque chose d'enveloppant,

qui estompe les formes, les dilue comme un *papillon méduse* et contraste avec les matérialisations agressives des vers suivants.

16. *et tourné vers le mur j'écrivis* : ce vers, rattaché aux deux premiers, établit une subdivision du poème; ce qui précède est un poème où le poète dit ce qu'il expérimente devant une nature asservissante; pour éviter d'être annulé par elle, pour pouvoir chanter, il doit lui tourner le dos. Ce n'est pas le ciel qui est fécondé mais le poète. Ce qui suit est chronologiquement postérieur et, par convention littéraire, opère comme un poème à l'intérieur du poème.

17. *oh nuit ouragan mort ta lave obscure glisse* : sous forme d'invocation hymnique débute l'éloge de la nuit, auparavant annoncée par le vers 2; *ouragan mort*, c'est-à-dire violence apaisée, cyclone calmé; *glisse ta lave obscure* : le verbe indique un répit dans l'agitation, la lave suggère une inondation incandescente, minérale, qui enveloppe, dissout et inclut.

18. *mes joies mordent tes encres* : à partir de ce vers, la nuit et la femme aimée se confondent en une même possession amoureuse. Ici, l'exaltation, l'enthousiasme débordant mordent; mordre est un geste érotique d'appropriation physique, de destruction mais aussi d'incorporation de la chose désirée à notre propre substance; *tes encres*, les liquides qui te colorent, ce qui te donne de la noirceur; *encres*, *lave*, comme plus bas *mamelles* et *barbelés* sont des concrétions par lesquelles Neruda matérialise de plus en plus l'image de la nuit aimée.

19. *mon joyeux chant d'homme suce tes mamelles dures* : la matérialisation qui s'intensifie est simultanément érotisation croissante; on trouve ici un anthropomorphisme majeur; sucer, de même que mordre, évoque un érotisme buccal.

20. *mon cœur d'homme escalade tes barbelés* : le cœur de l'homme, battant au même rythme que celui du monde (vers 8), mû par la virilité conquérante, prend la femme d'assaut; *barbelés* est encore une métaphore représentant la dureté, une galvanisation qui crispe; le mot suggère une matière résistante, mince et coupante.

21. *exaspéré je retiens mon cœur qui danse* : la passion érotico-cosmique atteint ici une exacerbation qui prélude à l'orgasme. Un élan irrésistible, comme *la louange des nuits*, saisit le poète et l'associe aux mouvements du cosmos, dans une même *danse*.

22. *danse dans les vents qui lavent ta couleur* : le thème du bal se retrouve à trois reprises (vers 21, 22 et 23) afin de renforcer la vision d'une cadence synchronisée, soumise à ordre et à rythme. Les vents donnent une image de vol expansif, d'énergie libérée; ce sont des vents purifiants, qui nettoient le ciel, qui intensifient la couleur de la nuit-femme.

23. *danseur étonné dans les grandes marées qui font surgir l'aube* : saisi, fasciné par les pouvoirs de la nature et de même que le danseur imaginairement poussé par les vents, le possédé se laisse bercer par les marées, par les mouvements sidéraux qui engendrent le jour. Autre amplification portée à son plus haut point, à une échelle cosmique.

24. *obliquant par là-bas ou bien plus loin tu es toujours mienne* : là-bas, vers l'aube, vers la naissance ou partout, la possession de la nuit-femme, de la femme-univers a été consommée et se perpétue.

Cette *Tentativa del hombre infinito*, on vient de le voir, est une tentative de consubstantiation cosmique, d'identification totale du moi avec le monde, un bond sympathique pour s'installer dans le cœur de l'univers

et palpiter à l'unisson. Neruda atteint son objectif :
« arriver à une poésie agglomérante où toutes les forces
du monde se rejoindront et se renverseront ». La
nature est pour Neruda origine et fondement, elle est
puissance première, réalité par excellence dont il
vénère la sacralité et dont il veut posséder la force
jusqu'à saturation et anéantissement. Exalté par la
poussée cosmique, le poète se laisse transporter, il
suspend sa conscience analytique, celle qui décompose
pour connaître, et libère sa conscience intuitive, son
imagination totalisante qui veut tout englober à travers
une révélation subite. Cette révélation ne peut être
communiquée qu'oraculairement, métaphoriquement,
à travers des fabulations mythologiques.

Puisque Neruda sacralise la nature, il en sacralise les
manifestations et notamment la poésie, cet acte rituel,
ainsi que nous le confirme la forme d'énonciation
psalmodique, d'invocation hymnique du fragment
choisi. Ces choix formels ne constituent pas chez
Neruda de simples appoggiatures littéraires, ils répondent au complexe idéologique qui rejaillit de son
œuvre, à son panthéisme vitaliste, sa sacralisation du
tellurique, son animisme érotique et orgiaque. Ce fragment montre également la relation entre rythme, cycle
et rite; le poème est un rite qui se propose de synchroniser l'imagination du poète avec les rythmes cycliques de la nature; ce récitatif déclenché par un état
de ravissement constitue un effort pour récupérer
la relation primordiale, intégrale, avec les cycles
naturels :

les planètes tournoient comme virent les fuseaux enthou-
                                                    [siastes
le cœur du monde se replie et s'étire

exaspéré je contiens mon cœur qui danse

danse dans les vents qui lavent ta couleur
danseur étonné dans les grandes marées qui font naître
[l'aube

Pour Neruda, la nature est chargée de signes annonciateurs du mystère cosmique, ses rythmes constituent
des messages chiffrés, ils indiquent que le cosmos est
un organisme vivant qui se renouvelle périodiquement;
ils manifestent la permanence et l'omnipotence, l'ordre
et la fécondité, une plénitude devant laquelle le
contemplateur se rabaisse et s'annule, tel Abraham
devant Jéhovah : « Abraham reprit et dit : '' Excusez
la hardiesse que je prends de parler au Seigneur,
alors que je ne suis que cendre et poussière '' »
(Gen. XVIII. 27). Ce que Neruda exalte et révère ne
réside pas dans les hiérarchies célestes, transcendantes,
ultraterrestres, mais dans les manifestations concrètes,
immédiates de la vitalité cosmique : la sexualité, la reproduction, la décomposition et la recomposition du
vivant, les mutations de ce ciel et de cette terre; tout,
nuit, vent, brumes, lave, océan, marées, aube, est pour
lui intensément, charnellement lié à la vie humaine.
Par cet enthousiasme, ce débordement vitaliste, le
poème adopte la plus grande liberté, une forme organique qui s'écarte complètement de la régularité. Les
vers, en général amples afin de diriger l'élan expressif
sans le restreindre, oscillent entre 10 et 21 syllabes sans
que l'on puisse établir la prédominance d'une mesure
sur l'autre. La cadence est soutenue par l'accent fréquemment placé sur la quatrième et la sixième syllabe;
ces axes rythmiques ainsi que l'absence de ponctuation
donnent au poème un ton de mélopée. Contenu et
contenant se fondent en une unité inséparable. Le
calcul, les patrons préétablis, la composition numérique semblent rejetés par cette ouverture naturaliste,

sensuelle, inclusive, qui cherche la chair et non la raison des choses, la présence et non la compréhension du monde[24]. Le poème s'ouvre à toute la richesse, à la confuse diversité, à la superposition chaotique d'images et de sentiments, éprouvés au contact direct, matériel avec la réalité. Sa syntaxe n'est pas celle de la lucidité, de la logique de l'état de veille; elle est plus profonde, c'est celle du monologue intérieur, de la conscience erratique. Syntaxe anomale, mutilée, informelle, onirique, elle ne cherche pas l'ordonnance intellectuelle, l'intelligibilité, mais la communication imaginative et émotive. Les phrases semblent souvent inachevées, discordantes; elles sont comme les pulsions d'un proto-discours.

Le concret l'emporte; il n'y a pas d'abstraction, pas de généralisation, pas de bribes de réflexion philosophique. Dans cette explosion du langage c'est l'imagination débridée qui règne. La seule image objective est celle du vers 15 (*apparaissaient fracas humidité brumes*); en dehors de cette simple dénotation, les éléments s'entremêlent en alliant le distinct et le distant. Les données sensibles sont des prétextes sur lesquels l'imagination élabore ses métamorphoses métaphoriques. Le témoignage sensoriel subit une raréfaction, un bouleversement, une subjectivation. Les objets qui forment des associations spontanées et parfaitement libres sont détachés de leur contexte normal mais ils ne parviennent pas à constituer une entité totalement émancipée de la réalité. De la réalité immédiate peut-être, mais pas de la médiate. Neruda s'éloigne de la réalité objective : il plonge au cœur de la réalité intérieure qu'il considère comme le support du réel externe. A sa manière, il postule un réalisme, non une évasion esthétique.

Si nous analysons le domaine d'où ont été extraits les termes qui s'associent pour former les métaphores, nous constatons qu'ils proviennent pour la plupart du monde naturel, substrat profond et stimulateur fondamental du dynamisme imaginatif de Neruda. Cette vision énergétique opère toutes sortes de transferts et de transformations entre les différents ordres de la réalité dont elle efface les frontières; elle établit des rapports intervallaires qui postulent implicitement le lien immanent unissant tout le réel. Les mutations réciproques, l'humain qui s'animalise, se végétalise ou se minéralise, la personnification des règnes naturels, l'échange constant et unanime de leurs états et de leurs propriétés, révèlent l'utilisation littéraire de la métaphore non comme un dire indirect, un sens figuré, un simple recours expressif, mais comme l'exécutrice d'une vision organique, d'une conception globale, comme un agent de la vision mythologique.

Residencia en la tierra, ce pinacle insurpassable de l'œuvre de Neruda, n'implique ni une rupture ni un changement radical mais une intensification de ses visions et un réajustement technique qui lui permet de les transmettre avec une plus grande fidélité. C'est un filon de la même veine mythologique (la comparaison minérale s'impose doublement) dont les résurgences sont multiples dans la production nérudienne et qui, à mon sens, en constitue la moelle même. Ce n'est que partiellement qu'elle peut être considérée comme une gestation issue d'expériences personnelles particulières, de son marquant séjour en Orient, d'une introspection névrotique, d'une crise radicale de valeurs qui démantèle le moi et le monde. Neruda se propose de transférer au langage, avec le minimum de perte émotionnelle et imaginative, une intuition chaotique et par consé-

quent informe, inintelligible et presque indicible, mais
dont la présence psychologique s'impose; obsessive,
elle opprime sa volonté, absorbe ses énergies mentales,
distord et entrave son contact avec l'extérieur. Un
éloignement angoissant le désarçonne et l'accable. Le
poète ne trouve pas d'attaches, qu'elles soient culturelles, sociales ou historiques, pas de signification positive
pour remplir le vide, éviter l'écroulement. Il voit partout la destruction, l'oubli, la solitude, la mort par
usure lente, la matière délabrée, le confus transformé
en poussière. Il se sent entouré d'étendues désertiques,
assailli par l'inévitable désintégration. Les demeures
ont l'air inhabitées, les maisons, les bateaux abandon-
nés ne laissent pour trace de leurs occupants que des
ustensiles inutiles, des vêtements à terre, des chiffons
sales, une accumulation hétéroclite de déchets incarnant les progrès inéluctables de la dissolution. C'est la
crise de la conscience romantique (Neruda est encore
l'expressionniste, le romantique exacerbé qui projette
dans la réalité objective ses états de corps et d'âme)
face à un monde hostile, opaque, impénétrable et
invivable. L'art a perdu ses pouvoirs de rédemption, il
ne peut ni remplir le vide ni sauver de la chute, il est
incapable de sublimer cette réalité dégradée, d'aider à
l'envolée d'une rêverie propice à l'évasion, de permettre le voyage purificateur, l'harmonisation de l'inconciliable, une ouverture sur l'au-delà. Incapable de s'élever, d'idéaliser, le poète fouille le terrestre, se replie
dans sa prison, intériorise ses abîmes. Dans sa quête, il
débouchera non pas sur la supraréalité mais sur une
intraréalité; il pénètre, bien au-delà des raisons, dans
son corps et dans son esprit, remonte aux motivations
premières, là où les images précèdent les idées, dans
les entrailles de la matière qui en durant se détruit. Là,
il va retrouver cette imagination primordiale, matériali-

sante, naturalisante, l'épicentre mythique qui constitue le principal moteur de sa poésie.

Dans le monde historique, Neruda trouve que tout se dénature, que tout s'écroule; c'est pourquoi il cherche à s'appuyer sur une réalité puissante, permanente, sur le monde naturel, dépositaire du noyau énergétique qui irradie toute création significative. Les circonstances de *Residencia* diffèrent des circonstances de ses précédents recueils; la tendance sentimentale, pessimiste et déprimante est différente, et pourtant, la substance de l'inspiration, la vision nucléaire, les modules imaginatifs et la technique expressive sont les mêmes. Preuve en est la chronologie et les déclarations de Neruda à propos de son intention poétique ainsi que la confrontation des textes.

Le cycle de *Residencia*, d'après les dates indiquées par Neruda, commence en 1925. Les premiers poèmes sont donc simultanés ou immédiatement postérieurs à ceux de *Tentativa del hombre infinito*; Galope muerto et *Serenata* appartiennent à ce recueil. Neruda leur accorde une importance décisive en tant que révélateurs d'une écriture personnelle parfaitement maîtrisée, cela toujours à l'intérieur d'un processus qui s'est développé précédemment[25]. *Galope muerto* surtout est le pont qui révèle la parenté très étroite entre *Residencia* et *Tentativa*, tout en annonçant nettement l'atmosphère et le style du nouveau recueil. Nous possédons une série de confidences et de réflexions de Neruda qui explicitent sa poétique. Bien qu'inspirées par ses *Résidences*, l'esthétique qu'elles dévoilent est applicable à presque toute la production nérudienne, aux recueils de poèmes précédents et à nombre de ceux qui suivront. Dans sa correspondance avec Héctor Eandi, il parle du lien entre cycle, rite et rythme inhérent à la

gestation de *Residencia*. Dans une lettre datée du
6 août 1928, il déclare que les poèmes de son nouveau
livre proviennent d'un même élan expressif, qu'ils sont
dotés d'une cadence marine semblable au rythme des
marées. Insistance, tension, uniformité, monotonie,
sont les termes par lesquels Neruda définit ses inten-
tions : « Je viens d'achever presque tout un livre de
vers : *Residencia en la tierra*, vous verrez comment je
parviens à isoler mon expression en la faisant constamment vaciller au milieu des dangers, et grâce à quelle
substance solide et uniforme je fais apparaître avec
insistance une même force[26] » (8 septembre 1928). Puis
il écrit, le 24 avril 1929 : « *Residencia en la tierra* c'est
tout un tas de vers d'une grande monotonie, presque
rituels, avec du mystère et de la douleur comme chez
les anciens poètes. C'est quelque chose de très uniforme, comme une seule chose commencée et recom-
mencée et que l'on dirait éternellement tentée sans
succès. » Ces lettres le confirment : l'attitude de
Neruda est rituelle, visionnaire; imbibé de lui-même,
possédé du monde, il s'efforce de communiquer cette
intuition chaotique qui ne peut se transmettre qu'à
travers un verbe oraculaire, un discours informe et
effiloché laissant libre cours à l'élan sentimental et
imaginatif. C'est ce qu'il déclare à son ami Eandi :
« Le poète ne doit pas s'exercer, il y a pour lui une
exigence qui est de pénétrer la vie et de la rendre prophétique : le poète doit être une superstition, un être
mythique... la poésie doit se charger de substance
universelle, de passions et de choses » (21 novem-
bre 1928).

A ces témoignages viennent s'ajouter, les complétant
et les corroborant, les manifestes que Neruda publia
comme des sortes d'éditoriaux dans la revue *Caballo*

verde para la poesía (Cheval vert pour la poésie) en 1936. Dans le premier intitulé *Sobre una poesía sin pureza* (A propos d'une poésie sans pureté), il fonde son réalisme sur son désir d'incorporer toutes les marques de l'humain, toutes les activités mentales et corporelles sans censure qui réduise le dicible, toutes les matières révélant le contact de l'homme avec la terre; il postule une poésie non délibérée qui englobe totalement la confuse diversité du réel; une poésie impure, sensuelle, pénétrante, matérialisante, qui ait la consistance du bois, du fer, de la fleur, du blé, de l'eau, qui soit « pénétration dans la profondeur des choses en un acte d'amour exalté » (1922). Il renie encore une fois la frigidité livresque et prône les commandements du cœur, « le sentimentalisme usé ». Dans *Los temas* (Les thèmes), il prêche en faveur des « chants sans exigence », des manifestations du cœur qui « courent avec anxiété vers leur domaine ». Il se dépeint, tel un chasseur nocturne qui, accablé et possédé par le vertige cosmique, écrit en tremblant ses chants de lave et de ténèbres à coups de cœur :

Seul seulement quelque chasseur emprisonné au milieu des forêts, épuisé par l'aluminium céleste, étoilé d'étoiles furieuses, lève solennellement une main gantée et se frappe à l'endroit du cœur.

L'endroit du cœur nous appartient. Seul seulement de là, avec l'aide de la nuit noire, de l'automne désert, à coups de mains, sortent les chants du cœur.

Comme lave ou ténèbres, comme frisson bestial, comme son de cloche sans but, la poésie plonge les mains dans la peur, les angoisses, les maladies du cœur. Il existe toujours dehors les grandes décorations qui imposent la solitude et l'oubli : des arbres, des étoiles.

Le poète portant le deuil écrit, tremblant et très solitaire (1923).

Dans *Conducta y poesía* (Conduite et poésie), il reparle de l'impossibilité d'être pur, de la mesquinerie du poète qui veut préserver l'art des avilissements du monde réel et défend ses mesquines prérogatives. Contre la poésie « artistique », il préconise celle qui s'écrit sous le mandat du sang, un « chant saumâtre que les profondes vagues doivent faire jaillir ». Pas de complaisance dans la forme ni dans l'évasion ultraterrestre, mais au contraire intériorisation sentimentale, pénétration du monde et par le monde, plongée hallucinée dans la sombre intimité de la matière, identification aux forces naturelles, à la genèse et aux destructions terrestres et océaniques, accouplements, naissances, pourritures, érosions, le tout confusément amalgamé au sein d'une poésie englobante et totalisante. Telle est l'esthétique adoptée par Neruda dans ses *Residencias*, esthétique que l'on peut étendre à la majeure partie de sa création.

Galope muerto, prototype d'une telle poétique, révèle nettement cette imagination mythique, cette rêverie matérialisante par laquelle Neruda cherche à s'installer dans le foyer énergétique de la nature, cette consubstantiation avec l'argile embryonnaire, avec le larvaire, la latence du préexistant, du préformel, avec la bouillonnante nébuleuse antérieure à toute émergence, à toute conformation externe. Le poème actualise les mythes cosmogoniques, ceux de l'origine et du renouveau de la vie, il réitère la sacralité de la nature. (Pour Neruda, la création poétique, homologue de la création de l'univers, récapitule symboliquement elle aussi la cosmogonie.) L'analyse du texte démontrera plus manifestement nos présomptions.

GALOPE MUERTO

Como cenizas, como mares poblándose,
en la sumergida lentitud, en lo informe,
o como se oyen desde el alto de los caminos
cruzar las campanadas en cruz,
teniendo ese sonido ya aparte del metal,
confuso, pesando, haciéndose polvo
en el mismo molino de las formas demasiado lejos,
o recordadas o no vistas
y el perfume de las ciruelas que rodando a tierra
se pudren en el tiempo, infinitamente verdes,

Aquello todo tan rápido, tan viviente,
inmóvil sin embargo, como la polea loca en sí misma,
esas ruedas de los motores, en fin,
Existiendo como las puntadas secas en las costuras del árbol,
callado, por alrededor, de tal modo,
mezclando todos los limbos sus colas,
¿Es que de dónde, por dónde, en qué orilla?
El rodeo constante, incierto, tan mudo,
como las lilas alrededor del convento,
o la llegada de la muerte a la lengua del buey
que cae a tumbos, guardabajo, y cuyos cuernos quieren sonar,

Por eso, en lo inmóvil, deteniéndose, percibir,
entonces, como aleteo inmenso, encima,
como abejas muertas o números,
ay, lo que mi corazón pálido no puede abarcar,
en multitudes, en lágrimas saliendo apenas,
y esfuerzos humanos, tormentas,
acciones negras descubiertas de repente
como hielos, desorden vasto,
oceánico, para mí que entro cantando,
como con una espada entre indefensos.

¿Ahora bien, de qué está hecho ese surgir de palomas
que hay entre la noche y el tiempo, como una barranca
                                    [húmeda?
Ese sonido ya tan largo

que cae listando de piedras los caminos,
más bien, cuando sólo una hora
crece de improviso, extendiéndose sin tregua,

Adentro del anillo del verano
una vez los grandes zapallos escuchan,
estirando sus plantas conmovedoras,
de eso, de lo que solicitándose mucho,
de lo lleno, oscuros de pesadas gotas.

GALOP MORT

Comme cendres, comme océans qui se peuplent,
dans la lenteur engloutie, dans l'informe,
ou comme on entend du haut des chemins
se croiser les carillons des cloches en croix,
son qui déjà se détache du métal,
confus, pesant, et tombant en poussière
dans le moulin même des formes trop lointaines,
ou remémorées ou non vues,
et le parfum des prunes qui à terre roulant
pourrissent dans le temps, vertes infiniment.

Tout cela si rapide, si vivant,
immobile pourtant, comme la poulie folle en elle-même,
ces roues des moteurs, enfin,
Existant comme les points secs aux coutures de l'arbre,
muet, alentour, de telle sorte,
les nervures entremêlant leurs queues,
Car d'où, par où, sur quelle rive ?
Le constant circuit, incertain, si muet,
tels les lilas autour du couvent,
ou l'arrivée de la mort à la langue du bœuf
qui s'écroule d'un coup, garde basse, et dont les cornes
                                        [veulent sonner.

C'est pourquoi, dans l'immobile, s'interrompant, percevoir,
alors comme un immense bruissement d'ailes, au-dessus
comme des abeilles mortes ou des nombres,
ah, ce que mon cœur pâle ne peut embrasser,
de multitudes, de larmes à peine jaillies,

d'efforts humains, de tempêtes,
de noires actions découvertes soudain
comme des glaciers, désordre vaste,
océanique, pour moi qui entre en chantant,
comme avec une épée parmi des gens sans défense.

Alors, de quoi est fait ce jaillissement de colombes
qu'il y a entre la nuit et le temps, comme un ravin humide ?
ce son si long déjà
qui tombe alignant des cailloux sur les routes
ou plutôt, lorsque seule une heure
croît à l'improviste, prolongée sans trêve.

Au cœur de l'anneau de l'été
un jour les grands potirons écoutent,
étirant leurs plantes émouvantes,
de cela, de ce qui instamment sollicité
de ce qui est plein, obscurs de lourdes gouttes.

Le titre antinomique fusionne mobilité et inertie, vie
et mort. Cet antagonisme induit tout le développement
du poème. Par l'ambivalence de sa symbolique et
l'union des contraires, Neruda tend à doter ses visions
protéiques, multiformes, réversibles, d'un maximum
de mutabilité, comme les processus naturels dont il
s'inspire.

Strophe I : Pour exprimer le non-représentable, il
n'existe pas d'autre recours que le *constant circuit*,
incertain, l'énumération chaotique, laquelle agit ici
comme une sorte de synecdoque où l'accumulation de
parties hétérogènes suggère la totalité mouvante et
impossible à appréhender. Le mouvement prépondérant dans le poème est centripète. Il va de la périphérie
à la moelle ; il part des manifestations extérieures pour
s'installer dans le foyer qui les provoque. Il commence
par une association antithétique, comme celle du titre,
cendres et océans, par quelque chose de mortuaire, par
des restes de matière vive à présent inerte et résiduelle,

restes d'une combustion éteinte : la forme abolie et l'agitation marine activée par un gérondif qui suggère une effervescence vitale, un double processus de destruction et de naissance. Neruda réédite fidèlement les archétypes mythologiques dont la relation, la typologie et la valeur symbolique ont été mises en lumière par Mircea Eliade[27]. Les eaux représentent la somme universelle de toutes les virtualités, elles sont le fond et l'origine, elles précèdent toute manifestation formelle et nourrissent toute création. L'immersion aquatique implique la dissolution, une régression au préformel, la réintégration dans l'*informe* dans le monde indifférencié de la préexistence. L'émersion est au contraire l'accès à l'existence, à la conformation, à la distinction, une création qui réitère le modèle suprême de tout surgissement : la cosmogonie. Des eaux, des *océans qui se peuplent* provient le grouillement germinal, les embryons de la vie[28]. La vision cosmogonique est renforcée par cette *lenteur engloutie*, celle d'un temps plus dilaté que le temps humain, sidéral, géologique, celle d'une gestation alentie.

Le poème commence par une comparaison macrocosmique (tronquée, car elle est composée d'un seul terme; le comparé manque au comparatif, observe Amado Alonso); la seconde, celle des *cloches en croix*, nous renvoie à une atmosphère paysagière plus restreinte; ces changements subits confèrent au texte une progression convulsive et haletante, pleine de hauts et de bas, d'élargissements et de rétrécissements du champ perceptible, *ou comme on entend du haut des chemins / se croiser les carillons des cloches en croix* : association dissemblable, très éloignée empiriquement de la précédente; *se croiser et croix* (en espagnol *cruzar y cruz*) réitèrent une image plus ou moins

objective, celle des cloches qui sonnent en se balançant
dans tous les sens, ou de tintements en provenance de
différents clochers et qui s'entrecroisent. Le son se
détache de ce qui l'a produit, telle une entité autonome; ce motif répété avec insistance tout au long du
livre a, pour Neruda, une signification personnelle; elle
se manifeste plus clairement dans *Un día sobresale* (Un
jour dépasse), où le point du jour répète le modèle
archétype de la création du monde, à partir d'une
énergie de base que le poète matérialise, concrétise
sensiblement en tant que son :

> *De lo sonoro salen números,*
> *números moribundos y cifras con estiércol,*
> *rayos humedecidos y relámpagos sucios.*
> *De lo sonoro, creciendo, cuando*
> *la noche sale sola, como reciente viuda,*
> *como paloma o amapola o beso,*
> *y sus maravillosas estrellas se dilatan.*

> Du sonore surgissent des nombres,
> des nombres moribonds, des chiffres pleins de purin,
> des rayons humectés et des éclairs sales.
> Du sonore, s'amplifiant, lorsque
> la nuit sort seule, telle une veuve récente
> comme une colombe, un coquelicot, un baiser,
> et que ses merveilleuses étoiles se dilatent.

Pour Neruda, selon ses déclarations à Amado Alonso,
le sonore est « le sonore cosmique, le tonnerre, le son
originel[29] », par lequel il réaffirme le perpétuel renvoi
de sa fantaisie aux archétypes mythologiques. La mort
est, elle aussi, un *son pur* indépendant de son producteur, une énergie qui nous réintègre dans le sonore
primordial :

Hay cadáveres,
hay pies de pegajosa losa fría,
hay la muerte en los huesos,
como un sonido puro,
como un ladrido sin perro,
saliendo de ciertas campanas, de ciertas tumbas,
creciendo en la humedad como el llanto o la lluvia,
. . . .

A lo sonoro llega la muerte
como un zapato sin pie, como un traje sin hombre,
llega a golpear con un anillo sin piedra y sin dedo,
llega a golpear sin boca, sin lengua, sin garganta.

Il y a des cadavres,
des pieds de dalle poisseuse et froide,
il y a la mort au-dedans des os,
comme un son pur,
comme un aboiement sans chien,
jaillissant de quelque cloche, de quelque tombe,
croissant dans l'humidité comme le pleur ou la pluie.
. . . .

Au sonore arrive la mort
comme une chaussure sans pied, comme un costume sans
                                              [homme,
elle vient frapper d'un anneau sans pierre ni doigt,
elle vient frapper sans bouche, sans langue, sans gorge.

Galop mort se meut dans des directions divergentes,
il n'y a pas de progression logique ou anecdotique mais
des morceaux isolés d'un discours dont les fragments
ou émergences sont reliés par des liens imaginatifs, par
une sémantique subjective. Les qualificatifs *informe et
confus* se complètent pour renforcer la vision chaotique; *confus, pesant et tombant en poussière : pesant*

peut être mis en relation avec l'autre participe présent
se peuplant, il indique une matérialisation, quelque
chose de lourd, de corporel; et, en contraste avec cette
solidification, *poussière* s'apparente aux *cendres* initiales pour suggérer la désagrégation, l'annulation dans *le*
moulin même des formes trop lointaines/ou remémo-
rées ou non vues. Cette pulvérisation est corrélative à
l'immersion, elle signale le retour au préformel, à la
nébuleuse originelle, à la désintégration de la réalité.
Les corps se dissipent, les formes s'éloignent, s'estompent, s'indifférencient, perdent leur entité comme si on
les voyait d'excessivement loin, comme si on se les
remémorait à travers un souvenir brumeux, *et le*
parfum des prunes : la conjonction de coordination
établit une relation syntaxiquement anomale entre les
comparaisons mutilées et le dernier membre de la
strophe. La putréfaction des prunes parfumées répète
le processus de décomposition, de retour à la terre, de
dissipation dans le cosmos. A travers l'infiniment vert,
Neruda fait allusion au cycle des transformations organiques, en introduisant la notion de permanence au
sein de la transition vitale. La vie et la mort sont des
alternatives complémentaires d'une même énergie en
constante métamorphose.

Strophe II : L'indéfinissable est signalé mais pas
nommé, moyennant un pronom neutre : *cela.* Il s'agit
de quelque chose de protéique, de transitoire et de
perpétuel, de vertigineux et d'immobile; c'est le *vivant,*
déjà manifesté dans les mers qui se peuplent et dans le
vert infini des prunes; son mouvement continu est une
rotation sans translation, comme celle d'une *poulie*
folle ou des *roues des moteurs* qui tournent à vide.
Cette comparaison introduit, à l'intérieur du contexte
rural dans lequel se déroule *Galope muerto*, des éléments technologiques, manufacturés, indices d'une

contemporanéité en contraste avec l'achronie ou temps mythique du poème. Tout le développement s'organise autour de paires aux extrêmes opposés et complémentaires, et notamment mort-vie, son-silence, mouvement-immobilité (*Galop mort* pourrait être assimilé au dernier vers de *Arte poética* : « ... un mouvement sans trêve, et un nom confus »). L'incongruité enrichissante, favorisée par l'informalité syntaxique et la disparité objective des images, augmente au cours des trois vers suivants; le gérondif *existant* se rapporte au sujet imprécis *cela*; les points secs aux coutures de l'arbre suggèrent une fissure, une lacération, un filet qui enserre et emprisonne; les précisions *muet, alentour, de telle sorte* augmentent l'indétermination (la figure de l'arbre silencieux réapparaît dans *Seule la mort* : « *muet comme un arbre* »); les nervures qui emmêlent leurs queues révèlent cette confusion, cette désorientation, le désordre explicité par la question *Car d'où, par où, sur quelle rive?* par laquelle le poète s'interroge sur l'origine de *cela* qui se donne *de telle sorte. Le constant circuit* qui constitue un leitmotiv, insiste sur l'idée de ce qui entoure, de ce qui enveloppe, incertain et muet, le siège constant autour de l'impénétrable, de ce reste sans réponse, aveugle. La comparaison avec *les lilas autour du couvent* est assimilable à celle des coutures de l'arbre, muettes elles aussi et enveloppantes. La strophe s'achève sur une image d'abattoir qui contraste au plus haut point avec la délicatesse des lilas; le bœuf égorgé s'écroule d'un coup, langue sanguinolente, transformé en matière inerte, *dont les cornes veulent résonner*; si la résonance symbolise l'énergie primordiale, vouloir résonner renvoie à la volonté de survivance.

Strophe III : Elle commence par un lien causal (*c'est pourquoi*) qui se rapporte à une cause indéterminée.

C'est la strophe la plus explicite; au milieu du poème qui comprend cinq strophes, le *je* protagoniste apparaît et déclare expressément son impossibilité de communiquer la multitude trop vaste et désordonnée de visions indescriptibles qui l'assaillent et le désolent. Dans l'immobilité, dans le recueillement intérieur, on perçoit un *immense bruissement d'ailes*, une vivante agitation, semblable à celle des mers qui se peuplent dans la lenteur immergée, bruissement est associé à des termes contradictoires : *abeilles mortes et nombres*. Ainsi que l'indique Amado Alonso, les abeilles sont pour Neruda des symboles de la frénésie vitale, ici annulée, de même que le galop ou le bœuf sont annulés par la mort. Par opposition à la matérialité sensible des abeilles, apparaît le mot abstrait *nombres*, qui suggère une multitude d'individus indéterminés, d'identités confuses, ce que le *cœur pâle* (envahi par la mort) *ne peut embrasser*, ni la raison comprendre. Dans ce ah, culmine l'émotivité du poème. Les larmes, la détermination tourmentée, les actions funestes constituent une irruption directe du sentiment et renforcent la notion de tentative ardue, avec des lueurs subites, intermittentes, partielles, d'appréhender par une perception intuitive, une pénétration poétique (entrer avec le chant) le chaos, ce *désordre vaste, océanique*, pour l'approfondir et le dire. *L'épée* est le symbole de cette imagination qui cherche à s'enfoncer, à s'installer dans les entrailles de la réalité. Autre antithèse : *une épée parmi les gens sans défense*, une affirmation de puissance au milieu de quelque chose de désarmé qui l'annule.

Strophe IV : Elle commence, comme la précédente, par un prosaïsme syntactique : *alors*. La question initiale répète l'image du bruissement d'ailes qui maintenant se précise, ce sont des colombes apparues entre la nuit et le temps, deux vastes dimensions qui amplifient l'espace à une dimension cosmique. Par opposition au vol apparaît le *ravin humide*, obstacle, paroi et abîme, comparaison propre à une imagination hallucinée qui dépasse les congruences. Cela, le *son* qui se détache du métal, le sonore primordial, l'énergie qui multiplie ses manifestations, qui oscille entre l'immatérialité et la matérialisation agressive, tombe à présent, prétrifié, et cailloute les routes. Tout arrive lorsqu'un temps inattendu se disjoint de la succession normale, nous immobilise et s'empare de nous, heure *prolongée sans trêve*, comme une amibe qui nous absorbe.

Strophe V : A l'intérieur du cercle actif, de la zone de possession de l'été, les fruits poussent démesurément et de manière accélérée, mus par ce *son si long déjà*. Ils se gorgent de ce qui à présent devient *cela*, mais qui continue à ne pas être nommé, *cela* qui les appelle et emplit tout de « la matière cosmique qui amène la vie[30] »; *obscure, de lourdes gouttes* se réfère à ces concrétions de force génésique que sont les énormes potirons.

Galope muerto est une nouvelle tentative, comme celle de l'homme infini, de captation de la totalité cosmique dans la plénitude de son dynamisme. Un essai de récupération des pulsions inconscientes, de l'élan imaginatif libéré des contrôles et des censures, de cette énergie naturelle antérieure à toute formalisation de l'intellect, qui se manifeste linguistiquement en tant que force métaphorique, c'est-à-dire mythologique. D'après Mircea Eliade, cette poésie du ravissement cosmique est une des manifestations de l'inconscient révélant la survivance des mythes ancestraux. L'inconscient ne présente pas seulement une structure analogue à celle des mythes, mais ses contenus sont eux aussi chargés de valeurs cosmiques qui reflètent les modalités, les processus et les desseins des pouvoirs vitaux.

L'unique contact réel de l'homme moderne avec la sacralité cosmique s'effectue à travers l'inconscient, dans les rêves, la vie imaginaire ou les créations qu'elle inspire (poésie, jeux, spectacles, etc)[31].

Chez Neruda, il ne s'agit pas de la persistance dégradée d'un reliquat de mythes archaïques que la culture a assimilés, ou d'une osmose mythique dont nous souffrons tous jusque dans les moindres actes de notre vie quotidienne, mais de l'immersion totale dans l'état mythique, du triomphe de l'imagination sur le rationnel, de l'assomption de ce complexe visionnaire dans toute son intégrité et sa cohérence interne. Une fois entrés avec le poète dans cette manière de capter la réalité, et pénétrés de sa symbolique, celle-ci s'avère aussi codifiable et intelligible que d'autres symbolisations poétiques.

Le temps, pour Neruda, comme pour la mentalité mythique (de même que pour la science contemporaine), n'est ni homogène ni continu; il y a celui de la durée ordinaire où s'inscrivent les moments dépourvus de signification exceptionnelle, mais il existe aussi un temps fort, sacré, primordial, des instants de communication avec les forces suprêmes. Il y a un temps historique, prospectif, successif, irréversible, et un temps mythique, circulaire, réversible, récupérable, auquel on accède par le rite (et dans ce cas par la poésie), la liturgie et la fête; c'est le présent éternel, le temps de la solidarité cosmique, celui des prunes « infiniment vertes », celui qui permet de percevoir « l'immense bruissement d'ailes », celui de « l'heure qui croît à l'improviste, sans trêve prolongée », qui nous insère dans « l'anneau de l'été ». Le cycle de la vie répète périodiquement la cosmogonie et le déluge, la création du monde et sa régression à un état chaotique. Neruda, qui trouve le monde historique vide de sens, se

retourne vers le temps primordial, celui des cycles
naturels, celui qui actualise les origines, celui du perpétuel retour.

Pour représenter « le désordre vaste, océanique », la
formalisation verbale doit être minime. Neruda refuse
la stylisation, car il ne veut ni reboucher artificielle-
ment, au moyen de recours rhétorique, les fissures et
les trous, ni harmoniser, par le truchement du style, les
conflits, les contradictions d'un vécu obscur, tourmenté, confus. *Galope muerto* est un exemple parfait
d'œuvre ouverte, de forme organique, un poème « sans
forme têtue », dans lequel nous ne pouvons déterminer
de dominantes ni métriques ni accentuelles. Sa syntaxe
mutilée, effrangée, souvent incongrue est celle d'une
imagination effrénée, d'une conscience erratique, onirique, qui enregistre dans un style sténographique le
courant spontané de ses intuitions.

Dans *Galope muerto*, la disposition en vers et en
strophes contraste avec la tendance prosaïre que dénotent le vocabulaire et la syntaxe. L'emploi de rythmes
plus amples contribue lui-même à donner au poème
une élocution assez discursive. Mais l'adoption de
prosaïsmes ne comporte pas de discours intellectuel se
développant rationnellement. Les coupures de la continuité logique sont multiples, le poème avance en caho-
tant, il change continuellement de direction. Sa structuration ne correspond pas à un développement régulier, elle ne respecte pas de causalité objective qui relie
les parties par des relations univoques. La pensée est
toujours de nature poétique, elle s'exprime par les
signes sensibles d'une symbolique nébuleuse dont le
pouvoir de suggestion réside précisément dans la pluralité des équivalences.

Le poète s'écarte des règles, de l'homogénéité, pour
capter le monde tel qu'il le perçoit. Il n'accepte pas les

principes usuels d'ordonnance. Sa vision est embrouil-
lée, bouillonnante, instable, discontinue. Les catégories
logiques ou la syntaxe régulière correspondent à la
tendance enracinée dans notre intellect à structurer
l'univers au moyen de schémas de causalité qui sont
adoptés ensuite comme des substituts valables de la
réalité. Neruda nie cette correspondance et veut revenir à un dépouillement de la raison analytique qui nous
rende le monde dans son existence véritable; il veut
remplacer la raison fermée par la raison ouverte, la
raison systématique par l'imaginative.

L'imagination de Neruda, sensuelle et synthétique,
charnelle, terrienne, orgiaque, tend à une concrétisation sensible maximale; elle tend davantage à doter ses
représentations du maximum de présence matérielle
qu'à les alléger, les enfouir. Les mouvements fondamentaux de la vision nérudienne sont l'immersion,
l'épaississement, la densification, la solidification et
leur contraire, la liquéfaction, la fluidité. Ce désir de
matérialité est surtout visible dans son acharnement à
établir un contact corporel avec toute manifestation, à
s'identifier jusqu'à la transsubstantiation, l'ingestion,
jusqu'à incorporer la matière externe à sa propre
substance. Tout a une répercussion tactile, cutanée,
buccale, charnelle dans la sensibilité de Neruda; il est
voyant, touchant, mordant, avalant [32].

Residencia en la tierra inscrit, d'une certaine façon,
une trajectoire circulaire : il commence en évoquant la
plénitude de la nature natale, puis la chute se produit
par la dégradation urbaine et enfin vient la rédemption
grâce au contact des matières maternelles qui permettent au poète de rétablir le lien régénérateur avec le
monde primordial. Si nous considérons que *Galope
muerto* et *Serenata* sont chronologiquement les pre-

miers poèmes de la série, le livre débute, comme le
Canto general, avec des visions génésiques où la vie
bouillonne, germine, amalgame et désintègre des orga-
nismes, où naissance et mort sont des émersions et des
immersions d'un même élan, des concrétions du même
cycle énergétique. Parmi les trente-trois poèmes écrits
entre 1925 et 1931, seize au moins appartiennent au
milieu naturel. Les destructions alternent et contrastent
avec la fécondité de l'engendreuse prodigue, avec la
femme aimée qui incarne les pouvoirs de la terre :

> *Con tu cuerpo de número tímido, extendido de pronto*
> *hasta las cantidades que definen la tierra,*
> *detrás de la pelea de los días blancos de espacio*
> *y fríos de muertes lentas y estímulos marchitos,*
> *siento arder tu regazo y transitar tus besos*
> *haciendo golondrinas frescas en mi sueño.*

> Avec ton corps au nombre timide, soudain propagé
> jusqu'aux quantités qui définissent la terre,
> derrière la lutte des jours blancs d'espace
> et froids de morts lentes et d'encouragements fanés,
> je sens brûler ton sein et passer tes baisers
> créant dans mon rêve de fraîches hirondelles.

Séparé de cette dispensatrice de nourriture, loin du
paysage natal, plongé dans le contexte urbain, Neruda
est déprimé et corrodé par le vide existentiel, par
l'usure qui dégrade, la désolation, la mutilation quotidienne, une annulation unanime qui envahit tout[33].
Dans l'antichambre du néant, il ne lui reste que le
refuge du sexe, comme une réaffirmation vitale, corporelle, un engloutissement dans les entrailles de la terre
rédemptrice, une récupération des pouvoirs perdus, un
ravissement visionnaire semblable à l'ivresse du vin,
qui le renvoie à l'animalité, à la réalité primaire,

fondamentale, substantielle, à l'unité du commencement. Dans *Tres cantos materiales* (Trois chants maté-
riels), comme le signale avec raison Emir Rodriguez
Monegal[34], il entrevoit de nouveau le salut, la régénération, la réintégration dans le cycle des transformations naturelles, les origines, le « centre pur que les
bruits jamais / ne traversèrent », le noyau irradiant,
propulseur de toute création, le monde fort, frais et pur
de l'enfance, la vitalité tellurique, le sein maternel :

Fibras de oscuridad y luz llorando,
ribetes ciegos, energías crespas,
río de vida y hebras esenciales,
verdes ramas de sol acariciado,
aquí estoy, en la noche, escuchando secretos,
desvelos, soledades,
y entráis, en medio de la niebla hundida,
hasta crecer en mí, hasta comunicarme
la luz oscura y la rosa de la tierra.

(Apogeo del apio, 219)

Fibres d'obscurité et lumière qui pleure,
ganses aveugles, énergies crépues,
fleuve de vie et filaments essentiels,
vertes branches de soleil caressé,
me voici, dans la nuit, écoutant des secrets,
des veilles, des solitudes,
et vous entrez, au milieu du brouillard naufragé,
jusqu'à grandir en moi, jusqu'à me communiquer
la lumière obscure et la rose de la terre.

(*Apogée du céleri*)

Residencia en la tierra est un livre sans doute plus
aquatique que terrestre. Non seulement la cadence
marine lui confère son rythme mais l'eau envahissante
apparaît aussi partout, en tant qu'océan ou que pluie,
creusant et submergeant toutes choses[35]. C'est un livre

plein de ruissellements, comme l'hiver austral; Neruda
dit, pour le caractériser : « Il me semble que chacune
de mes phrases est bien imprégnée de moi-même, elles
ruissellent[36] »; en effet, le bruit des gouttes réapparaît
dans de nombreux poèmes, indiquant la persistance
d'une des fixations enfantines du poète. L'eau activée
et enrichie par l'imagination matérialisante, s'épaissit,
s'empâte et se solidifie comme dans les sombres potirons. Principe germinatif de toutes les virtualités, substance cosmique d'où dérivent toutes les formes vivantes, l'« eau mère, mère matière » se transmue en
liquide organique, devient sang, lait, semence :

Rodando a goterones solos,
a gotas como dientes,
a espesos goterones de mermelada y sangre,
rodando a goterones,
cae el agua,
como una espada en gotas,
como un desgarrador río de vidrio,
cae mordiendo,
golpeando el eje de la simetría, pegando en las costuras del
[alma
rompiendo cosas abandonadas, empapando lo oscuro,

. . . .

Es como un huracán de gelatina,
como una catarata de espermas y medusas.

(Agua sexual)

Roulant à grosses gouttes seules,
à gouttes comme dents,
à grosses gouttes épaisses de marmelade et de sang,
roulant à grosses gouttes,
tombe l'eau,
telle une épée en gouttes,
tel un déchirant fleuve de verre,

tombe en mordant,
frappant l'axe de la symétrie, collant aux coutures de l'âme
brisant des choses abandonnées, détrempant l'obscur.
. . . .

C'est comme un ouragan de gélatine,
comme une cataracte de spermes et de méduses.

(*Eau sexuelle*)

Neruda crée un échange perpétuel, une transfusion
continuelle des processus de la matière. Il pratique ce
que Bachelard appelle un matérialisme organique, onirique[37]; les images qui extraient matière et mouvement
des éléments naturels, répondent à la dynamique d'une
rêverie matérialisante qui cherche à recouvrer les refuges élémentaires en pénétrant dans l'intimité des substances. Le poète établit une réciprocité, un va-et-vient
permanent entre la liquéfaction, la densification,
l'épaississement, la solidification, tous les états chan-
geants et instables d'une même énergie.

Si par la suite le poète optimiste et militant va renier
sa désolation oppressante, le désespoir angoissant de
Residencia en la tierra, les liens qui rattachent ce livre
à tous les suivants continuent à être profonds et
nombreux[38]. La transformation idéologique qu'il subit
à partir de *Reunión bajo las nuevas banderas* (Réu-
nion sous les nouveaux drapeaux) n'implique pas de
changement de mythologie. Les objectifs de sa poésie
varient peut-être, de même que les prétextes de son
chant, mais pas ce qui mobilise son imagination,
comme si son esthétique volontaire était irréversiblement pénétrée par une autre esthétique plus profondément enracinée que l'engagement politique. Neruda
croira avoir abandonné son séjour souterrain, celui de
la volonté d'introspection en cherchant l'absorption

confuse du monde, la « plongée dans les profondeurs des choses par un acte d'amour fou », du poète dont le cœur s'est spécialisé dans l'écoute « de tous les sons que l'univers déchaînait dans la nuit océane, dans les étendues silencieuses de la terre ou de l'air », mais ses fixations imaginatives, ses intuitions fondamentales, sa vision mythique continueront à se traduire par les mêmes symboles et métaphores qu'il utilisera tant dans sa poésie épique que lyrique, sa poésie politique que celle de ses effusions subjectives.

*Nouvelle réfutation
du cosmos*

Droctulf, le guerrier barbare, embrasse la cause de Ravenne en contemplant la ville, *imago mundi*, urbi et orbi, fabrique harmonieuse et raisonnée, érigée à l'image et à la ressemblance de l'Empyrée. Droctulf rejette son monde de forêts inextricables, ses idoles féroces incarnant la cohue d'appétits instinctifs, le combat chaotique régi par des puissances cruelles et insondables; il est ébloui par la séduction de l'ordre, de cet organisme gouverné par la symétrie, par cette mécanique de la concordance qui semble infirmer son primitivisme, son passé fangeux, sa liaison irrationnelle avec ce qui est sauvage.

La ville combine ressemblance et différence, elle obéit à un principe rationnel de connexion, qui suppose un dessein consensuel dépassant les volontés individuelles; elle englobe et compose tout selon ce dessein qui prédit la présence d'une intelligence suprême. La norme urbaine semble préfigurer le concert cosmique.

Droctulf est l'antithèse compensatrice de la captive anglaise qui treize siècles plus tard, treize siècles de civilisation lettrée, de sagesse livresque accumulée, choisit de vivre avec l'Indien, de s'installer dans l'immensité de la pampa; elle opte pour la barbarie, veut effacer l'écrit, faire table rase. Elle retourne au chaos, à la grossière réalité du corporel, du terrestre non dénaturé par une codification illusoire, non interféré par les lois de la *civitas*, impuissantes à démêler le sens impénétrable de l'univers.

Défaut et excès se contrebalancent, ravissent, produisent une semblable frénésie. Dans *Historia del guerrero y de la cautiva* (Histoire du guerrier et de la captive), l'entrée et la sortie de la rationalité occidentale constituent des égarements qui la perturbent fondamentalement, toutes deux étant des scandales de la raison, l'envers et l'endroit d'une même pièce de monnaie, des complémentaires qui s'accouplent pour inscrire, par-dessus l'éloignement temporel et spatial, par-dessus nos dimensions, nos impératifs logiques, une seule histoire qui nous est en définitive inintelligible.

Droctulf est le non-civilisé, homme cruel et rustique, fasciné par cette matérialisation planifiée du logos totalitaire qu'est la métropole, ville mère, centre de l'empire, vision géométrique d'un espace systématisé. L'hétérogénéité infinie et simultanée du réel semble se réduire, tout au moins dans cette enceinte ingénieuse, à des normes inscrites dans la pierre, c'est-à-dire à un décalogue éternel. L'étonnement barbare devant l'habile architecture se situe à l'opposé de la désillusion des immortels face au leurre de toute fabrication humaine. La Cité des immortels, auparavant riche en belles constructions réparties avec équilibre : arches, forums, palais, temples, amphithéâtres, splendeurs de granit et de marbre, cette cité jadis resplendissante, miroir du cosmos, comme le furent les épopées d'Homère, a été dévastée et ravagée par ses propres habitants. A partir de ses ruines ils ont édifié ce labyrinthe ainsi que le palais auquel on accède, un palais plus inextricable

encore que la forêt vierge de Droctulf. Il semble
antérieur aux hommes; interminablement atroce et
extravagant, il est le temple des dieux irrationnels qui
dirigent le monde, de ces impénétrables dont nous ne
savons rien si ce n'est qu'ils sont différents de
l'homme. Le palais vient avant, le palais est la ville
insensée où règne le chaos, la ville insensée symbolise
l'univers.

Le barbare s'ébahit devant un cosmos à échelle
humaine; le sage – *l'immortel* – le rejette car il est
vaine apparence, simple simulacre de connaissance; il
détruit cette illusion, construit un absurde irrécupérable, illisible, et revient au commencement, à la condition bestiale du troglodyte, à la vie latente, à l'état
contemplatif où sentir et imaginer sont les seules
consolations devant l'impossibilité de comprendre.

Droctulf passe de l'aveuglement à une illumination
apparente, embrasée par la puissance supposée de la
ville terrestre. Le tribun Marco Flaminio Rufo, pensant,
dans sa naïveté d'homme mortel que la Cité céleste
doit être le modèle parfait dont Rome, nombril du
monde, est la meilleure réplique, traverse la zone
ambiguë, la déconcertante région aux ténébreux labyrinthes imbriqués, débouche sur l'architecture sans
proportions ni propos, pour assumer enfin l'évidence
de l'absurdité pure, de l'arbitraire sans destin, sans
terme ni sens. A travers un territoire intermédiaire, il
passe de l'abstraction du cosmos fondé sur la surface
de la réalité, à la profondeur fondamentale du chaos.

Marco Flaminio Rufo répète la péripétie de l'immortel Homère, qui après avoir idéalisé, c'est-à-dire stylisé,
la conquête de Troie en lui conférant une dimension
épique, a chanté la guerre des grenouilles et des rats,
comme un dieu qui serait passé du Cosmos au Chaos,

comme un clairvoyant qui, se rabaissant, retournerait à la confusion du commencement.

Le labyrinthe humain est une transition : labyrinthes spatiaux comme la maison d'Astérion ou celle d'Abenjacan el Bojarí, comme celui en bronze du roi de Babylone ou celui de la bibliothèque de Babel, labyrinthes d'escaliers, de galeries, de pavillons, labyrinthes miroitants, labyrinthe quadrangulaire du Tétragrámaton ou labyrinthe linéaire que Scharlach propose à Lënnrot dans *La muerte y la brújula* (La mort et la boussole), labyrinthes temporels, textuels, discursifs, inscrits cryptographiquement dans la trame d'une histoire, labyrinthes éventuels, factuels, labyrinthes progressifs comme celui du livre de Ts'ui Pên, ou rétrospectifs comme celui d'Herbert Quain, ou encore circulaires comme le drame en vers *Los enemigos* (Les ennemis) de Jaromir Hladík, labyrinthes cosmologiques comme Tlön. Ils sont tous artifices conçus par des hommes pour en désorienter d'autres, tous destinés à ce que des hommes les déchiffrent. Ils combinent le chaotique et le régulier, impliquent une proportion du chaos qui n'annule pas la symétrie. Ils perturbent sans la briser la forme intelligible, c'est-à-dire la concaténation rationnelle, la causalité convenue, la vraisemblance accordée. Ils représentent une architecture conciliable avec les structures de l'esprit humain, une confusion récupérable par l'ordre statué; ils sont encore des logomachies, des anthropomorphismes logocentriques. Ils provoquent un désarroi qui provient du haut degré de nouveauté, d'incertitude, mais ils n'excluent pas le connu et le cognitif. Ils ne sont pas entièrement exempts de la fonctionnalité propre à la cité terrestre, où chaque forme, chaque disposition répond à son rôle. Ils ne sont pas dépourvus de raison numérique (le neuf préside à la distribution du labyrinthe qui permet d'accéder à la Cité des immortels, le cinq commande celle de la bibliothèque de Babel). La répétition permet d'établir des espèces, des genres, des catégories, elle peut être codifiée, formalisée, décrite, dénotée, conceptualisée, assimilée à l'entendement de l'homme. Elle est sujette à une régularité non immédiatement perceptible, mais qui l'est cependant à travers l'expérience, les réussites, les erreurs et leur intellection ultérieure.

Les labyrinthes humains peuvent être interprétés. Mais pas les labyrinthes naturels, comme l'écriture de Dieu, chiffrée dans les taches du jaguar (« ... les taches de la peau sont une carte des incorruptibles constellations » – dit Borges dans *Tres versiones de Judas* (Trois versions de Judas) –), mappemonde dont l'ordre et la configuration répètent ceux de l'univers. Mais cette sentence divine reste, pour les mortels, aussi indéchiffrable que n'importe quelle fleur dont l'impossible compréhension nous permettrait de savoir ce que nous sommes et ce qu'est le monde. Le labyrinthe très enchevêtré du roi de Babylone ne l'emporte ni en complexité ni en subtilité sur l'inextricable désert. Pourquoi construire des labyrinthes si l'univers en est déjà un? Il n'en existe pas de plus surprenant, de plus confus, de plus impénétrable que celui de la réalité naturelle : l'issue, selon Borges, nous est inévitablement cachée, irrémédiablement voilée.

Tel est le message confus, message ultime que signèrent les immortels en élevant cette absurdité, cette déraison totale, cette cité disparate. Leur message dit l'impossibilité absolue de comprendre l'univers car s'il est régi par une norme, celle-ci échappe aux humains. Les desseins suprêmes sont inaccessibles; nous les avons remplacés par de spectaculaires systèmes spéculatifs que nous croyons miroirs de la réalité. Ils nous satisfont en nous apportant une illusion de connaissance pertinente. Ils instaurent une cosmologie qui préjuge de la fallacieuse équivalence entre raison, vérité et réalité, comme si répondre aux catégories de l'entendement était une exigence non seulement nôtre mais de l'objet de connaissance, comme si c'était un critère de vérité extensible à la réalité extérieure. Le message des immortels restaure l'empire définitif du chaos, de l'absurde, du non-sens infranchissable auquel nos limitations nous condamnent.

Prisonnière d'une irrévocable tendance à la diversité, l'horripilante, la néfaste Cité n'est pas réductible aux normes humaines. Rien en elle n'est opérationnel, rien n'est utile, rien n'est ustensile, rien n'est soumis à une fonction donnée. Elle est cauchemar, mélange de formes, subversion totale des catégories. Elle est comme un éparpillement de signes inégaux qui renversent toute linéarité, ébranlent toute cohésion discursive. Ecriture trop hétérogène, elle ne peut s'interpréter ni littéralement ni symboliquement. Ou si elle symbolise quelque chose, c'est la négation du symbole. Le message se base sur un code inconnu du destinataire. Le message limitrophe dit l'impossibilité de communiquer quelque chose de significatif.

La Cité équivaut à l'univers. Elle est antérieure aux hommes; nulle intelligence humaine n'a pu la concevoir. Edifiée par des immortels, si elle fut un jour demeure divine, ce fut celle de dieux déments qui l'ont abandonnée. La voir est moins terrifiant que de la penser. Ce n'est pas sa vision qui atterre sinon l'impossibilité de discernement. Ce n'est pas l'expérience sensible qui désespère sinon ses conséquences réflexives. Ce n'est pas la perception qui épouvante sinon l'idée d'une réalité qui annule toute idée.

Dans la cité des mortels règne l'harmonie; c'est un

microcosme, reflet du supposé macrocosme. La Cité des immortels a été érigée pour rétablir la véritable équivalence entre urbs et orbis, c'est-à-dire pour rétablir la continuité de l'entropie universelle. La Cité disproportionnée, non compatible avec nos critères, nos rigueurs et nos obstinations est l'envers parodique de la cité lisible. Elle implique le retour à l'état premier, le retour à l'illisibilité naturelle. Ultime symbole consenti par les immortels, texte qui invalide tous les autres, elle signifie l'insignifiance des langages humains.

Deux mentalités différentes, celles d'un tribun romain et d'un misérable troglodyte, participent de deux univers différents. Le nôtre est une combinaison de notre intelligence, laquelle nous impose de le percevoir et de le concevoir selon sa tessiture particulière. Deux esprits à la structure distincte auraient une vision et une intellection distinctes d'un même monde; ils inventeraient des objets distincts car l'objet est une manière abstraite de découper la continuité du réel (totalité impensable et par conséquent inopérante) afin de manipuler des segments désignables et définissables selon des effets déterminés. Les objets sont, comme les hrönir de Tlön, fabriqués pour les fins auxquelles ils sont destinés. Les objets sont les produits du désir, désir objectivé ou désir objectal. Ils sont les produits d'une onirogénèse, comparable à celle du rêveur qui dans *Las ruinas circulares* (Les ruines circulaires) interpole son rêve dans la réalité pour découvrir enfin que tous deux, engendreur et engendré, sont interchangeables. Tous deux, sujet et objet, sont pareillement illusoires; tous deux participent également de la même fantasmagorie; avec une identité et une entité spectrales, ils s'avèrent être des images chimériques d'un même jeu de reflets irréels.

Notre langage doit faire passer l'hétérogénéité ubiquiste et simultanée du réel par une succession linéaire. Il foisonne de substantifs désignant des objets qui sont les segments identifiables, les découpages convenus, les arrêts, les refuges sémantiques, les garants de l'ordre établi. Les substantifs sont les soutiens régulateurs d'un univers au sens postulé selon leurs exigences internes. Les substantifs sont les gardiens du système, les agents du totalitarisme logocentrique.

Avec notre langage successif et substantivé, la réalité est indicible, la totalité indivise et changeante est ineffable. Plus pertinent serait le langage imaginé par Marco Flaminio Rufo qui, adapté à un monde privé du temps et de la mémoire des humains, ignore, comme celui de Tlön, les substantifs, un langage aux verbes impersonnels, non conjugués par le sujet, aux adjectifs indéclinables, sans obligation de concordance, voire non attribuables à l'objet, une action continue sans sujet et sans objet. Accéder à ce langage, c'est-à-dire au monde, revient à entrer dans l'immortalité, dans un infini annulant toute séparation, toute identité individuelle, tout particularisme. Ce langage présume l'existence d'un seul sujet indivisible : l'univers.

Et si l'on ne peut pas dire le monde extérieur à la pensée, il reste la consolation du langage de Tlön, idéaliste par résignation et obstination, langage où sont également absents les substantifs, dénominateurs communs du catégoriel, de l'invariable, du prototypique; ils sont absents ou se construisent par accumulation des adjectifs. L'existence de l'espace étant niée, le système de composition lexicale est le plus apte à nommer le mobile, le changeant submergé dans le courant temporel. Dans la langue de Tlön, les objets n'en sont pas; ce sont des associations momentanées, des convergences de sensations, des phénomènes fugaces qui se retrouvent à la croisée occasionnelle d'un vocable. Cette combinatoire permet de brasser une infinité de noms avec ou sans corrélation objective. Ils ne possèdent pas de valeur référentielle, ils répondent exclusivement à des nécessités poétiques. La langue se débarrasse entièrement des restrictions du réel empirique, comme si elle se proposait de mettre planétairement en pratique le créationnisme de Huidobro : l'autosuffisance, l'autoréflexion et l'autoréférence de l'objet poétique.

A Tlön, un poème peut ne comprendre qu'un seul et multiple mot, amalgameur d'adjectifs profus. S'ils étaient incalculables, ce mot dirait l'univers, ce mot correspondrait à l'écriture de Dieu. Ainsi pense Tzinacán, mage de la pyramide de Qaholom : si dans les langages humains, par un enchaînement causal extensif, toute proposition implique l'univers (tigre suppose l'échelle zoologique, le monde végétal qui le nourrit et le monde minéral qui nourrit la flore), un dieu aura donc besoin d'un seul mot pour englober manifestement et simultanément l'univers. Lorsque nous disons univers, nous disons ombre ou simulacre de cette totalité étant donné l'insignifiante signification que nous sommes capables de lui accorder.

L'implication universelle et l'ineffable sont également des attributs de la Cité monstrueuse. Bien que située au centre d'un désert inconnu, elle contamine, selon l'inéluctable enchaînement de cause à effet, tout temps, tout espace, pour éloignés qu'ils soient. De par sa condition divine, cause première, cause des causes, elle invalide le principe de raison suffisante. Si nous imaginons la réalité comme une concaténation causale ininterrompue, plus les précédents sont reculés, plus ils devront influer sur ce qui est arrivé ou arrivera. Une fois admis que la réalité est une et indivise, tout événement, aussi banal qu'il soit, a des conséquences imprévisibles et conditionne tous les autres. A moins que nous n'acceptions des causalités autonomes, ce qui contredit la notion de cosmos unificateur sujet à des principes uniformes, notion que Borges corrode par ses paradoxes dissolvants.

Dans *La otra muerte* (l'autre mort), il spécule sur la révocabilité du passé. Nul ne peut modifier ce qui a eu lieu; l'image peut à la rigueur en être modifiée mais pas les faits. La concaténation causale est si dilatée, si enchevêtrée, si profonde qu'aucun fait lointain, même insignifiant, ne peut être annulé sans invalider le présent : « Modifier le passé, ce n'est pas modifier un seul fait; c'est annuler ses conséquences, lesquelles tendent à être infinies. Autrement dit, c'est créer deux histoires universelles. »

Si la trame causale est à ce point épaisse et intime, tout ce qui peut arriver à un homme a été prédéterminé par lui. Le casuel devient causal. Et tout événement personnel résulte d'un choix connu ou ignoré, y compris la mort et les malheurs. Cette téléologie individuelle – avance Borges – présuppose un ordre secret où la pensée la plus fugace correspondrait à un dessin invisible, à une configuration qui insérerait tout. Les faits les plus minimes peuvent venir couronner et inaugurer une forme imprévisible. Il n'est rien qui ne puisse être semence d'enfer. Un obscur usurier londonien meurt en croyant sa vie vaine; il ignore que sa justification est d'avoir inspiré à un client occasionnel le personnage de Shylock. Virgile prétend, dans sa quatrième Eglogue, annoncer la naissance d'un homme et révèle celle du Christ. Luther, traducteur de la Bible, fonde une lignée qui tentera de la détruire à jamais.

Une si grande détermination causale invalide toute

initiative, en l'assujettissant à un enchaînement inexorable. Benjamin Otalora voyou devenu, à la suite d'un assassinat au couteau, bouvier et contrebandier, rêve de supplanter son chef Azevedo Bandeira; il convoite sa femme, sa selle et son cheval. En croyant parvenir à ses fins, il se découvre victime d'une machination : Bandeira lui a permis l'arrogance, l'amour, le commandement parce qu'il l'avait déjà condamné, le tenait déjà pour mort.

Une fois la fatalité de ces enchaînements acceptée, tout acte est juste car inévitable, tout destin s'avère inéluctable car forcément prescrit. Toute valorisation morale devient donc oiseuse, toute axiologie est annulée. C'est pourquoi les immortels se perfectionnent dans la tolérance et le dédain. C'est pourquoi les vertus et les infamies sont, à l'image des chiffres pairs et impairs des jeux de hasard, soumises à un secret principe de compensation. Concevoir l'univers comme un système de compensations précises supprime toute pitié. Les vertueux et les infâmes sont également nécessaires, ils sont également prédestinés par l'attribution d'un destin propice ou malheureux. (C'est ainsi que Borges élucubre hypothétiquement, ainsi qu'il sape la solidité de nos consensus moraux, ainsi qu'il dérange l'assurance de nos axiomes éthiques. Confrontant et combinant différentes conceptions, il va jusqu'au de ses déductions, jusqu'à leurs ultimes conséquences logiques. Paradoxalement, l'hypertrophie rationnelle débouche sur l'atrophie morale.)

Il serait tout aussi licite de chercher la purification par le bien que par le mal. Aller jusqu'au bout du mal, comme l'a fait Judas, c'est développer son contraire. La trahison de Judas est fixée d'avance dans l'économie de la rédemption. Judas est le reflet inversé de Jésus. Il a choisi les fautes qu'aucune vertu ne tempère, il a choisi la délation par humilité et ascétisme, il a choisi la réprobation car toute bonté est un attribut divin et ne pas être mauvais est un orgueil satanique. Jésus et Judas sont complémentaires de même que les théologues Aureliano de Aquilea et Juan de Panonia, l'orthodoxe et l'hérétique, l'accusateur et la victime sont pour Dieu une seule et même personne. Le guerrier et la captive forment une seule histoire; le nazi Otto Dietrich zur Linde et le juif David Jerusalem, l'exterminateur et l'exterminé sont l'endroit et l'envers d'une même médaille. Et de même chercheur et cherché, traître et héros, rêveur et rêvé sont comparables, réversibles, interchangeables. Chercher c'est se chercher, rêver c'est se rêver, condamner c'est se condamner : « ... nous sommes comme le sorcier qui tisse un labyrinthe et se voit forcé d'y errer jusqu'à la fin de ses jours ou comme David qui juge un inconnu et le condamne à mort et qui entend après la révélation : *Tu es cet homme* » (*Deutsches requiem*).

Ou l'individu Droctulf fut unique et insondable comme le sont tous les individus. Mais la pensée humaine ne peut agir avec de trop extrêmes, de trop excessives différences; elle a besoin de forcer les objets afin qu'ils circulent par les axes de ressemblance, qu'ils s'incorporent aux systèmes d'abstraction normalisante; elle a besoin d'imposer la réduction binaire, de les ordonner en couples de contraires. Elle nous oblige à les aligner en rangs opposés, nous contraint à être des aristotéliciens ou des platoniciens. Droctulf n'est maniable que comme type générique, comme réalité schématisée par la tradition et l'oubli. Funes, le *memorioso*, avec sa perception infaillible qui enregistre et retient tout, qui discerne en chaque objet les moindres détails, les plus diverses subtilités et ne peut rien oublier, il est abasourdi par un présent multiforme, par une simultanéité hétérogène et intolérablement nette, par l'incommensurable diversité, par l'infinie dispersion. Funes ne peut penser, ne peut abstraire, ne peut classifier car penser c'est oublier les différences. Funes annule toute continuité, y compris celle que nous appelons par conformisme individu. Funes au lieu d'associer, dissocie; au lieu d'abstraire, concrétise; au lieu de généraliser, particularise; au lieu d'universaliser, isole; au lieu d'unifier, fragmente. Funes ne peut se distraire du monde pour rétablir l'emprise du logos ordonnateur, pour restaurer la connexion systématique de causes et effets. Funes est condamné à percevoir le monde dans sa réalité primordiale, comme une « rhapsodie de voix sans connexion ». Et en tant que tel, il est irreprésentable, impensable. Aucune symbologie, aucun langage ne peut le figurer.

Le monde ne peut être figuré par aucun symbole générique. Il est donc indicible. Ou alors il peut être préfiguré par une représentation littérale et symboliquement illisible, illisible dans son sens premier et second, ou transposé. La Cité chaotique est une image du monde, inintelligible, ineffable. Dire la Cité des immortels s'avère aussi impossible que de dire la maison d'Asterion qui a la dimension du monde et où toutes les parties se répètent plusieurs fois, où tout lieu est autre. Aussi impossible que de dire l'extase de Tzinacán contemplant la Roue universelle qui était partout à la fois, et où s'entrecroisaient simultanément toutes les choses qui furent, qui sont et qui seront. Aussi impossible que de dire l'Aleph, lieu où se retrouvent sans se confondre tous les lieux de la sphère terrestre, contemplés depuis tous les angles.

L'impossibilité de ce dire est multiple : la communication suppose, outre un code commun, une expérience partageable; la communication de cette lueur exceptionnelle requiert des mots aptes à la rendre; cette vision est simultanée tandis que le langage est successif et impose la discursivité. Il reste deux recours pour exprimer l'hétérogénéité infinie et simultanée : l'emblématique et l'énumératif. A l'emblématique correspondent les métaphores et comparaisons employées par les mystiques pour symboliser la révélation en état de transe; mais il s'agit de figures analogiques, contaminées par la littérature et par conséquent fallacieuses. Autre problème insoluble : l'énumération, même partielle, d'un ensemble infini. Pour suggérer la diverse infinitude de l'Aleph, Borges choisit une vaste énumération chaotique qui juxtapose temporellement, spatialement et hiérarchiquement le distinct et le distant. L'association d'une telle diversité s'appuie sur un seul axe de ressemblance possible : l'incommensurable, l'innombrable, l'indescriptible univers.

L'énumération de la simultanéité maximale, de l'ubiquité extrême s'achève sur un jeu d'inclusions réciproques, car la terre contient ce point qui, à son tour, contient la terre, qui à son tour contient le point : elle s'achève sur l'inclusion mutuelle du macro-métrique dans le micro-métrique et vice versa : « ... Je vis l'Aleph, depuis tous les points, je vis dans l'Aleph la terre et dans la terre l'Aleph encore et dans l'Aleph la terre, je vis mon visage et mes viscères, je vis ton visage, et j'eus le vertige et je pleurai, car mes yeux avaient vu cet objet secret et conjectural, dont les hommes usurpent le nom, mais qu'aucun homme n'a regardé : l'inconcevable univers. »

En supposant que l'on puisse atteindre la voyance universelle, que l'on puisse percevoir l'épaisse infinitude, cette vision, si elle est possible, s'avère inexprimable, au moins verbalement. Incompatible avec la pensée humaine, elle ne peut être intellectualisée et reste incompréhensible.

Spéculairement, spéculativement, spectaculairement, l'homme, bagatelle accidentelle dans l'histoire de l'univers, invente son monde (sa version / diversion du monde) en l'interpolant dans la réalité. Le monde, pour Borges, est une projection imaginaire, une fabulation conçue d'après notre structure intellectuelle, en accord avec nos nécessités opératoires; mais la réalité est réfractaire à ce moule modelé par l'homme. La syntaxe humaine ne concorde pas avec celle de l'univers. Incompatible avec la réalité, notre cosmos est une fiction invérifiable. Pour construire ses architectures, l'esprit a besoin de s'abstraire de l'univers, de se réfugier dans la finitude qui le fausse, d'imposer sa lecture limitative; de se tlöniser.

Le cosmos, version nôtre de l'impénétrable univers, souffre d'irréalité, il est contaminé par l'illusion et le sophisme. Plus la cohérence cosmologique s'accroît, plus son articulation est parfaite, plus elle s'éloigne de l'objet de connaissance et plus elle le distord. Plus elle est univoque, moins elle est véridique, car la rationalité peut exercer sans faille son omnipotence, sa méthodique congruence lorsqu'elle s'applique à un objet détaché de son conditionnement matériel, à un objet fictif. L'histoire d'aucune planète n'est aussi rigoureusement cohérente que celle de Tlön, car elle a été conçue par des hommes pour satisfaire des exigences humaines.

L'encyclopédie de Tlön est parabole ou parodie de cette entreprise millénaire, de ce cumul collectif, progressif : la somme du savoir, l'œuvre la plus vaste jamais entreprise par l'homme. Borges, l'agnostique, le sceptique, affaiblit son fondement, conteste ses prétentions, nie son efficacité ultime. Finalement, puisque l'univers est inaccessible, toute connaissance devient conjecturelle; intransitive, elle ne dépasse pas le sujet, elle ne peut atteindre ce qui est objectif; réduite à un pur processus mental, elle opère en circuit fermé. Sur Tlön toute activité scientifique est considérée comme un simple fait psychique, toutes les disciplines se subordonnent à la psychologie. Toutes sont contraintes de concevoir l'univers spacieux et simultané comme des séries de processus mentaux qui se succèdent dans le temps. La temporalité mentale ne peut s'associer à l'extension objective. Ou plutôt, le spatial, dimension de la réalité, pour être pensé, doit être transposé au temporel, unique dimension de la pensée.

Toute relation causale s'avère arbitraire; c'est une des nombreuses lectures possibles face à l'extrême multiplicité des phénomènes. Les enchaîner de manière causale est une pure association d'idées, une concomitance qui relie divers états du sujet percepteur. Cette connexion s'avère toujours abusive car elle assigne à la réalité des liens qui ne sont que des manières subjectives de rassembler des singularités indépendantes. Aussi, les sciences ou la philosophie, qui ont pour fonction de produire une connaissance sur la base des relations causales (logiques), sont dépourvues de valeur référentielle et deviennent des constructions imaginaires dont le plus ou moins grand attrait résidera dans l'étonnement qu'elles suscitent. Leur séduction, l'adhésion qu'elles éveillent sont directement proportionnelles à l'habileté mise en œuvre. A l'exception de la psychologie, la science et la philosophie se rattachent à la littérature fantastique.

Borges affirme l'impossibilité de généraliser, de dépasser l'autonomie, la spécificité des singularités individuelles, de réduire abstraitement, par une imposition rationnelle, l'hétérogénéité dissociée du réel. Il affirme l'impossibilité d'additionner des états passés à des états présents et futurs. Il réfute nos dimensions temporelles, car le présent ponctuel, changeant, manque de délimitation précise, il est fugacité indéterminée; le futur, hypothétique, n'a pas de réalité objective, il n'est qu'un espoir présent; le passé n'existe que dans la mesure où il s'actualise, où il devient présent : indéfinition.

Le temps est réfuté par une argumentation logique. Puis, au lieu de lui octroyer un caractère axiomatique, Borges juxtapose cette argumentation à d'autres réfutations de plus en plus ésotériques, la mêle à d'autres suppositions, toutes conjecturales, comparables, également fantastiques, à des constructions agréables ou sensationnelles par lesquelles il essaye de répondre à une énigme indéchiffrable.

Borges met en évidence l'impossibilité de dépasser les singularités individuelles, il opère avec le générique dépourvu de réalité. L'irréalité implique un rejet de la profondeur corporelle, de l'épaisseur matérielle dans sa concrétisation immédiate et confuse. Aux mélanges denses, aux actions et passions des entrailles, il superpose ses impassibles thèses et antithèses. Il élève ses personnages au-dessus des profondeurs mentales et viscérales, il les rend génériques en les dépouillant de leur épaisseur charnelle et psychologique. Leurs traits, leurs attachements, leurs conduites ne les personnalisent pas, ne les identifient pas; dépourvus d'exception, ils appartiennent à n'importe quel homme, à tous et à personne. Borges sait que les caractères des substances ne s'accordent pas, rivalisent avec les caractères des idées, mais le chaos corporel, incompatible avec le raisonnement, l'épouvante. La rationalité borgésienne opère dans le vide incorporel en se sachant tour d'adresse, jonglerie, en sachant que la nature a une autre grammaire.

L'univers est une cryptographie définitivement énigmatique, toujours attirante mais insoluble. La vérité inaccessible a été substituée par une exigence interne au raisonnement, par un consensus intersubjectif. Un code inhérent à l'articulation du discours impose une restriction des possibles et une manière déterminée de les relier, comme si ce code était effet de nature, déterminisme factuel. La vérité a été remplacée par une prévisibilité conventionnelle que nous appelons vraisemblance.

Historier l'univers est aussi hypothétique qu'historier des actions humaines. Pour Borges, la réalité passée n'est pas récupérable au moyen de la mémoire car celle-ci pratique sa propre sélection, efface et écrit selon ses sollicitations secrètes. Historier est rendre vraisemblable une relation d'événements, c'est lui octroyer une cohérence narrative, c'est-à-dire la soumettre aux exigences spécifiques d'une forme littéraire et la doter ainsi d'une apparence de vérité, la rendre convaincante, monter le spectacle qui provoque la suggestion, l'illusion de réalité, comme si la causalité textuelle était assimilable à la réelle.

L'histoire n'existe pas au niveau des faits, elle n'est pas inscrite dans le réel. C'est une connexion cohésive que l'historien trame en l'imposant abusivement au phénoménique selon une nécessité qui répond non pas aux événements mais à notre façon de les appréhender. L'histoire est un artifice déguisé en nécessité factuelle qui présuppose avec candeur une continuité entre texte et monde, comme si langage et réalité étaient équivalents et interchangeables. Pour que l'histoire existe, il faut ourdir un enchaînement factuel avec l'épars, le divers et le transformer en discours. Borges dénonce la double dénaturation qu'impliquent les deux opérations : « – En Cornouailles, j'ai dit que l'histoire que j'entendis de toi était mensonge. Les *faits* étaient vrais, ou pouvaient l'être, mais racontés comme tu les racontais, ils étaient manifestement des mensonges » (*Abenjacán el Bojarí, muerto en su laberinto*) (Abenhacán El Bokhari, mort dans son labyrinthe). Des faits véridiques ourdissent une histoire mensongère. Pour contrecarrer l'arbitraire (l'illisibilité, l'inintelligibilité) des faits non enchaînables en eux, pour infirmer la contingence aléatoire, on les relie en leur imposant un continuum présumable, présomptueux, prépondérant.

L'histoire appartient, selon Borges, au genre narratif. Elle propose un passé plus satisfaisant que le réel, une anecdote connexe qui cherche à se substituer à l'autre, diffuse, incongrue, inconnue : « ... déjà l'enseignement de son histoire harmonieuse (et pleine d'épisodes émouvants) a effacé celle qui présida à mon enfance; déjà dans les mémoires un passé fictif a occupé la place de l'autre, de celui dont on ne sait rien avec certitude, pas même s'il est faux » (*Tlön, Ugbar, Orbis Tertius*). Toute histoire est supposée, toute histoire est figurée. Si la vérité est irrécupérable, il ne reste pas d'autre refuge/subterfuge que d'ourdir des fictions se reconnaissant comme telles; il faut se débarrasser des inefficaces et fallacieuses restrictions de la vraisemblance réaliste et proposer des fabulations qui ne prétendent pas représenter de corrélations objectives, qui se sachent jeu paradoxal, permutations imaginaires, *modus operandi*, allégorie, mythe, fantasmagorie, simulacre fantaisiste.

La lettre est plus une condamnation qu'une consolation, condamnation à une vaine errance à travers la périphérie de cet arcane impénétrable qu'est la connaissance totale d'au moins une infime partie du monde. Dans quelque hexagone de la Bibliothèque illimitée, sur quelque étagère, il doit y avoir un livre qui chiffre et résume le vaste univers; une page peut-être, une formule, un simple mot ou une syllabe, mais introuvable et indéchiffrable; ou pis, méconnaissable. Sans le savoir, nous pouvons l'avoir laissé passer. Mais l'eussions-nous trouvé, examiné, lu, ce livre total nous aurait sans doute semblé un galimatias cacophonique car l'univers, à l'instar de ce labyrinthe de lettres, reste insondable.

Borges redit à plusieurs reprises son dédain pour l'écrit; il répète que les livres ne veulent rien dire en eux-mêmes, que leur chercher un sens est une superstition invétérée, aussi vaine que d'interroger les rêves ou les lignes de la main. Giambattiste Marino, sur son lit de mort, contemple une rose et la voit enfin en soi, en sa propre nature qu'aucun langage ne saurait communiquer : « Marino *vit* la rose, comme Adam a pu la voir au Paradis, et il sentit qu'elle était dans son éternité et non dans ses mots, et qu'il nous est donné de mentionner ou de faire allusion mais pas d'exprimer, et que les hauts et fiers volumes qui formaient dans un angle de la salle une pénombre d'or n'étaient pas (comme sa vanité l'avait rêvé) un miroir du monde mais une chose de plus ajoutée au monde » (*Una rosa amarilla*) (Une rose jaune). L'accablante accumulation des pages, la conscience que tout a été écrit intimide, annihile, fait fantasmer. Ecrire est inutile. La somme de toutes les bibliothèques, la bibliothèque absolue, n'enraye nullement le désorde divin, ne parvient pas à justifier l'univers confus, n'explique pas cet absurde qui semble être l'œuvre des dieux saisis de folie.

Chez Borges, il n'y a pas d'idolâtrie du livre ni d'exaltation de l'écriture. La conscience aiguë de sa portée, la maîtrise consommée de ses moyens, ne doivent pas être confondues avec du fétichisme littéraire. Ses textes sont frappés du sceau de la mesure, de la restriction formelle, de l'équilibre entre continuité et discontinuité, expansion et contraction, permanence et changement. Le médium linguistique n'est jamais livré à sa propre énergie, il ne se débarrasse jamais de sa soumission au message. Le discours ne s'écarte jamais de l'histoire. Borges met rarement en évidence la spécificité matérielle de sa production significative. Il ne cherche pas la nouveauté mais au contraire la dénigre, le prévisible commande son écriture.

L'écriture borgésienne se bâtit sur une rigoureuse cohérence, une syntaxe sévèrement contrôlée, une retenue lexicale, un principe d'économie tendant à éviter toute dépense superflue, à refuser tout gaspillage. L'écriture de Borges est fonctionnelle et unitive. Elle est un de ses paradoxes. La cohérence apportée par la prose symétrique et précise, par la stricte articulation conceptuelle, par la vraisemblance syntaxique, n'est qu'un effet de surface, une parodie de rigueur destinée à dissimuler l'insécurité sémantique, la perturbation épistémologique que ses fictions nous procurent. Il existe, entre le discours de Borges et ses histoires, une brèche comparable à celle qui sépare la cité terrestre et la cité céleste, le cosmos et le chaos.

Si nous affinons l'analyse, nous trouverons également dans son écriture des indices équivoques, semeurs d'ambiguïtés, des fissures dans l'apparente continuité : parenthèses perturbantes, points de suspension incertains, adjectifs antithétiques, insertions dépaysantes, termes amphibologiques, disjonctions déconcertantes; nous retrouverons partout les signes du dérèglement sémantique.

Tout, chez Borges, renvoie à l'invalidation de nos clefs cognitives, de nos principes de raison suffisante, de notre univocité protectrice, de nos rassurants signifiés. Borges dérange les fondements de toute intellection réaliste; il déjoue le système des coordonnées permettant de formuler les postulats du réel, il démolit les catégories classificatrices, embrouille la causalité admise. Par des tactiques multiples et tous azimuts, il décharge son artillerie paradoxale sur les stratégies de la connaissance pour les relativiser. Plus que des offensives frontales, il s'agit d'actions de sape sournoise, d'usure sibylline, d'une profusion de foyers subversifs. Gnoséologiquement peu de choses résistent à son agnosticisme, à son scepticisme touche à tout. Reste cependant un acquis propice : l'incontestable validité de ses écrits.

Autre paradoxe : Borges annule le principe d'identité, nie l'originalité, nie qu'un texte quelconque puisse être considéré comme le patrimoine individuel d'un auteur. Il envisage son œuvre, de même que n'importe quelle production littéraire, comme un des multiples carrefours possibles, un des innombrables croisements des textes antérieurs et présents, un instant de coexistence, une parcelle de l'immense déploiement textuel. Pourtant, son écriture l'identifie; singularisée, elle le singularise. Ses affabulations personnelles, ses trames imaginaires, sa façon de discourir, ses mélanges, ses montages nous permettent de l'identifier, ou du moins d'identifier l'autre Borges, le Borges public, celui des pages valables, celui qui est passé des mythologies des bas quartiers aux jeux avec le temps et l'infini. Ces jeux-là appartiennent désormais à Borges et je ne voudrais pas m'en libérer.

Borges/Cortázar :
Mondes et modes
de la fiction fantastique

On prétend généralement que la narrative fantastique s'est mieux acclimatée aux rives du Río de La Plata qu'à d'autres parages latino-américains. D'aucuns cherchent à justifier cette implantation par l'influence du paysage de la pampa, cette plaine vaste et monotone qui invite à l'abstraction universaliste, à l'envol transcendantal, à l'évasion fabuleuse, aux jeux avec le temps et l'infini, c'est-à-dire au détachement de la réalité immédiate. D'autres présument que l'amalgame des peuples venus de loin et établis dans des villes horizontales, au dessin en damier, sans distinguo, sans accidents géographiques, sans résistances naturelles, sans vestiges de passé vernaculaire, sans traces d'habitants primitifs, a créé le conditionnement culturel du fantastique, genre de nature éminemment cosmopolite. En effet, la littérature fantastique en Amérique latine prend son essor dans les contextes les plus urbanisés, les plus modernes, là où le degré de développement est suffisant pour favoriser la manifestation de produits aussi sophistiqués, là où peuvent s'instaurer ces interrègnes esthétiques – interludes de terreurs et de proies délicieuses –, là où la littérature, délestée des urgences du réel empirique, du tribut et de la soumission dus au monde factuel, peut assumer son autonomie la plus grande, là où il existe suffisamment de marges de conscience et d'abstention pour établir ces parenthèses aussi libres que raffinées, là où la misère, l'oppression et la violence sont moins impérieuses, moins asservissantes.

Les bâtisseurs de constructions imaginaires prolifèrent là où le lien avec la métropole est plus fort et plus attirant, dans les capitales soumises aux échanges internationaux, dans les villes babéliques dont l'ardeur cosmopolite provoque un déplacement constant de signes et d'icônes, des centres d'engrangement vers la périphérie. La littérature fantastique est surtout un produit du milieu le plus mondain, le moins régionaliste et le moins ethnocentrique, celui des lecteurs de la bibliothèque universelle. Elle s'épanouit là où – toute trace des natifs d'Amérique effacée (par extermination ou extinction) –, la tradition rhétorique, tradition du culte du livre, est venue s'installer, même si la littérature a été reléguée, en raison du système socio-économique, à la sphère individuelle et privée et à la satisfaction de nécessités accessoires. Jardin grammatical, elle fleurit loin de l'influence captivante des géographies grandioses, dans la cité moderne où le calcul et la raison l'emportent, dans la ville mercantile, industrieuse, empirique et laïque, qui sécularise et profane toute sacralité, y compris la tellurique, et où toute autochtonie se tempère.

Il n'y a pas de littérature fantastique dans les régions à présence indienne, ni dans celles où gravite encore l'influence espagnole. La littérature castillane, théologale, passéiste et souvent provinciale, avec sa dialectique obsessive de liturgie et de blasphème, ses contrastes violents, son inconciliable opposition entre le courtois et le populaire, sa tendance à la démesure, son goût pour le lugubre, le truculent, cette littérature trop

emphatique et verbeuse, est incompatible avec l'ajustement précis, la subtile modulation et l'art de la composition que requiert le genre fantastique. (C'est pour
cette même raison qu'il n'existe pas non plus de
littérature policière en Espagne.)

Je ne sais si le monde de Buenos Aires qui fut le mien
avant cette époque de violation totale du droit, de
violence exterminatrice, représentait le contexte le plus
favorable au développement de ces réalisations irréali-
santes, de ce culte stylisé de l'énigmatique, mais c'est
bien là assurément que sont apparus, parmi d'autres
auteurs cultivant ce genre, ses deux principaux représentants : Jorge Luis Borges et Julio Cortázar. Dans le
vaste milieu de la narrative fantastique, ils se situent
tous deux aux antipodes, ils sont les deux pôles entre
lesquels oscille le registre de la fiction fantastique.

Jorge Luis Borges représente le fantastique œcuménique, dont la source ubiquiste est la Grande Mémoire,
la mémoire générale de l'espèce. Borges se réfère aux
archétypes de la fantaisie, à l'amas universel des légen-
des, aux histoires paradigmatiques, aux fables édifica-
trices de tout récit, au grand musée des modèles
générateurs du conte littéraire. Pour Borges, le fantastique est consubstantiel à la notion de littérature,
laquelle est conçue avant tout comme une fabulation,
comme une fabrique de chimères et de cauchemars,
gouvernée par la prodigieuse et secrète algèbre des
songes, comme un rêve dirigé et délibéré. Cortázar, lui,
représente le fantastique psychologique, c'est-à-dire
l'irruption/éruption de forces étranges dans l'ordre des
affects et des effects admis comme réels, les perturbations, les fissures du normal/naturel qui permettent la
perception de dimensions occultes mais non leur intellection.

La différence réside surtout dans les modules de

représentation mis en jeu par l'un et l'autre, pour figurer le monde et le mode du récit fantastique. Si tous deux nous projettent vers les frontières de l'empirisme et de la gnoséologie de la réalité raisonnable, vers les limites de la conscience possible, vers le franchissement du domaine sémantique établi par l'homme au sein d'un univers cryptique, insondable, réticent aux stratégies faillibles de la connaissance; s'ils nous démontrent tous deux la précarité de notre vision mentale de la réalité, s'ils dé-réalisent le réel et réalisent l'irréel, tous deux n'en opèrent pas moins avec des systèmes symboliques différents. Borges en appelle aux images traditionnelles, aux métaphores créées par l'imagination ancestrale, aux similitudes qui supposent une solidarité entre ordre humain et ordre naturel, une correspondance entre monde sacré et monde profane; et il profite de ce qu'il leur reste encore de pouvoir rituel, d'aura, pour provoquer une suspension, une distanciation qui nous éloigne du présent, du contexte dans lequel le récit se produit et se transmet. Lorsqu'il place sa fable dans un environnement contemporain (qui implique le respect de cette circonscription des comportements que la réalité sociale impose), il se prévaut de ses savants anachronismes pour émailler un présent sommairement indiqué, de traits d'un passé rendu intemporel grâce à l'éloignement mythique, à cette apparence, cette suggestion d'éternité que procure l'étrangeté esthétique. Ou encore il transporte la fiction, à partir de cette étrangeté, dans un lieu très éloigné dans le temps et l'espace, un lieu utopique, capable de favoriser immédiatement la médiation mythopoétique. Borges cultive la distinction exaltante, l'élévation du style noble, les effets d'éloignement qui annulent les relations et les contraintes factuelles ainsi que la subordination aux pratiques communes, qui les détachent du monde des impératifs pragmatiques. Même lorsqu'il situe ses histoires dans des milieux contemporains, la vision archaïsante et canonique efface tout caractère de modernité, de sorte qu'aucun signe ne puisse actualiser, localiser ou singulariser sa mise en scène, que rien ne contrevienne à la stylisation propre à une fable exemplaire, exempte des intromissions de l'actualité, d'un modèle sans incidence de l'accidentel, qui parce qu'il ne se confond pas avec le circonstanciel et le circonvoisin s'avère apte à se répéter n'importe quand et n'importe où.

Passer de Borges à Cortázar, c'est aller du théologique au tératologique. Cortázar part toujours de la réalité immédiate. Sa position est contemporaine et courante, elle est prodigue, sur tous les plans – actions, milieu, personnages, expressions –, en traits d'actualité qui prolongent à travers le récit l'*habitat** du lecteur. Cortázar emploie ce que Northrop Frye dénomme le mode mimétique inférieur, celui de la proximité la plus étroite entre le monde narré et le monde du lecteur. Le protagoniste apparaît comme un *alter ego* de l'émetteur et du récepteur du texte; il exécute des actions qui sont communes à leur expérience virtuelle au sein d'un même horizon de conscience. L'auteur se fonde sur sa propre personnalité pour mettre en scène celle de ses personnages car l'identité fondamentale entre les représentants et les représentés est supposée d'avance, c'est sur cette base communautaire que fonctionnent les mécanismes de l'identification. Cortázar utilise le système figuratif du réalisme psychologique avec tous les traits qui dénotent et connotent l'immédiateté, la contiguïté entre texte et extra-texte. Sur cette apparence de récit qui étend de manière subjective et objective

---

* En français dans le texte.

l'ordre des signes à celui des choses signifiées, il provoque, depuis l'intérieur de cet encadrement de choses rebattues, présumables et prévisibles, le dérèglement rarescent, le bouleversement inexplicable, une entropie irréductible, le déplacement qui permet de pressentir les pouvoirs occultes, d'entrevoir l'envers de la réalité. Cortázar met en action tous les recours du rapprochement pour établir d'emblée la plus grande complicité possible avec le lecteur, il crée une relation de confiance psychologique et de sécurité sémantique initiale. De là cette caractérisation presque *costumbrista*, cette insistance du typique, ce souci du détail qui souligne le réel, cette véracité linguistique, cette familiarité de langue qui situe les acteurs socialement et géographiquement, cette introspection qui renvoie à l'intimité personnelle d'un locuteur non différencié du destinateur et du destinataire de la nouvelle. Cortázar situe, singularise, individualise ses personnages, il est prolixe en indications psychologiques afin que le portrait impose une présence des plus vibrantes, des plus expressives, une incarnation qui semble se prolonger au-delà de la lettre, comme si l'on pouvait prévoir la conduite des personnages dans des circonstances différentes de celles relatées. Ses personnages sont nos semblables, nos prochains familiers. Les actions et les actants habituels suggèrent un « advenir » qui peut surgir pour n'importe qui, des faits courants qui par de subtils glissements s'acheminent vers le fantastique.

Borges ne cherche aucunement à naturaliser le récit : il évite toute prétention au réalisme, toute confusion entre littérature et réalité. Pour Borges, langage et monde ne sont pas équivalents, pas interchangeables. Le monde est pour lui une écrasante déraison, le comble du chaos, une infinie ineptie, il est définitivement inintelligible; cette totalité infinie et indi-

vise, ubiquiste et simultanée, est directement, allégori-
quement, ou symboliquement indicible, elle ne peut
être représentée par nos langages linéaires, successifs
et substantivés. Borges se sait ourdisseur d'images sans
réelle portée, incapables de franchir le fossé qui les
sépare des corps. La pensée, avec ses singularités
individuelles, ses différences extrêmes, excessives, ne
peut agir; elle a besoin d'inventer des types génériques,
des coupures et des arrêts qui satisfassent les nécessités
internes de l'intellection sans impliquer de raisons de
fait. L'inaccessible, l'inconcevable vérité objective a été
remplacée par une conformité intersubjective qui se
pose en tant que connaissance et n'est qu'un code
interne réglant l'articulation du discours, imposant une
restriction des possibles et un enchaînement déterminé
comme si les données enregistrées et leurs relations
supposées étaient l'effet de la nature. Pour Borges,
l'histoire n'existe pas dans le monde phénoménal. Elle
n'est pas inscrite dans la réalité, elle est un effet de
lecture qui, en inscrivant/prescrivant ce qui est discordant, le combine selon une exigence inhérente au
texte. Si toute histoire est présumée, si toute histoire
est figurée, seul reste le réconfort d'inventer des fictions qui se savent telles, des contes fantastiques qui ne
prétendent pas être des corrélations de la réalité, qui se
reconnaissent d'avance comme de chimériques manipulations.

Borges ne particularise pas, n'individualise pas, ne
singularise pas, Borges fantasme, relativise, annule
l'identité personnelle par dédoublement, multiplication, réversibilité. Habitué à se mésestimer, il tient le
moi pour un illusoire jeu de reflets, juge toute différence individuelle triviale et fortuite. Tout homme est
autre (tout homme, au moment où il lit Jorge Luis
Borges est Jorge Luis Borges), tout homme est tous les

hommes, ce qui revient à dire aucun. Ou encore, tout
homme est unique et, par là, insondable, impensable.
Devant l'impossibilité de connaître le singulier, il opte
pour ce qui est générique et dépourvu de réalité. Il
dépouille ses personnages de leur épaisseur charnelle et
de leurs épaisseurs psychologiques; leurs particularités,
leurs affects, leurs mobiles, leurs agissements sont ceux
de n'importe qui, c'est-à-dire de quelqu'un qui est tout
le monde et personne. Il réduit les possibles empiriques
aux conduites humaines fondamentales, sujettes à l'infinie répétition. Souvent, il ne nomme pas; ses personnages, généralement, n'ont pas de nom propre, n'of-
frent même pas cette nomenclature de base à partir de
laquelle nous recueillons et ordonnons l'information
qui les concerne. Il n'y a pas suffisamment de traits
caractéristiques pour composer de véritables portraits
(intérieurs ou extérieurs, statiques ou dynamiques),
pour placer le lecteur, comme le veut Cortázar, dans la
peau et la psyché de ses personnages.

Le fantastique, dans un contexte où les anciennes
cosmovisions ne commandent plus, ne peut agir que
sur le plan du subjectif car il implique toujours un
attentat contre le domaine considéré comme objectif,
comme réalité réalisable. Cortázar conteste le réel tel
qu'il est affecté et effectué; Borges réfute sa prétendue
cohérence et les mécanismes de sa vérification présumée. Mais tous deux montrent les leurres de l'objectivité moyennant des procédés différents. Les figurations
de Cortázar agissent par percept et non par concept,
elles constituent une sorte de phénoménologie de la
perception, ou plutôt, une dramaturgie perceptive.
Elles représentent une sorte de passage du psychologique au parapsychologique. Ce qui commence comme
une conscience turbide perturbée, se transforme en
montre ou avènement de présences ou de puissances

enfouies qui brisent la carapace des coutumes, grattent la croûte des apparences. Cortázar agit par déphasage, par déplacement, par excentration afin de tromper la vigilance de la conscience taxatrice; il cherche le dérèglement des sens pour faire sortir le lecteur des gonds de la normalité, de la chronologie et de la topologie stipulées, pour le projeter de l'autre côté du miroir, vers le monde hallucinant des contretemps et des contre-espaces, des enchaînements surprenants et des analogies inattendues, vers l'autreté.

Continuateur de la tradition romantique/symbolique/surréaliste, Cortázar se sert du texte comme d'un sistre révélateur, comme maillon d'une chaîne magnétique de la réalité occulte, comme verbe oraculaire. Le récit fait office de psychodrame, agit comme une psychothérapie; il se veut exorcisme qui dépossède des fantasmes envahisseurs, catharsis qui objective les obsessions afin de s'en libérer. Il accentue la psychologisation du message qui jouxte le psychotique; il resserre les liens avec les zones obscures, dévoile ce qui est voilé, enregistre les afflux du fond impérieux. Ecrit sur un impromptu rhapsodique où la rhétorique est subordonnée à la pulsion, à la vision compulsive, le conte se désorbite et exorbite, il est coup de patte, exaltation, caillot; tout le contraire de l'instrumentation mesurée, posée, propre, sobre de Borges.

Si Cortázar se sert du registre psychologique, celui de Borges correspond, lui, à un stade pré- ou paléopsychologique, qui donne lieu à un commerce plus direct avec le fabuleux, le prodigieux, le surnaturel, et lui permet de s'approprier tout le patrimoine de la littérature sacrée, tout le trésor bibliographique d'inspiration mythique et mystique. Le riche répertoire symbolique de la théologie et de la métaphysique est dévié de son ordre transcendantal vers la sphère de l'esthétique afin de composer des labyrinthes spatiaux, temporels et textuels; labyrinthes progressifs, rétrospectifs, circulaires; labyrinthes mentaux qui sont le pâle reflet des naturels, une faible réplique, une métaphore de cet autre labyrinthe qui renferme tout : l'incommensurable univers. Si, chez Cortázar, il y a des semblants de révélation, des imminences épiphaniques, des éclairs d'illumination, Borges, lui, effectue un transfert plus franc du religieux, profite des histoires sacrées, des livres saints et de leurs scholiastes, de ces décryptages de secrets essentiels. Amateur d'arcanes, ses récits sont la marque d'une étrange symbiose entre énigmes textuelles et énigmes factuelles en intime correspondance, en relation spéculaire : de là cet amalgame de l'essai et de la narration, de là le caractère métalittéraire acharné que Borges communique à ses fictions. La condition interdépendante et interchangeable d'un auteur qui est à la fois lecteur, ourdisseur et déchiffreur de cryptographie, y est omniprésente. Borges nie l'originalité; il affirme que toute écriture coexiste au sein d'une textualité qui la rend possible, la conditionne et l'implique; toute écriture ne peut être effective qu'à l'intérieur de cet enchaînement qui la comprend et la circonscrit. Borges indique souvent, au cours de ses fictions, les sources bibliographiques qui les suscitent; il met ainsi en relief leurs mécanismes constitutifs; il contrarie la tendance centripète du récit, sa feinte autosuffisance, son simulacre d'autogénération; il récuse les pouvoirs démiurgiques du narrateur.

Chez Cortázar, la codification du réel est la meilleure médiation du fantastique. La mimésis réaliste (personnages présentés comme le plus proche des prochains et actions insérées à l'intérieur du cadre empirique et de la portée mentale contemporains), occulte, grâce au

camouflage* des conventions naturalisantes, leur
caractère d'artefact. Cortázar utilise avec une habileté
consommée les recours figuratifs les plus modernes : la
mosaïque simultanéiste, le mixage discordant, la vision
plurifocale, la multiplication des narrateurs, la confusion entre temps externe et temps interne, le cours
pluripersonnel de la conscience, la suggestion du réel.
Chez Borges, le dessin se manifeste immédiatement,
comme conducteur d'un déploiement minutieusement
planifié. Le récit est donné comme une configuration
stylisée, régie par des préceptes, par un principe de
symétrie et d'euphonie; l'auteur ne s'exprime pas
comme s'il était personnellement impliqué, il garde une
neutralité sereine, une impassibilité classique. Le conte
est une cristallisation fabuleuse versée dans un verbe
proverbial, qui élude toute proximité confidentielle,
toute promiscuité avec le lecteur, toute franchise inti-
miste, tout idiolecte particularisant.

L'actualisation naturaliste du fantastique qui s'est
infiltré dans l'esthétique de la réalité directe, oblige
Cortázar à dissimuler le gnomique, à le renvoyer aux
sens seconds, à le transférer du littéral au symbolique.
Ses contes sont des anthropophanies régies par une
anthropologie qui n'est jamais explicite. Bien qu'il
conteste les prétentions et présomptions du totalitarisme logocentrique, la gnose sur laquelle s'appuie
cette critique est contemporaine. Chez Borges, le gnomique affleure à la surface du récit et occupe en
général un tel espace qu'il oscille entre l'anecdotique et
le théorétique. Il est délibérément archaïsant; il rattache tout aux modèles canoniques, aux fantastiques
universels, à l'imagination ancestrale. Il manipule en
même temps toutes les gnoses, des plus lointaines aux

* En français dans le texte.

plus récentes pour inventer ses ingénieuses et impressionnantes confrontations, ses intersections et ses imbrications. Le fantastique chez Borges naît du croisement des mythomachies et des logomachies. C'est un art combinatoire qui marie les cosmogonies mémorables avec les philosophies illustres afin d'instaurer cette atmosphère déconcertante, ce vide provoqué par des manifestations qui renvoient à un manifestant indiscernable, inconnu.

Anachronisme qui protège, sauvegarde d'un monde perdu, celui du temps circulaire, de l'accord harmonique, de la correspondance communicante entre sphère subjective et sphère objective. Il implique un rejet de l'ordre régnant qui appauvrit et détourne le sens valable. L'art, écarté des pratiques communautaires, exclu du système de satisfaction des besoins réglementés, se retire pour se protéger de l'oppression restrictive de la raison empirique. Il veut préserver par la fabulation et l'étrangeté la transcendance inaccessible dans la pratique sociale, il veut retrouver la sacralité profanée en retournant à l'ordre des arcanes intemporels, en se réinstallant dans le contexte rituel où les cosmovisions antiques recouvrent une relative vigueur. Il présuppose une anthropologie immuable, une sémantique éternelle. Il présuppose que la capacité humaine de doter le monde de sens est déposée dans le mythe, à partir duquel ce potentiel non amplifiable se transfère et se transforme. L'art se charge de protéger ce patrimoine sémantique menacé par la raison pragmatique.

Cortázar est partie prenante du monde moderne; il maintient une relation active avec l'actualité dans tous les domaines. Il se place esthétiquement et politiquement dans une position d'avant-garde. Par rapport à son époque, il est un manifestant, un pratiquant et un intervenant; il est plongé jusqu'à la moelle dans le tourbillon de ce présent aux transformations vertigineuses. Et pour le représenter, il affine ses modules de perception et ses instruments de transcription afin de leur permettre de refléter une expérience contemporaine de la réalité. Le fantastique intervient comme une volonté d'ouverture vers les zones inexplorées, un amplificateur de la capacité perceptive, un stimulant mythique et mimétique facilitant notre porosité phénoménique maximale ainsi que notre maximale adaptabilité à l'inconnu. Le fantastique soustrait au langage sa fonction utilitaire ou didactique, en permettant l'accès à d'autres référents, à d'autres identités; il représente un autre ordre factuel régi par un autre ordre causal; il propose d'autres formes d'existence, suscite un autre monde et un autre schéma symbolique pour le représenter. Le fantastique est, pour Cortázar, un agent de renouvellement, il fait partie de l'humanisme libérateur.

Julio Cortázar :
En consonance
et dissonance

1.1. Art subversif : violer les limites des idéologies répressives : dévoiler ce que cachent les cristallisations idéologiques : désobéir au code social imposé par un ordre qui punit et censure : être sourd à la raison d'Etat : outrepasser le licite : transgresser le dicible.

1.2. Cortázar : infraction invétérée : anticonformisme obstiné : guerre à l'*establishment*. Rébellion contre la Grande Habitude : « refuser tout ce que la coutume lèche jusqu'à obtenir la suavité satisfaisante[1] » : rupture constante avec la normalité congrue, conciliatrice, consentie, convenue, consuétudinaire : « Se refuser à ce que l'acte délicat de tourner une poignée de porte, cet acte par lequel tout pourrait changer, s'accomplisse avec la froide efficacité d'un réflexe quotidien » : renverser les murs du déjà su, du préparé, du résolu, du programmé : « s'ouvrir à la nouveauté potentielle de chaque instant. »

1.3. Détourner les pratiques usuelles, les finalités admises, les fonctions pragmatiques : *Occupations bizarres* : tâches excentriques, non utilitaires, ludiques, mais systématiques (contrefaçon des travaux « sérieux »), où le processus, le procédé est plus important que le résultat : objectifs qui ne s'inscrivent pas dans les décalogues raisonnables : recherche de la surprise, du surprenant : la gratuité comme disponibilité maximale devant l'imprévisible.

1.4. Rendre la sphère cubique, poser des tigres, tendre des fils, laisser tomber un cheveu dans le lavabo et le récupérer : activités ouvertes, aléatoires : cérémonies initiatiques qui mettent les participants en contact avec l'inclassable : actions tendant à prouver la précarité du stable, du statu quo, du réel convenu : la causalité prévisible est remplacée par l'exception, par le hasard, l'improbable.

1.5. Ouverture vers d'autres possibilités opérantes : révélation de l'interstitiel (« cette manière d'être entre, pas au-dessus ou derrière mais entre ») : accès à d'autres dimensions.

2.1. Surprise osmotique qui s'infiltre subrepticement. Surprise : déphasage, désajustement, déplacement : désarroi d'un texte qui introduit de plus en plus d'incertitudes : étrangeté : passage de l'usuel à l'insolite.

2.2. Conte : arc que l'on bande pour lancer la flèche le plus loin possible. Tension narrative proportionnelle à la progression de l'étrangeté : instabilité sémantique croissante : plurivalence : évidences inintelligibles : l'énigmatique, mais non résolu : ni ésotérique ni exotérique.

2.3. Lorsque l'on sort irréversiblement du système des causalités naturelles, empiriques, du probable : pénétration dans le merveilleux. Rupture récupérable, qui finalement s'explique en raison des règles qui régissent l'expérience objective : entropie momentanée n'altérant pas le système : réalisme. Entre les deux, le territoire oscillant de Cortázar.

2.4. Le fantastique : passage à un autre ordre avec sa propre cohérence : ni banalité ni simple extravagance : autant de rigueur que dans le jeu : domaine des forces étranges qui nous plongent dans une mosaïque inconnue, une figure concertante (cortazante) des divers destins illusoirement déliés, qui imbrique des actes en apparence autonomes.

2.5. L'écriture se propose de « traquer le fantastique dans le réel, de le '' réaliser '' ».

3.1. Conception magique du monde : la vision de la réalité comme irréductiblement, inéluctablement mystérieuse. Peau lisible, peau dicible, entrailles explorables mais inintelligibles, ineffables. Epiderme provisoirement et précairement codifiable. Réalité profonde : la déterminante, la décisive : évidence intuitive (savoir sympathétique, senso-sentimental) ne pouvant se verbaliser que par allusion : réalité aperçue au travers de signaux intermittents, soudains présages, messages chiffrés : impossible d'interpréter par voie intellective, analytique, kantienne, mais au contraire par une ouverture-abandon, capable de dépasser les catégories logiques : voie supra-logique : moyennant un élargissement de la capacité perceptive, un accroissement de l'expérience possible.

3.2. Ecrire : inventer un *mandala*, se purifier. Pour accéder à la zone : écrire en état de transe, sur une longitude déterminée, avec swing. Ecriture : une arme secrète.

3.3. Tradition romantique – symboliste – surréaliste : poète intermédiaire des forces occultes, voyant halluciné, oraculaire : table rase : retour à la plénitude du commencement : retour à l'utérus : nostalgie de l'Eden. La véritable condamnation : « L'oubli de l'Eden, c'est-à-dire le conformisme bovin, la joie bon marché et sale du travail, la sueur au front, les congés payés. »

3.4. Retour à la perception virginale de l'adamique ou à ses équivalents actuels : l'enfant et le fou :

échappées par la voie de la fantaisie naïve : regard
enfantin, candide, qui voit sans préjugés, avec une
volonté constante d'étonnement : tirer ce qu'on voit de
la texture adulte : taxative, classificatrice, congélatrice,
solidifiante (= édifiante).

3.5. Les toqués : aux alentours de la sagesse :
faubourgs de la littérature : vision excentrique : déphasage qui révèle d'autres dimensions censurées par la
codification conventionnelle : hétéroclites non soumis
aux normes raisonnables.

3.6. Etre toqué n'est pas une sortie mais une
entrée; folie romantique : folie exaltée sans réelle
expérience de la démence (dissolution de la personnalité, chaos, annulation, chute définitive dans le grand
trou noir, mort mentale, déséquilibre annihilant).

4.1. Ecrire : exorciser : repousser les envahisseurs
possessifs : « produits névrotiques, cauchemars ou
hallucinations neutralisés grâce à l'objectivation » :
excitation névrotique : cohérence névrotique : discours
effiloché, fissuré, décentré : discours embrouillé par
l'incongru enrichissant qui rompt l'ordonnance abstraite et toute régularité : *Cuello de gatito negro* (Cou
de petit chat noir).

4.2. Littérature et névrose. Littérature : catharsis
des obsessions traumatisantes : libération : psychothérapie : psychologisation du récit : relation passionnée,
pathétique, viscérale avec le narré. Narration : message
émouvant : message perturbant qui exige une adhésion
intime : intimation émotive : le contraire de Kafka ou
de Borges : classiques : distanciation, dépersonnalisa-
tion de l'anecdote, style moins expressif (moins expressionniste).

4.3. Psychologisation du message : tendance au
psychopathologique (antécédent : la neurasthénie
moderniste) : suggestion par raréfaction : irruption de

l'anormalité : contact plus grand avec les zones d'ombre (l'onirique, inconscient, démentiel, instinctif, démoniaque) : tendances au déséquilibre de l'âme : vision désintégrante : contraires irréconciliables : conscience scindée, tourmentée : inquiétude, insatisfaction, trouble, névrose.

4.4. L'incertitude s'installe au cœur du discours, détruisant l'univoque : démantèlement de la cohérence discursive, de la sécurité sémantique : instabilité, indétermination et conflits passant de la connotation à la dénotation : le discours narratif contaminé par le poétique.

4.5. La réalité possible, de par son incompatibilité avec la réalité créée, devient le domaine du non-sens et de la bagatelle : absurde négatif. Absurde positif : inintelligibilité de la réalité ultime, fondamentale, perçue par voies non intellectives : « un sentiment clair de l'absurde nous situe mieux et plus lucidement que la racine kantienne ».

4.6. Tradition romantico-symboliste : identification de l'anormalité avec l'originalité : bizarrerie, extravagance, déraison, irrégularité, excentricité sont des antidotes contre le coutumier, le raisonnable, le commun, l'anodin, le traditionnel. L'explicitation et la clairvoyance du discours apollinien sont démontées par le dérèglement des sens, par l'alchimie verbale : vision toujours plus agitée et fragmentaire : *Rayuela* (Marelle).

4.7. Tradition romantique – symboliste – surréaliste : antimachinisme, antiscientisme, antitechnologisme : table rase : volonté de se défaire de l'accumulation scientifique, technique et artistique thésaurisée par l'homme; redevenir barbare : déculturation ou du moins élagage de l'excès castrateur de la culture : essai d'annulation des pouvoirs paralysants de la tradition occidentale.

5.1. Contrepartie cortazarienne : échappées par voie d'érudition, par la haute culture et l'esthétique monumentale : grand paquet de civilisations, musiques, villes, livres, tableaux s'incarnant en des présences aussi présentes que les humaines. Oscillation irrésolue : table rase vs. Kultur.

5.2. Mélange de temps historiques : *Todos los fuegos el fuego* (Tous les feux le feu), *El otro cielo* (L'autre ciel), de catégories culturelles (*Rayuela*), de niveaux littéraires et idiomatiques (*La vuelta del día en ochenta mundos, Último round* (Le tour du jour en quatre-vingts mondes, Dernier round)) : universalité irrévérencieuse.

6.1. « Le temps d'un écrivain : diachronie qui se suffit à elle-même pour désajuster toute soumission au temps de la cité. Temps du plus en dedans ou du plus en bas : rencontres dans le passé, rendez-vous du futur avec le présent, sondes verbales qui pénètrent simultanément l'avant et l'à présent et les annulent. »

6.2. Temps extérieur et temps intime : les textes avancent et reculent car la chronologie de leur apparition (phénotexte) n'est pas la même que celle de leur gestation (génotexte). Après *Rayuela* d'autres nouvelles surgissent, qui sont comme des survivances reportées, comme des parties détachées et conservées de livres antérieurs.

6.3. Sortir du temps et de l'espace euclidiens, galiléens, newtoniens : sortir de la chronologie et de la topologie instaurées par le consensus social, par la routine, perpétuelle, répétitrice : enfreindre les catégories usuelles de l'entendement, la conscience codificatrice.

6.4. Porte ou passage : l'humour : libre arbitre

pour altérer le système des restrictions naturelles et sociales : dépassement du réel empirique : dépassement de l'imagination reproductrice : critique des mécanismes conventionnels d'appréhension : activateur qui précipite le normal dans un jeu vertigineux de relations inattendues : « jouer avec tout ce qui bondit hors de cette fluctuante disponibilité du monde ».

6.5. Porte ou passage : détraquer l'enchaînement épisodique, désarticuler la cohérence discursive, disloquer la vraisemblance réaliste : faire éclater le langage : provoquer le grand dérèglement qui rende possible un nouvel ordre (archétype mythologique : déluge : apocalypse : dissolution : retour au préformel : purification : latence germinale : nouvelle naissance).

6.6. Rompre la maladroite machine binaire : conjonctions et non disjonctions : portes ouvertes sur tout, ponts, billets aller-retour : mutations réversibles : plénitude maximale : polysémie maximale, rencontres *ab ovo*, convergence de tous vers le centre du grand Tout : idéalisme, euphorie panthéiste, vitalisme orgiaque, érotisme universalisé.

7.1. Déflorer la langue : *Eros ludens*. Il n'y a pas d'érotisme sans l'exercice naturel d'une liberté exercée avec aisance : pour conquérir la liberté sexuelle, il faut avant tout conquérir les autres libertés.

7.2. Erotisme : sexe + culture : sexe + désinvolture : sexualité au-dessus du nombril : sexualité cultivée ou culturée.

7.3. Erotisme : sexe culturé : sexe élaboré : de la sexualité glandulaire à la sexualité mentale : de la sexualité physiologique à la sexualité universelle : de la semence au *sema*.

7.4. Erotisme : monde d'analogies rendues charnelles : métaphores copulatives ou copulations omnianalogiques : un même transport amoureux conjugue tout : le monde mobilisé par la passion copulative (Breton) : la rassembleuse charnelle qui accouple tout.

7.5. Erotisme : abolition des contrôles, des tabous, des censures, des répressions, surtout hispano-américains (c'est-à-dire hispaniques) : antimachisme. Contre la conscience peccamineuse : contre la culpabilité judéo-chrétienne.

7.6. Erotisme : transgression des lois sociales : érotisme subversif : transgression du dicible : le *gligli-cien.*

7.7. La langue espagnole, entravée par une tradition de censeurs inquisitoriaux, est dépourvue du registre érotique adéquat : avare, opaque elle engourdit ce qui est érotique. L'érotisme déborde la nomination disponible, rend le verbe impulsif, dominateur, dissout les mots dans un flux expansif, enveloppant, incantatoire : magma germinal où le langage retrouve son pouvoir génésique.

8.1. Mettre entre parenthèses la conscience vigilante (policière), déformante, inquisitrice, coercitive : chercher la vérité interstitielle.

8.2. Distraction : défenses, censures momentanément annulées : disponibilité maximale : ne pas résister à la révélation excentrique : aux « enchaînements instantanés et vertigineux entre des choses hétérogènes » : les jeux de l'imagination dans ce qu'ils ont de plus hallucinant : hétérogénéités qui deviennent homogènes, diversifications qui s'unifient, analogies extramuros (extérieures au temps de la cité, temps des *fameux*, temps des coléoptères) : une convergence mais toujours instable, instantanée, précaire.

8.3. Déplacement, désajustement, équivoque, extrapolation : anthropofuguisme : bonds, battements d'ailes, plongeons : rupture du prévisible qui permet de percevoir la flexibilité et la perméabilité du réel : devenir « éponge phénoménale ».

8.4.   Parvenir à une nudité axiale afin de franchir le seuil d'« une réalité sans interférence de mythes, religions, systèmes et quadrillages ».

8.5.   Déchirer la nasse simplificatrice, rassurante, accommodante : sortir de ses gonds : réveiller le temps anesthésié.

8.6.   Disruption : « Les contretemps et les contre-espaces qui sont le plus réel de la réalité. »

9.1.   Réalité : l'ensemble des faits, de ce qui est vérifiable : frontière mobile corrigée et élargie par le progrès des connaissances.

9.2.   Une des fonctions de l'imagination est d'affabuler la réalité future, celle qui sera confirmée par la science.

9.3.   On ne peut confronter la littérature avec la réalité empirique comme référence fondamentale : confrontation qui dénature le spécifiquement esthétique et précaire par la mutation de ce que nous appelons commodément réalité.

9.4.   La science place son progrès dans l'expérimentation. La littérature également.

9.5.   Pourquoi refuser à la littérature la possibilité d'expérimenter et la congeler dans un réalisme servile, reproducteur d'une version stéréotypée de ce que l'on tient pour réel ? Pourquoi réduire la littérature au rôle de vérificateur en seconde instance de la réalité admise, alors que sa fonction est d'annoncer la réalité future et de compenser la précarité du réel ?

9.6.   Face à une « réalité médiatisée et trahie par les instruments prétendument cognitifs », Cortázar propose une gnoséologie poétique (au sens romantique) : voyance, révélation, mystère, cognition impossible par voie analytico-discursive : agnosticisme vitaliste, démoniaque. Objectifs : préparer le lecteur, provoquer une disponibilité dépourvue de préjugés (une crédulité), accroître sa porosité pour le convertir en Tout Un, en maillon de la chaîne magnétique du cosmos.

10.1   Littérature : divertissement démoniaque : « excipient destiné à faire avaler une gnose, une praxis, un éthos » : littérature instrumentale : l'écriture est l'ustensile de la recherche ontologique : celle de l'être plein, de l'homme nouveau.

10.2.   Cronope, cinglé, caméléon : homme antiutilitaire, antitotalitaire, antibureaucratique, antidogmatique.

10.3.   Littérature : jamais simple cuisine, jamais cosmétique, office (artifice) : s'opposer à la facilité : subordonner l'habileté technique aux pulsions, impulsions, passions : visions compulsives : écrire est un acte d'amour : « On sort de ce genre de nouvelle comme de l'amour, épuisé et coupé du monde qui nous entoure. »

10.4.   Maturité technique : maîtrise au service d'une verdeur candide, d'une porosité et d'une disponibilité enfantines.

10.5.   Office au service de : une activité qui ne trouve pas en elle-même sa raison d'être : pas jonglerie mais messagerie : pas le signifiant mais le significatif.

10.6.   Deux Cortázar ? : l'un d'eux attend en ébauchant des pages intermédiaires jusqu'à ce que l'ouverture, le saut métaphysique se produise, jusqu'à ce qu'apparaisse le parachute ou le para-envol, le transport exorbité.

10.7.   Conte : brusque coup de patte, antirhétorique, état « exorbité » : « désespoir exalté, exaltation désespérée ».

10.8.   Ecriture : impromptu rhapsodique : développement inspiré, comme le jazz : tension rythmique, pulsation interne : improvisation mesurée : l'imprévu au sein de paramètres prévisibles : la liberté fatale, inéluctable.

10.9. Le meilleur de la littérature est le *take* : risque créateur : engagement total : présent plein : intensité maximale.

10.10. Ecriture : catapulte pour traverser le miroir (réalité spéculaire, mirage), pour retourner la tapisserie (couverture illusionniste) : « parce que l'analogie fonctionne chez moi comme le schéma mélodique chez Lester, qui le lançait sur l'envers du tapis où les mêmes fils et les mêmes couleurs se transformaient d'une autre manière. »

10.11. Une conviction que je partage : personne ne sait exactement ce qu'il écrit. Deux interprétations possibles : poète-rhapsode-intermédiaire, ou autant de lectures que de lecteurs.

11.1. Conte : genèse par explosion (lorsque la force expansive est plus grande que la force de contention), par émergence apparemment subite : maturation inconsciente : les contes vous tombent sur la tête comme des noix de coco : « des fruits extrêmement indépendants qui poussent tout seuls sur les cocotiers et sautent quand ça leur chante. »

11.2. Conte : bulle portée à sa tension maximale, prête à éclater : « contes contre la montre qui renforcent vertigineusement un minimum d'éléments. »

11.3. En même temps contes à genèse lente, à articulation complexe, à l'élaboration plus minutieuse : *Todos los fuegos el fuego, El otro cielo* (Tous les feux le feu, L'autre ciel) : technique simultanéiste, diachronies qui deviennent synchrones, montage cinématographique : multiples tentatives pour briser l'étroitesse formelle du conte.

11.4. Le conte exclut l'intervention directe du

démiurge : « que le lecteur ait, puisse avoir la sensation que d'une certaine manière il est en train de lire quelque chose né de soi, en soi, pour soi. »

11.5. Littérature : défi : fuir la facilité, la sécurité de ce qui a déjà été essayé avec succès : ne pas céder à la tentation de la répétition : bond du conte au roman.

12.1. Roman : structure plus ouverte : contenant plus vaste et plus plastique : grand totalisateur capable de tout englober. Genre plus gnomique : permet à la conscience réflexive de s'expliciter (de s'étendre, parfois). Le conte ne tolère pas la digression, l'interpolation parasite, le freinage de l'action. Dans le roman, méditation, débat, élucidation peuvent s'intégrer à la progression comme activateurs : le discours cognitif peut devenir fonctionnel (Morelliennes).

12.2. Roman : littérature plus gnomique. Dose auto-expressive, autoréférente, autoréflexive, autobiographique plus grandes (*Rayuela*).

12.3. Roman : multiplication des perspectives qui accroissent les possibilités interstitielles.

12.4. Ouverture et clôture : expansion et contraction telles les pulsations d'un même organisme. Diastole : de *Los premios* (Les gagnants) à *Rayuela* (technique de la mosaïque, du collage [assemblage de matériaux différents qui ne perdent pas leur altérité], multiplicité focale, plus grande marge de liberté opérationnelle : lecteur électeur.) Systole : *62 modelo para armar* (62 maquette à monter) (système combinatoire plus rigoureux [symbolisation de la figure], dessin plus profilé, forme plus compacte, mieux imbriquée, mais toujours ambiguë sémantiquement, toujours plurivalente). Diastole : *Libro de Manuel* (Livre de Manuel), (retour au collage, à la diversification stylistique, à de

plus fortes dénivellations et à plus de polymor-
phisme).

13.1. Collage : almanach : *La vuelta del día en
ochenta mundos* (Le tour du jour en quatre-vingts
mondes), *Último round* : structure discontinue capable
d'incorporer des morceaux de tous les discours possibles : symboles de la multiplicité hétérogène et simultanée du réel.

13.2. Collage : non pas édifice classique (déploiement proportionné, progressif, symétrique : métaphore
de l'harmonie universelle), mais labyrinthe, ramification, jardin aux sentiers qui bifurquent.

13.3. Collage : la coexistence des hétérogénéités
comme principe de composition. Non pas l'homologa-
tion, l'intégration des matériaux dans un continuum
unificateur, la réduction à un commun dénominateur,
mais la diversité parfois brute : coupures de journaux,
citations, extraits de diverses sources, lettrées ou illet-
trées, insérés sans réadaptation : discours, protocoles
préexistants qui se juxtaposent à ceux de l'auteur :
discours polymorphe, plurifocal, polytonal.

13.4. Collage : une vision du monde : impossibilité
de réduire la simultanéité hétérogène du réel à des
canons ou à des normes égalisatrices; impossible de
réduire le chaos au cosmos.

13.5. Intertextualité irréductible à une parole
conciliatrice, à la concertation, à l'universalité abstraite
du vieil humanisme.

13.6. Oscillation de Cortázar entre l'hétérogénéité
chaotique et un principe de concertation surhumain :
les forces qui nous inscrivent dans des figures igno-
rées : « Les figures épouvantables que tissent dans
l'ombre les Grandes Mères. »

14.1. Relation vitale entre auteur et œuvre : relation viscérale, sanguine, glandulaire : la vie est la force

de transmission qui met en liaison toutes les instances du processus (de l'émission à la réception du message). Vie : animation biologique, somme de l'expérimenté, complexe de ce qui a été vécu en bloc, comme un organisme non démontable.

14.2. Identification vitale du narrateur avec ses personnages : cordon ombilical ramifié, ou cordons à la douzaine.

14.3. Livres fraternellement incitateurs, provocateurs, émouvants : livre-étreinte : livre-atteinte.

14.4. Livre viscéral : qui éveille un « écho vital, une confirmation de latences, d'aperçus, d'ouvertures vers le mystère, l'étrangeté, la grande beauté de la vie ».

14.5. « De mon pays s'est éloigné un écrivain pour qui la réalité, comme l'imaginait Mallarmé, devait culminer dans un livre; à Paris est né un homme pour qui les livres devraient culminer dans la réalité. »

14.6. Objectifs vitaux = objectifs textuels. Œuvre = conduite. Manière d'écrire : manière de vivre : écrire le vécu et vivre l'écrit : écrire le vivable.

14.7. Relation vitale : génératrice d'insatisfaction, de désajustement. Ce qu'écrit l'imagination en roue libre (sans les entraves du réel vérifiable et praticable) précède et dépasse le vécu : difficulté à vivre ce qui est écrit.

14.8. Cortázar : littérature décidément axiologique : elle propose désespérément et de manière contradictoire des règles de conduite, elle émet des jugements de valeur, donne des orientations morales. *Rayuela* : propositions (allusives, figurées, métaphoriques, exprimées) pour un humanisme libérateur.

14.9. Contrepartie : libération totale implique libération du mal, c'est ouvrir la boîte de Pandore : libération des instincts destructeurs, des forces anéan-

tissantes. Mal, chaos, entropie, mort, dispersion, dissolution, chute, vide : la présence perpétuelle et mena-
çante à laquelle on ne peut pas toujours se soustraire
par un bond de l'imagination, un envol fugitif, l'illusion
poétique : échec d'Oliveira.

14.10. Liberté accrue et illusion de liberté : destin
décidé par les Fileuses qui tissent ces trames dans
lesquelles nous ne sommes qu'un simple fil enchevêtré,
noué, ténu, intermittent.

14.11. Libération : se délivrer des contingences de
l'histoire : de l'espèce : « Un homme devrait être
capable de s'isoler de l'espèce au sein de l'espèce
même, et choisir le chien ou le poisson originel comme
point de départ de sa marche vers lui-même. »

15.1. Impossibilité d'éviter le conditionnement historique : « Dans ce que je puis écrire de plus gratuit il
apparaîtra toujours une volonté de contact avec le
présent historique de l'homme. » Historicisme tacite et
non pas déterminisme historique : partir de la détermination historique afin de la dépasser.

15.2. Ecrire historiquement : écrire l'histoire ? Non,
écrire dans l'histoire : s'inscrire dans l'histoire.

15.3. S'orienter vers une « transcendance au terme
de laquelle nous attend l'homme » : la transcendance
de l'art qui englobe son époque pour lui survivre :
transcender le littéraire : « Raconter sans cuisine, sans
maquillage, sans clin d'œil au lecteur » : se mettre à
nu : « Brusquement les mots, toute une langue, la
superstructure d'un style, une sémantique, une psychologie et une facticité se précipitent en d'époustouflants
hara-kiris » : se baigner dans les fleuves métaphysiques : régression au préformel, régénération, nouvelle
naissance : toujours le mythème archétypique.

15.4. Le conditionnement historique : auteur représentatif de son époque : les jeunes d'Amérique trouvent en Cortázar leur porte-parole, leur interprète : Cortázar exprime, représente, symbolise le monde par eux désiré : abolition imaginaire (fiction narrative) des restrictions de la réalité empirique.

15.5. Cortázar signifie des valeurs (tendances, prépondérances, choix, passions, pulsions, répulsions) de son époque : valeurs qui ont l'adhésion sentimentale d'une multitude de lecteurs : valeurs réalisables et irréalisables : plus que des pratiques ou des réalités factuelles ce sont des projections libératrices et compensatrices de la répression réaliste.

16.1. Tendance métaphysico-esthétique et engagement politique. Catalyseur : la Révolution cubaine : espoir d'un socialisme capable de rendre à l'homme la plénitude de sa condition humaine.

16.2. Révolution : temps ouvert, temps éponge, âge poreux. Projet utopique : « La révolution sera permanente, contradictoire, imprévisible, ou ne sera pas. »

16.3. Identification d'une avant-garde et d'une arrière-garde politiques avec une avant-garde et une arrière-garde esthétiques : « La colonisation, la misère et le gorillisme nous mutilent aussi esthétiquement » : abolir l'oppression politico-sociale c'est abolir l'oppression esthétique.

16.4. Rôle transformateur des minorités éclairées : rébellion des précurseurs (avant-garde révolutionnaire) comme détonateur de la rébellion généralisée : Paris, mai 1968.

17.1. Vision totalisante de l'histoire et de la culture : cosmopolitisme obstiné : expatrié, polyglotte, lecteur et écrivain du plus large spectre culturel, explorateur tenace de la planète : circulation permanente

par tous les temps, tous les lieux : perpétuel itinérant
jamais ancré, jamais apaisé.

17.2.   Argentinité tacite, antinationaliste (« nationa-
listes à cocardes et petits drapeaux ») : argentinité
substantielle comme conformation de base, non
comme restriction autochtone (« tellurisme étroit,
paroissial, villageois »).

17.3.   Américanité (comme celle du Che) : volonté
d'assumer la condition d'intellectuel du tiers monde.
L'échelle continentale convient plus à sa vocation œcuménique, à son appétit d'ouverture.

17.4.   Ecrire pour son propre plaisir ou tourment,
sans concessions ni obligations latino-américaines ou
socialistes, considérées comme présupposés pragmatiques.

17.5.   « *Rayuela*, un problème métaphysique, un
déchirement continu entre la monstrueuse erreur
d'être ce que nous sommes en tant qu'individus et que
peuples dans ce siècle, et l'aperçu d'un avenir dans
lequel la société humaine aboutirait enfin à cet archétype dont le socialisme donne une vision pratique et la
poésie une vision spirituelle. »

18.1.   Personnalité caméléonesque : connaître sans
identité : sombrer dans la réalité sans consignes :
Cortázar protéiforme, imprévisible, contradictoire, métamorphique : un mutant qui a changé plusieurs fois
d'existence.

18.2.   Conscience conflictuelle, déchirée : comme
chez tout intellectuel de notre époque : discorde inconciliable entre désir et réalité, entre vouloir, appétence
et possession, entre ce qui est recherché et ce qui est
donné, entre le désir de libération, rénovation, révolution et la résistance terrible d'un monde de plus en plus
destructeur, oppresseur, inhabitable. Le prix de la

lucidité : le désarroi, le prix de l'honnêteté : le désajustement permanent.

18.3. Réussites : textes magistraux : possessions fulgurantes, inscrites : intermittences de splendeur, enregistrées : coups de patte et effleurements solaires, consignés : un dire durable, poignant : plusieurs rounds à son avantage : combat gagné.

Éros ludens

(Jeu, amour,
humour selon « Marelle »)

En remplaçant le titre initial : *Mandala* par celui, définitif, de *Rayuela* (Marelle), Julio Cortázar dégrève son roman de tout excès sacramental. Il rend explicite l'axe ludique générateur du texte, qui le traverse tout entier. En l'intitulant *Marelle*, il privilégie la notion de jeu par rapport à celle de rituel initiatique, il rapproche l'espace narratif d'une atmosphère plus immédiate, plus liée à l'expérience commune. Ainsi, la transmutation mythique, la capitalisation symbolique s'opèrent à partir d'une image plus triviale mais avec une consistance plus empirique, moins de pouvoir d'étrangeté, une charge sympathique plus vive, plus vécue. Cortázar substitue le centre ou cercle suprême, symbole de l'univers et réceptacle du divin; il substitue l'enceinte magique, panthéon, montagne sacrée, espace concentré, nucléaire, favorable à la prière et à la méditation, espace épi- et théophanique, axe du monde en communication avec les énergies cosmogoniques; il substitue le temps, *imago mundi*, par sa version dégradée : la marelle. Il change de vecteur sémantique pour donner au roman une circulation du sens autre. Au lieu du centre ou chambre matricielle, spatialisation de l'extra-spatial, image et moteur de l'ascension spirituelle, retour du moi au un primordial, concentration du

multiple dans l'unité originelle, il propose un divertissement d'enfant auquel on joue naïvement, en ignorant
qu'il s'agit de la figuration de la basilique chrétienne,
substitution d'autres diagrammes plus anciens, d'autres labyrinthes.

Le rectangle du départ, appelé terre, représente le
parvis; le trajet qui à l'origine se faisait en sept étapes
(jours de la semaine ou cercles célestes) se déroule à
travers la nef pour déboucher sur la demi-lune du
paradis ou abside. Selon le texte, seuls les candides –
Sibylle, enfants ou fous – jouissant de la plénitude de
l'innocence, perçoivent directement les vérités élémentaires grâce à une identification non spéculative, un
contact précodifié, précatégoriel, prélogique avec la
concrétion sensible dans sa plus grande immédiateté,
seuls ceux qui possèdent cette connaissance par une
communion sympathique, ceux qui sont et se trouvent
là sans le savoir, conservent l'adresse leur permettant
de passer à travers tous les obstacles du parcours
accidenté imposé par la marelle. Eux seuls ont accès à
la zone sacrée, au Kibboutz du désir, à la complétude,
à la plénitude du contact avec l'axial.

Cortázar renonce à la dénomination « mandala »,
trop lointaine et chargée de valeur eschatologique, car
elle survalorise ce que le roman a de théodicée; il
choisit la marelle, qui appartient au patrimoine commun et y transfère la charge allégorique de « mandala »
de représentation de l'univers, voyage initiatique marqué par des épreuves purificatrices d'une difficulté
croissante pour atteindre le ciel, consistance ontique
maximale, révélation, clairvoyance, communion plé-
nière. Le parcours de la marelle ressemble au cours de
l'existence humaine, le jeu sera, tel le destin, conjonction de l'habileté et du hasard.

Paradoxalement, la marelle apparaît plutôt comme

métaphore que comme anecdote. Dans le roman, il y a
deux marelles; celle qui est « de l'autre côté » n'intervient pas directement dans l'histoire, elle est référence
du discours, figure translative, marelle métaphorique
qui progressivement se chargera de valeur transcendantale, et c'est avec tout ce soutien sémantique, toute
cette thésaurisation fiduciaire qu'elle entre « de ce
côté-ci » de l'histoire pour se transformer en marelle
factuelle (l'une irréelle, l'autre réelle ou toutes deux
réelles ou irréelles ?), dotée du pouvoir transmutateur
d'un mandala, capable d'accomplir la transformation
de Talita en Sibylle. Dans *Rayuela* les espaces où se
situe l'action sont toujours symboliques : de manière
positive ou négative ils sont espace différencié, espace
faible (territoire) ou fort (zone, trou, pont ou passage).
Paris lui-même, site vérifiable et d'une existence extra-
textuelle, signifie ici labyrinthe, marelle, mandala, centre, écheveau magique, lieu de rhabdomancie, de géo-
mancie, voie d'accès au noumène : « Paris est un
centre, tu entends, un mandala qu'il faut parcourir
sans dialectique, un labyrinthe où les formules pragmatiques ne servent qu'à mieux se perdre. Alors un *cogito*
qui soit comme respirer Paris, entrer en lui en le
laissant entrer, pneuma et non logos » (93, 443[1]). Dans
Rayuela tous les lieux sont symboliques : le texte
instaure les espaces et leur signification en tant qu'intervenants, qu'intercesseurs, il les configure et les
valide.

La marelle est à la fois un jeu, pont et passage, ou
plutôt elle est pont ou passage en tant que jeu. Le texte
Marelle est un enjeu métaphysique : un jouet lyrique,
une farce-et-attrape romanesque, un mauvais tour joué
au raisonnement occidental, contre « la voie sans issue
de cette Grande-Vanité-Idéaliste-Réaliste-Spiritualiste-
Matérialiste de l'Occident, S.R.L. » (99, 410). Essaim

de propos et d'impairs à la poursuite d'une « anthropo-
phanie », c'est « la dénonciation imparfaite et désespérée de l'*establishment* des lettres, à la fois miroir et
écran de l'autre *establishment* qui est en train de faire
d'*Adan*, cybernétiquement et minutieusement, ce que
dénonce son nom dès qu'on le lit à l'envers : *nada*[2] ».
Devant la crise de la traditionnelle notion d'*homo
sapiens*, et avec l'échec de nos instruments cognitifs
trompeurs, *Marelle* représente la révolte d'un homme
qui cherche des réactifs ou des catalyseurs pour provoquer à vif le contact nu avec la réalité non médiatisée
par « l'interposition de mythes, de religions, de systèmes et de réticules ».

Les antidotes contre le totalitarisme égo- et logocentrique, contre l'absolutisme technologique, contre la
logique de la domination, contre le logos unidimension-
nel, castrateur, désincarné, répressif, les recours pour
redresser l'évolution distortionnée de la pensée occidentale, les issues vers un nouveau recommencement
métaphysique ou les entrées permettant de récupérer
la complétude du commencement, ce que Cortázar
appelle ponts ou passages sont négatifs et positifs. A
une triade négative – inconduite, déphasage, folie –
correspond une triade positive – éros, jeu, humour.

Invétérée, l'inconduite enfreint l'ordonnance établie,
elle consiste à pratiquer la marginalisation la plus
obstinée afin d'atteindre l'envers de l'endroit, de fuir
non seulement la gnose conventionnelle mais aussi le
parcours habituel des autobus et de l'histoire, le livret
militaire, les actes et paroles de la tribu, les cadres
sociaux, toute imposition fiscale ou morale; elle
consiste à s'isoler de l'espèce, à être un singe, un chien
ou un poisson parmi les hommes afin d'éliminer, par
régression, tout résidu de fausse humanité. L'inconduite implique de déclasser, de désétiqueter, de déclas-

sifier, de décatégoriser, de s'effilocher, de provoquer
par le désordre, la déraison – « ... car quelque chose lui
dit que dans l'insanité est le ferment, que l'aboiement
du chien est plus proche de l'oméga qu'une thèse sur le
gérondif dans Tirso de Molina » (125, 517) – l'ouverture, la porosité phénoménique permettant de retrouver la mouvance et la mutabilité du réel. Les deux
parties du roman factuel s'achèvent sur la plus grande
des inconduites : le nauséabond commerce érotique
avec Emmanuèle la clocharde et le cantonnement
d'Oliveira derrière l'embrouillamini des fils et la tran-
chée des cuvettes. L'inconduite détermine autant l'histoire que le discours; *Rayuela* peut être considérée
comme une tentative de dés-écrire le roman, de se
dés-éduquer littérairement afin que le langage revive en
intégrant la réalité – « De l'être au verbe et non du
verbe à l'être » (99, 461).

L'inconduite est surtout une attitude sociale, une
contre-attaque destinée à contrecarrer la Grande Habitude. Son corrélat intérieur, sur le plan de la perception, est le déphasage, l'autodélogement, la non-
présence ou la demi-présence : « sentiment de ne pas
être tout à fait là dans les structures et les toiles que
tend la vie et dans lesquelles nous sommes à la fois
mouche et araignée[3] » (99, 461). Oliveira exerce
« l'inattention attentive », comme échappatoire à la
vision utilitaire, il cherche en biais à devenir réceptif et
spongieux afin d'accéder à la paravision, à se pencher
instantanément sur l'absolu où tout devient extrapola-
ble, intervallaire. Oliveira exerce un regard interstitiel
pour détecter les fissures de l'apparent et entrevoir à
travers elles le monde en soi et selon sa propre nature.
Cette tendance à se sortir de soi, à l'ex-centration et au
rejet dans l'étrange, ce besoin d'atteindre les tréfonds
psychiques, de transposer l'absurde en vigueur en le

forçant, d'atteindre par une transgression obstinée le plus grand naturel impliquent un rapprochement, un raccordement admiratif à cet absurde radical qu'est la folie, folie assimilée à l'ordre insondable des dieux, comme si l'on atteignait par l'humaine déraison la raison cosmique.

Ces ponts intercesseurs, ces passages surgénérateurs, s'entrecroisent, convergent en de multiples carrefours textuels, se complètent, complotent, catapultent, et trament conjointement leurs escarmouches, leurs subversions en tout genre, allant de l'espièglerie au dérèglement le plus total. Comparses d'un même gang, ils opèrent simultanément à tous les niveaux, ils déterminent non seulement ce qui est représenté mais aussi les moyens de représentation, ils conditionnent autant l'imagerie que la réflexion, le message que son support. En contraste avec les ponts et passages négatifs pour s'évader du territoire des « fameux », il y a ceux qui permettent d'accéder à la zone libérée. Ils sont fondamentalement au nombre de trois : jeu, amour, humour, réunis sous l'emblème cortazarien de l'*Eros ludens*.

Le jeu, rupture du continuum normal, scinde l'ordre du réalisme utilitaire en le débarrassant des contraintes externes. Interrègne joyeux, il transporte dans une zone d'exception où l'on retrouve son libre arbitre. Il permet d'échapper à l'impérieuse satisfaction des nécessités immédiates et de pénétrer dans une autre sphère d'activités qui ont leur tendance propre, leur régulation particulière. Si on l'accepte, il prend un caractère d'obligation, instaure un code dont la violation peut entraîner des pertes imprévisibles. Les jeux établissent leur propre progression, leur propre concaténation. Ils peuvent commencer, comme l'épisode du pont de planches, par la banale occupation de redresser des clous sans savoir dans quel but. Une dynamique apparemment aléatoire, capricieuse, mais acceptée comme principe causal (*challenge and rispouse*) détermine peu à peu un cheminement de plus en plus absorbant, périlleux, décisif, transcendantal. Le jeu, une fois qu'on est embarqué dans sa sphère spécifique, n'admet ni révision des règles ni réfutation des commandements. Liberté des options et extrême fixité s'y conjuguent. Le jeu nous absout des limitations du réel empirique et en nous transportant dans un temps et un espace différents, en instaurant une communauté à part au sein d'un domaine séparé, il permet un contact extraordinaire avec la réalité. Il implique un bouleversement tendant à se ritualiser de par sa contiguïté avec le mythique, le liturgique, l'ésotérique. Il provoque un passage du culturel au cultuel. En se chargeant, comme dans *Rayuela*, de richesse métaphorique, de plénitude symbolique, il se fait lien entre perception esthétique, mystique, c'est-à-dire a-logique ou analogique, et perception ludique. Le jeu devient pont vers la solidarité cosmique[4].

La conjonction figurée d'amour et jeu s'accomplit, entre autres, dans le chapitre 21, p. 103-104, où la Sibylle devient translativement « vertigineuse marelle » :

> ... Pourquoi n'aurais-je pas aimé la Sibylle, pourquoi ne l'aurais-je pas possédée sous des dizaines de plafonds à six cents francs la nuit, sur des couvre-lits élimés et sales, puisque sur cette vertigineuse marelle, dans cette course en sac, je me reconnaissais et me nommais, enfin et jusqu'à quand sorti du temps et de ses cages, de ses vitrines Omega Electron Girard Perregaud Vacheron & Constantin marquant les heures et les minutes des obligations castratrices, dans un air où se défaisaient les derniers liens, et le plaisir

était miroir de réconciliation, miroir aux alouettes mais miroir tout de même, quelque chose comme un sacrement de corps à corps, de danse autour de l'arche, approche du sommeil bouche contre bouche, parfois sans nous délier, les sexes unis et chauds, les bras comme des rênes végétales, les mains caressant avec application une cuisse, un cou...

L'amour avec la Sibylle est une rencontre nouménale, un contact central, axial, qui transfigure le misérable repaire en paradis. Reconnaissance, véritable connaissance de l'être en soi, il permet d'accéder au nom, toute distance entre signe et chose signifiée abolie. Voie unitive, triomphe du principe du plaisir sur le principe de réalité, il annule biographie, chronologie et topologie horizontales, il invalide l'environnement mutilant. Dans l'amour, la vie se dénude et se dénoue allégrement pour retrouver la plénitude, l'intégrité premières. La solidarité amoureuse est réconciliation, libre rattachement à la réalité substantielle sans interpositions déformantes ou distanciatrices (conventions sociales et cognitives, langage stéréotypé). « Sacrement de corps à corps, danse autour de l'arche » indiquent une transfiguration, projettent dans un temps et un espace primordiaux, annoncent une épiphanie naturelle, liée à la nudité adamique, non souillée par des vêtements, signes du temps historique, annoncent la réintégration harmonieuse à cette personne mixte, à cette multiplicité intégrale et multiforme qu'est l'univers.

Il y a dans *Rayuela* une bipolarité amoureuse entre jeu et sacrifice qui tend à se radicaliser, à se convertir en l'opposition extrême de vie et de mort. D'une part les jeux se sacralisent, deviennent vecteurs du sens suprême, transport vers la zone sacrée, se ritualisent,

se font cérémonieux, hiérophaniques, cherchent à
s'élever vers le sacrifice, comme la transmutation de la
Sibylle en Pasiphaé et d'Horacio en taureau de Crète.
D'autre part, on trouve la contre-offensive : « éviter
comme la peste toute sacralisation des jeux », empêcher l'aliénation, la perte du contrôle. Lorsque survient
la plongée dans le délire panique, l'absorption des
amants par le pathos érotique, le jeu et l'humour
agissent d'un commun accord comme un anti-climax,
comme des facteurs de distanciation désacralisante,
comme démythificateurs, comme dépathétiseurs.

Parmi les jeux initiatiques tendant à se ritualiser et
rattachés à la sphère érotique, imprégnés de relations
mystérieuses (mythe, magie, liturgie, sacrement), de
symbologie cosmologique, comme la marelle et le
kaléidoscope, on retrouve la rhabdomancie ambula-
toire et le jeu des aquariums. La rhabdomancie ambu-
latoire postule des rencontres fatales par attirance
astrale ou transmission télépathique. Elle est à la fois
manipulation ludique, commerce avec les forces occultes et contravention aux pratiques conventionnelles;
elle signifie la mise en état d'exception, en disponibilité.
Elle consiste à se donner vaguement rendez-vous dans
un quartier à une certaine heure et à déambuler dans le
labyrinthe parisien jusqu'à se retrouver, par pressentiment, par aimantation. Pour Oliveira cette dérive gui-
dée par un contrôle à distance invalide ses « vulgaires
ressorts logiques », renverse ses « préjugés bibliothécai-
res ». L'amour-aimant avec son jeu d'attirances et de
rejets, agit comme une cause de raison suffisante ou
sans raison causale, comme un conducteur concer-
tant/déconcertant de rencontres et de fourvoiements.
C'est ainsi que débute *Rayuela*, roman sous le signe de
l'action et de la notion de recherche[5].

Le jeu des aquariums est aussi passage du territoire à

la zone, c'est sortir de la rue pour entrer en flottant dans le monde fluide, abolir les compartiments entravant la libre circulation parmi les ordres de la réalité. Le jeu des aquariums rétablit l'intervalle déliquescent (les amants sont poissons, oiseaux rose et noir, papillons, Giotto, chiens en jade, nuage mauve), la communication unanime. Soûlerie de métaphores et d'analogies, la plongée dans les eaux mythiques permet à l'imagination omnivore et omnimode d'exercer librement son éros relationnel, de franchir les parois des aquariums et de se réintégrer sporadiquement à la candide solidarité paradisiaque.

L'érotisme instaure le règne de la convergence homologique sans restriction, inconditionnelle, irrésistible. Pleine mer fusionnante et effusive, elle impose au monde objectif et réfréné du sens propre, la prolifération imaginante du sens figuré. Sous l'emprise de la passion copulative, tout est emporté par l'effluve métaphorique, assemblé par un appareillement universel.

Le jeu proprement amoureux implique un contact physique, une progression dont l'apogée est l'accouplement, une absorption simultanée, une dissolution mutuelle de l'individualité de l'ordre diurne, la fusion et la confusion nocturnes, l'union qui enchâsse les amants en une seule entité, la belle mort sexuelle. Il peut commencer par la caresse mutine, telle la bouche de la Sibylle que la pulpe digitale effleure (7, 41), ou par le jeu du cyclope qui consiste à se regarder les yeux de plus en plus près jusqu'à ce que les bouches se rencontrent, se mordent, se lèchent, s'explorent. Le jeu ici rejoint l'homme animalisé, une involution régénératrice, un temps immémorial, une obscure descente vers le préformel, des mythèmes naturalisants qui rétablissent la solidarité cosmique. Le jeu se transforme

par échauffement en lutte acharnée, en guerre amoureuse.

Le cinquième chapitre de *Marelle* représente la
culmination du climax érotique, l'hallucinante métamorphose d'Horacio en taureau et de la Sibylle en
Pasiphaé, le transport de l'amour transgresseur qui
permet, moyennant une ascèse barbare et par saturation sexuelle, le saut vers l'altérité. La Sibylle s'accro-
che désespérément aux instants d'acmé érotique; pour
elle la progression orgastique est « comme un réveil,
comme apprendre son véritable nom » (5, 36); la
copulation, plénitude corporelle, lui confère une consistance ontologique maximale, révélatrice de la véritable
identité, de l'entité la plus substantielle. La poussée qui
active la séquence est celle de l'euphorie lubrique
opposée à la disphorie de la zone crépusculaire, biographique; les souvenirs qui affleurent attristent, ce sont
des vecteurs de déflation : frustration, mutilation de la
complétude, souillure, altération de la nature véritable,
pénombre froide et hostile : entropie.

L'amour fulgurant, fervent, incandescent du temps
vertical qui rattache au centre lutte contre le temps
profane, dont l'usure, l'assombrissement, le démantèlement est irréversible. Le couple se débat entre communion et divorce. La fonction d'Oliveira est d'exciter la
Sibylle pour qu'elle ne tombe pas dans l'éteignoir, dans
l'amenuisement. L'incitation débute sur un érotisme
ludique afin de provoquer par le jeu le passage de
l'ordre régi par le principe de réalité à l'ordre jouissif,
de traverser la barrière des restrictions psychophysi-
ques du monde des obligations, d'inciter à l'envol, de
provoquer la reddition qui permettra le transport trans-
figurateur, l'afflux par dérèglement ou démesure de
l'a-histoire ou trans-histoire, c'est-à-dire de la vérité
radicale.

« ... il fallait, à ce moment-là, l'embrasser profond, l'appeler à de nouveaux jeux, alors l'autre, réconciliée, grandissait à nouveau sous lui et l'emportait » (5, 36). L'emportement, l'ivresse orgiaque, annule les restrictions, la séparation, les limites; il implique la perte temporaire de l'individualité contrainte, laborieusement construite dans le monde de la veille, celui des classifications catégorielles, le monde culturel et historique du discours d'en haut, superposé à l'épaisse indifférenciation de l'espèce. Amour frénétique veut dire aliénation, mélange des individualités, annulation des contraires, de l'hétérogénéité sexuelle; l'amour frénétique renvoie à la fusion androgyne, il provoque la mort momentanée du moi égocentrique, de la conscience censoriale, il oblige à retourner à la continuité naturelle indifférenciée, au génésique et générique qu'est l'espèce. Le contrôle vigilant (intellection analytique, succession discursive, élévation abstraite) s'oppose au manque de contrôle affolé, règne de l'imagination instinctive, matérialisante, abolition de l'histoire biographique, retour à la mémoire ancestrale, passage du cosmos au chaos, chute dans l'informel, le protoplasmique antérieur à l'émergence, à la consolidation, à la différence de formes nettes, chute dans le royaume d'en bas, dans l'obscur mélange, dans l'épaisseur charnelle, dans la confusion intime : « ... elle se donnait avec une frénésie de bête, les yeux perdus, les mains crispées, mythique et atroce comme une statue déboulant la pente d'une montagne, déchirant le temps de ses ongles, entre son hoquet et une plainte rauque qui n'en finissait plus » (5, 30).

L'extase régressive délivre catastrophiquement de l'unidimension, de la pensée généralisatrice, catégorielle, policière, de l'illusoire neutralité cognitive; c'est un satori ou cataclysme mental qui instaure un contact

accablant avec la matérialité du non-moi, avec l'autre
et ce qui est autre, par transsubstantiation; c'est le
comble de la réalité irrésistible déjouant les défenses de
l'ego, une remise atroce à la plénitude du commencement, un renvoi agonisant à l'intégrité primordiale.
Délirant rejet de la pensée abstraite qui volatilise le
sensoriel et aplatit le qualitatif, la frénésie bestiale
rétablit la perception immergée, participante, précodifiée, précatégorielle, prélogique : non pas logos mais
neuma, non pas sema mais soma, semence.

Le paroxysme sexuel entraîne l'abolition du discours
linéaire émergent, il vient à bout de la cohérence filée,
de la concaténation causale de surface, celle de la suite
ordonnée, du déploiement progressif, obligatoirement
univoque; il produit l'irruption de l'étourdissement
équivoque, de la promiscuité, il supprime la distance
entre mots et choses, entre sujet et objet, intériorité et
extériorité, corps et esprit, cause et effet, chose en soi
et phénomène, être et non-être, il déroge aux dualis-
mes de la réflexion, de l'éclaircissement (éclaircissement $\neq$ obscurcissement, lucidité $\neq$ turbidité, clairvoyance $\neq$ obscurvoyance). Saisissement, passion, descente effusive, – « comme une statue déboulant une
montagne, déchirant le temps de ses ongles » – descente au discours corporel. Le mot fait chair récupère
sa dimension en profondeur, devient consubstantiel,
capable d'incorporer l'autre chose, la matière externe,
d'incorporer au-dedans de soi l'autre, l'être aimant et
aimé, capable d'enfoncer et de s'enfoncer, pénétrant et
pénétré, d'ingurgiter, de tout intégrer à sa propre
matière. Parole libidinale, parole pulsionnelle, puissante mêlée entre ingestion et expulsion, instinct de
conservation et instinct de mort.

Le retour à l'état mythique transmue le temps horizontal, profane, le temps de la succession vectorielle

irréversible, de la mort quotidienne et mesquine par altération, par affaiblissement, en un temps d'épiphanie catastrophique, un temps vertical qui rallie aux centres générateurs et régénérateurs, un temps réversible qui renvoie au commencement, temps circulaire de l'éternel présent, de la réintégration dans les cycles génésiques. Il implique de s'excentrer, de se décontrôler afin de remonter l'évolution, de se dé-culturer afin de se dés-historiciser : « Une nuit, elle lui planta ses dents dans l'épaule et le mordit au sang parce qu'il se laissait aller de côté, un peu perdu déjà, il y eut alors entre eux un pacte confus et sans paroles » (5, 36). C'est une régression *ab ovo*, un retour à l'instinct libéré, ni distordu, ni diminué par le logos sans éros. La récupération de toute l'énergie désirante empêche que le mot ne se substitue à l'expérience, qu'il ne précède, n'étiquette, ne dissimule l'être (*verba* sans *res*).

Le retour à la confusion du fond et de l'origine équivaut à la mort : « Oliveira sentit que la Sibylle attendait de lui la mort, un être obscur en elle réclamait l'anéantissement, la lente estocade sur le dos qui fait éclater les étoiles et rend l'espace aux interrogations et aux terreurs » (5, 36). La pléthore sexuelle projette hors de soi, la violence copulative renvoie l'ego au stade élémentaire, ôte la parole, démantèle l'ordre apollinien, abolit le moi éveillé, projette vers la démesure cosmique, plonge dans la nuit matricielle toute foisonnante d'accouplements qui engendrent et annihilent. Oliveira « excentré de lui-même comme le matador mythique pour qui tuer est rendre le taureau à la mer et la mer au ciel » (5, 37), consomme, par le sacrifice, la restitution du sacrifié au monde d'en bas, sa descente au centre donneur et récepteur. Le sacrifice introduit un échange d'énergies, vie contre vie,

afin de rétablir la circulation avec les puissances
mères.

Possédé par le rituel orgiaque, Oliveira se métamorphose en taureau, en titan primordial, paradigme de la
puissance virile, archétype de l'étalon, il se mue en
taureau de Crète, incarnation de Zeus le fécondant,
modèle de la fertilité masculine, déité mêlée aux multiples noces, copulatif par excellence. Au paroxysme de
la tension vitale, dans le rite de l'opulence barbare, la
fureur sexuelle provoque, par son débordement, la
convergence de l'orgie humaine avec ce que la nature a
d'excessif, avec sa surabondance luxuriante. Le sacrifice brise toute retenue, transgresse toute frontière,
« rend le taureau à la mer et la mer au ciel », replonge
dans la sphère cosmique, implique un frisson universel,
le cataclysme qui renvoie à la matière première pour
permettre une nouvelle création.

Oliveira, taureau qui réconcilie, par l'excès naturel,
l'ordre humain avec l'ordre animal, qui fait affleurer
frénétiquement les virtualités germinales, transforme la
Sibylle en Pasiphaé, mère du Minotaure, et la soumet
au dérèglement des sens, à la vexation maximale, à une
contravention expiatoire de la conduite réglementaire,
à l'irruption accablante d'un comble corporel. Ces
surplus de matérialité, de matière grossière, confuse,
dense, déjouent la conscience prévoyante qui n'accepte
que les doses de réalité susceptibles de régulation.
Cette pléthore se déchaîne, effrayante, elle relie à
l'ordre titanesque primitif, à la force terrible, aux
profondeurs abyssales. Le torrent des outrages représente la possession des « extasiés » par la nature en
pleine jouissance et agonie, elle culmine dans la restauration traumatisante de l'unité, l'annulation cataclysmi-
que du principe de raison ou principe d'individualisation. L'orgie transporte dans le hors-temps et le hors-

espace illogiques, elle démantèle l'ordre intelligible, elle
exaspère, consterne, ébranle, maltraite la Sibylle à
force d'absolu – « Elle avait été possédée par quelque
chose d'absolu, cette nuit-là, ouverte à une porosité
d'espace qui bat et se dilate... » –, transforme les
participants en éponges phénoméniques, ouvre vers
l'axial. Le sacrifice, mort rituelle, répond à l'avidité de
se perpétuer par cette ouverture, de rendre définitive
l'entrée transitoire à l'éden de la communication élémentaire. L'amour transgresseur constitue cette ascèse
violente, cette épiphanie chaotique qui agit comme un
retour à l'utérus. La saturation sexuelle est voie unitive, sacrement qui transporte brutalement vers le
règne de l'intercommunication solidaire; par l'orgie,
l'amour se fait trait d'union intervallaire, il devient
« amour passeport, amour passe-montagne, amour
clef, amour revolver, amour qui lui donne les mille
yeux d'Argos, l'ubiquité, le silence à partir duquel la
musique est possible, la racine à partir de laquelle on
pourrait commencer à tisser une langue » (93, 441).

Amour s'apparente à mort et résurrection du Phénix,
il est déluge, engloutissement phénoménal, apocalypse,
union du ciel et de la terre renvoyés à la masse
confuse, à l'état chaotique primordial afin de rendre
possible un nouvel engendrement. Par dissolution et
reconstitution cycliques on succombe pour renaître à
une émergence virginale avec toutes ses virtualités
intactes : « Seul, le plaisir, dans son coup d'aile ultime,
est le même; avant et après, le monde a éclaté en
morceaux et il faut le nommer de nouveau, doigt
par doigt, lèvre par lèvre, ombre par ombre »
(92, 439).

L'amour est représenté comme un rituel aquatique,
c'est une navigation, une immersion marine : « Plonger
dans la crête de la vague et passer à travers le fracas

fabuleux du sang » (92, 438). Passer de la Sibylle à Pola c'est plonger dans « une nouvelle mer, une nouvelle houle » (92, 439). Dans le jeu du cyclope, l'accouplement buccal, l'unification des souffles, la mutuelle absorption des salives fait figure de naufrage dans l'eau fécondante : « Et si nous nous mordons, la douleur est douce, et si nous sombrons dans nos haleines mêlées en une brève et terrible noyade, cette mort instantanée est belle. Et il y a une seule salive et une seule saveur de fruit mûr, et je te sens trembler contre moi comme une lune dans l'eau » (7, 41). La fusion sexuelle est comme une immersion dans un univers liquide où les images prolifèrent à partir de l'identification de l'eau avec la femme, de la mer avec la mère. La femme, agent émollient, ramollit tout, liquéfie tout; la posséder c'est s'enfoncer, se dissoudre. La féminité est imaginée comme albuminoïde, protoplasmique; le féminin devient eau germinale, monde embryonnaire.

Les passages de plus fort érotisme sont présidés par la liquéfaction, traversés par des isotopies aquatiques qui mettent la femme en corrélation avec l'obscure tiédeur du fond marin. Le coït équivaut à un retour par immersion au monde intra-utérin, à l'inconscient abyssal. Les images aqueuses abondent, animées par une dynamique incestueuse autour de la pénétration à vif, symbolisée par la correspondance entre ventre féminin et entrailles de la mer, par la réabsorption dans l'océan des origines, source de la fertilité. La tranquillité de l'eau maternelle est troublée par la fureur des flux séminaux. L'eau paisible, cristalline, lustrale, s'agite et s'épaissit, se fait plasma boueux, sang, lait, argile germinale.

Les odeurs pubiennes, les sécrétions corporelles de la Sibylle s'associent à des substances onctueuses : « Tu sens la gelée royale, le miel dans un pot de tabac, les algues, bien qu'il soit devenu un lieu commun de le dire. Il y a tant d'algues, la Sibylle sentait les algues fraîches, arrachées à la dernière vague de la mer. La vague même » (144, 569). L'érotisme buccal humecte tout, instaure un échange de jus essentiels; le lèchement, l'auscultation par sa langue, la pénétration vaginale rétablissent la circulation des liquides primordiaux, mettent de nouveau en action « la roue des origines ». L'intromission dans « la caverne visqueuse », grotte cosmique, matrice universelle, provoque la communication et la conciliation maximales avec tous les ordres naturels. Le génital et l'excrémentiel se « cosmifient »; les excrétions organiques sont homologues à des constellations astrales, deviennent les figures initiales et finales d'une configuration unanime. Le corps, distance entre la bouche et l'anus, cosmos interne, correspond à l'espace entre ciel et terre, cosmos externe. Le corps est carte cosmique. Parcourir le corps-mandala, se convertit en traversée à la poursuite de l'origine, du corps non marqué par l'histoire tergiversante, par la soumission à la machine sociale. A travers les excréments, par les voies excrétrices, on peut parvenir au centre de la fulgurance édénique, tomber dans « les abîmes où roulent des cabochons d'émeraude, des éphémères et des phénix et des cratères... » (144, 144)[6].

Le microcosme viscéral, avec ses injections et ses déjections, ses déglutitions, ses irrigations, ses flux et reflux, avec son effervescence, son agitation, son tumulte, s'identifie au fond marin, au plasma germinatif, au vermiculaire, au pullulement embryonnaire de la nuit océanique, celle qui précède la naissance cosmique :

... Un cosmos liquide, fluide, en gestation nocturne, plasma montant et descendant, la machine opaque et lente se mouvant laborieusement et soudain, un grincement, une course vertigineuse presque contre la peau, une fuite et un gargouillement de combat ou de filtre, le ventre de Pola un ciel noir aux étoiles lourdes et lentes, aux comètes fulgurantes, révolutions d'immenses planètes vociférantes, la mer avec un plancton de murmures, ses bruissantes méduses, Pola microcosme, Pola résumé de la nuit universelle dans sa petite nuit fermentée...

(103, 476)

Cortázar s'efforce de descendre dans le tréfonds corporel. A mesure qu'augmente son refus du discours élevé, de l'abstraction généralisatrice, à mesure qu'il s'éloigne des logomachies toutes-puissantes, de l'éthique de la sublimation, de la spiritualité, de la transparence, sa vision et son verbe s'incarnent, deviennent charnels, se lubrifient, se font plus pulsionnels, plus libidineux, réintègrent la fluidité, l'instabilité, la mutabilité substantielles. Le discours descend dans la bouillonnante richesse qualitative du monde matériel. Libéré de la dictature des propositions, du modèle syntaxique, du joug grammatical, le langage, rendu aux choses, accentue sa concrétion sensible par le contact avec le crasseux et l'épais, le digestif, le génital, le fécal. Emmanuèle la clocharde incarne la fécalité maximale, fécalité réversible et mutable en or. En côtoyant l'ordurier et le fétide, Oliveira essaye de franchir les limites de la tolérance normale, la frontière entre le licite et l'illicite, le solite et l'insolite, afin que tout devienne transformable. Il met en pratique la dernière leçon d'Héraclite, plongé jusqu'au cou dans sa montagne de fumier : descendre à l'immonde, se rabaisser, contrarier les prurits, défier la fausse décence : « ... se jeter par terre comme Emmanuèle et de là regarder à même la montagne de fumier, regarder le monde à travers le trou du cul and you'll see patterns pretty as can be, la petite pierre devait passer par l'œil du cul, poussée à coups de pied par le bout du soulier, et de la Terre au Ciel les cases seraient ouvertes, le labyrinthe se détendrait comme un ressort de montre qui casse, ferait gicler en mille morceaux le temps des employés, et l'on aborderait, par la morve et le sperme et l'odeur d'Emmanuèle et le fumier de l'Obscur, le chemin qui menait au Kibboutz du désir... » (36, 227-228). Au discours sublime, Cortázar oppose le discours fécal. Aux religions, aux systèmes, aux grilles, un contact direct et dépouillé avec la réalité viscérale, un contact grossier, en marge de toute grâce, sans médiations mythopoétiques. Ecrire, c'est arracher la peau du langage, dés-éduquer les sens, s'ouvrir au nauséabond, « être dans la merde jusqu'au cou ». Ecrire, c'est se débarrasser de ses vêtements littéraires, se dévêtir de son investiture, écrire c'est dés-écrire. Ecrire : plonger la main dans les viscères, pénétrer jusqu'aux entrailles désirées et désirantes, descendre habiter le corps, réconcilier la parole avec le fonctionnement et la productivité organiques.

Oliveira réclame un amour radical qui produise « la racine à partir de laquelle on pourrait commencer à tisser une langue ». L'amour agit comme un activeur aussi bien au niveau de l'histoire qu'au niveau du discours, il transforme non seulement la représentation mais aussi le support. Imagination érotique et imagination verbale se rejoignent en un élan narratif où le véhicule est aussi puissant que la vision, où la vision est avant tout une intervention linguistique : une langue aphrodisiaque. Le transport érotique produit une expansion irrépressible de la parole, la frénésie érotique provoque une saturation métaphorique qui dépasse toute retenue réaliste. Le tourbillon verbal renverse les distributions normales et la sélection est chassée par une combinaison hallucinée. Le climax lyrique se concrétise moyennant une impérieuse, une omnipotente métaphorisation toujours plus radicale. Au chapitre 64, l'amour s'empare des dessins à la craie sur les trottoirs de Paris et les étale imaginairement jusqu'à s'approprier la ville :

> La rue Dauphine de craie grise, l'escalier consciencieuse-ment de craie brune, la chambre avec ses lignes de fuite habilement tracées à la craie vert clair, les rideaux de craie blanche, le lit avec son poncho où toutes les craies, vive Mexico ! l'amour, ses craies affamées d'un fixatif qui les immobiliserait dans le présent, amour de craie parfumée, bouche de craie orange, tristesse et lassitude de craies incolores tournant en une poussière impalpable, se posant sur les visages endormis, sur la craie épuisée des corps.
>
> *(64, 380)*

Dans la saturation érotico-métaphorique, les mots s'accouplent selon un jeu autonome d'attractions et de répulsions. Cortázar ouvre les écluses à l'inondation, à la surabondance conjonctive où l'éros relationnel et translatif place ses pions, installe ses vastes et diverses constellations. Lorsque le lexique disponible s'avère trop faible pour sa voracité envahissante, il passe au « gliglicien », à une langue émolliente, albuminoïde, un magma verbal dans lequel les mots se ramollissent, se dissolvent, acquièrent une ductilité et une fluidité pro-pres à l'état embryonnaire. Il n'est pas de langage plus apte à l'expression érotique que ce limon, ce proto-verbe turgescent, cette gelée lubrique :

A peine s'étaient-ils entrepalmés, quelque chose comme
un ulucorde les transcrêtait, les tréjouxtait, les permouvait,
et c'était soudain le culminaire, la convulcation furialante
des matriques, l'embouchaverse halesoufflant de l'origame,
les éprouances du perpasme dans une surhumitique pâme-
rais, Evohé! Evohé! Volposés sur la crête du murèle, ils se
sentaient balparamer, perlines et marulles.

(68, 387)

Oliveira veut éviter la sacralisation aliénante, il ne
veut pas que les jeux débouchent sur le sacrifice. A
l'exaltation dionysiaque, à la projection cosmogonique
de la frénésie sexuelle, à la transfiguration euphorique,
euphonique, à l'amplification lyrico-érotique, à l'expansion fervente et assujettissante du désir, au climax
orgastique, Cortázar oppose la contrepartie burlesque
de la puanteur et de la crasse d'Emmanuèle, la profanation de la Grande Mère, piétinée, renversée, souillée
par l'urine et le sperme de la soldatesque soûlarde (36,
221-222), ou la vision terrifiante de ces « fous furieux
en camisoles, se poursuivant avec des rasoirs et en
brandissant des tabourets et des pieds de lit, vomissant
sur les feuilles de température et se masturbant rituel-
lement » (47, 298). Contre sacralité exultante, sacrilège
insultant; contre enthousiasme érotique, anti-climax
ludico-humoristique.

L'humeur et le jeu sont des techniques de soustraction, de refroidissement, de distanciation, de disten-
sion, ils interviennent, face au tourbillon sentimental, à
l'inflation frénétique, en tant qu'antidotes désacrali-
sants, dépathétisants, défatalisants. Ils renvoient la
parole à la surface, destituent le discours apollinien
d'en haut et renflouent le discours bachique de la
profondeur viscérale. Contre l'implantation possessive

de la passion, du délire érotique, de l'égarement onirique, le jeu et l'humour, insoumis, irrévérents, ils
produisent une coupure lucide, un dédoublement ironique, un écartement libérateur.

Jeu, humour, ironie sont rendus possibles lorsque
affleure l'urgence vitale; ils diminuent la pression, ils
relâchent la compulsion pour restaurer le libre arbitre.
Ils comportent une pratique consciente du détachement qu'Horacio/Cortázar exerce afin de préserver
son volontaire déplacement d'*outsider*. Par ses soudai-
nes ruptures, irruptives et disruptives, par le mélange
des hiérarchies qui rend transcendant le dérisoire et
immanent le suprême, par l'humour noir qui interrompt la norme morale et l'impératif affectif, par ses
exercices de profanation, ses réductions à l'absurde,
ses renvois au ridicule, son recours à l'extravagant, ses
associations disparates, le voisinage du majestueux
avec le populaire et cucul, sa mobilité parodique, ses
calembours, ses irrévérences verbales, ses jeux de
mots, son interlinguisme burlesque, ses auto-atteintes
par insultes polyglottes, son orthographe humoristique,
ses amusantes homophonies, les argotismes introduits
dans les passages de réflexion métaphysique ou les
dialogues nodaux, décisifs, Oliveira passe à un alter ego
souverain. Son humour et son ironie imposent une
marge d'absence, ils comportent une désinvolture, une
oisiveté, un décollage intelligent des exigences commi-
natoires, un détachement de soi, serait-ce au prix du
sacrilège et de l'impiété.

Faire de l'humour, ironiser signifie médiatiser, s'opposer à toute hégémonie despotique, tenir à distance ce
comble imposant, cet absolu momentané qu'est l'instinct, s'éloigner du bourbier, sortir du puits aveugle.
L'humour est la liberté négative, la faculté de renverser
l'irréversibilité tragique, d'amoindrir le grandiose, de

se contenir face au débordement impulsif, de combat-
tre contre l'impérialisme sentimental, de refréner toute
excitation cancéreuse. L'humour est l'art de la surface,
de la tangence, de la ductilité. Il vaccine contre l'oppression du pathos intransigeant, il rétablit l'indétermination, l'incertitude, le sens nomade, il rompt l'aimantation, la polarisation de l'extase, brise le ravissement,
la révérence, le délire, la vectorialité compulsive de la
passion.

Octavio Paz
ou La quête de la parole

TABLE DES ABRÉVIATIONS :

AL – El arco y la lira, Mexico, Fondo de Cultura Económica, 1956. (*L'arc et la lyre*, Paris, Gallimard.)

CA – Corriente alterna, Mexico, Siglo XXI, 1967. (*Courant alternatif*, Paris, Gallimard.)

LE – Ladera este, Mexico, Joaquin Mortiz, 1969. (*Versant Est*, Paris, Gallimard.)

LP – Libertad bajo palabra, Mexico, Fondo de Cultura Económica, 1960. (*Liberté sur parole*, Paris, Gallimard.)

PC – Puertas al campo, Mexico, UNAM, 1967.

S – Salamandra, Mexico, Joaquin Mortiz, 1962.

Ainsi que l'affirme Umberto Eco[1], l'œuvre d'art ne se propose pas en première instance la connaissance du monde mais la création de formes autonomes possédant des caractéristiques spécifiques. L'art ne remplace pas la connaissance scientifique mais apporte des compléments de monde; c'est une « métaphore épistémologique », une représentation figurée qui s'organise, à l'instar des autres connaissances, selon les modules qui permettent à chaque époque de percevoir et concevoir la réalité. Les deux poètes de langue espagnole qui illustrent le mieux la correspondance entre le système de représentation et la conception contemporaine du monde sont, à mon sens, César Vallejo et Octavio Paz. Chez Octavio Paz, cette réciprocité est encore plus explicite que chez Vallejo car la pensée métaphorique, le mythe, vont toujours de pair avec la théorie. La parole poétique qui, de manière indissoluble amalgame, dans une même chair sonore, moyens et messages, signifiants et signifiés, est à la fois reflet et miroir de l'examen conceptuel. Paz s'insère dans la tradition instaurée par Poe et Baudelaire, poursuivie par Mallarmé, Apollinaire, T.S. Eliot, Ezra Pound, Jorge Luis Borges. Il pense que la littérature moderne est inséparable de sa critique, que cette dernière l'invente et en jette les fondements. La critique met les œuvres en connexion, elle établit le champ de relations qui compose une littérature, elle fournit un corps de doctrines et organise l'espace intellectuel propice aux nouvelles créations *(CA)*. Il y a toujours complémentarité et osmose réciproque entre les poèmes et les essais de Paz, qui surgissent en une alternance continuelle (en un courant alternatif) d'un même centre en mouvement. Et c'est ce mouvement que nous aimerions esquisser à travers la réflexion (ou double réfraction, celle d'un rayon incident dédoublé) du poète sur la parole[2].

Paz, éponge avide, est d'une réceptivité étonnamment perméable aux courants de son époque. C'est un résonateur de l'actualité artistique et intellectuelle dont on détecte doublement la trace dans ses poèmes et ses essais. L'esthétique romantique restera tout au long de son œuvre comme une conviction, un credo ou une nostalgie; elle sera renforcée par le surréalisme et relativisée par l'existentialisme, charpentée par l'anthropologie et la linguistique, soumise aux assauts des courants scientifiques et philosophiques qui conditionnent non seulement la vision mais aussi la mise en pages de ses poèmes. Le parcours de Paz inscrit un discours où tous ces échos se répercutent à travers images et pensées.

Pour Paz le poème est consécration de l'instant privilégié qui échappe au courant temporel, à l'histoire, à la succession des actes anodins, aux travaux forcés, à la soumission au réel immédiat et quotidien; il est instant révélateur de l'ailleurs, bond vers l'absolu, épiphanie, présence du mystère cosmique, récupération de l'unité et de la plénitude premières, charnière entre la conscience et le monde véritable. Cette sacralité du poétique, cette fascination devant l'étrange, le nouménal, ce que l'on entrevoit à peine et que l'on ne peut suggérer que par balbutiements, se réaffirment chez Paz à travers son contact avec le surréalisme. Il veut, comme les surréalistes, instaurer la primauté de la poésie, libératrice de conformismes, de routines, de jougs et de tabous; il veut accéder par la poésie au point de fusion des antinomies. Pour y parvenir, il adopte partiellement les pratiques surréalistes : le hasard objectif, l'automatisme, la transe, l'humour noir, la violence verbale, le jeu. Rejoignant Breton, il considère le désir, la passion amoureuse, non seulement comme des conciliateurs de contraires mais comme des principes d'interprétation de l'univers.

Puis vient la grande brèche de l'après-guerre. L'existentialisme aiguise chez Paz la vision désintégratrice de la réalité. Plus rien n'a de sens; le temps se désarticule en présents immobiles; le monde devient chaos, confusion capricieuse, absurdité. A l'arbitraire du monde correspond l'arbitraire du langage; tous deux se relativisent. Le langage ne laisse plus transparaître, il ne transcende plus, il est écran opaque qui s'interpose entre la conscience et le monde; la poésie devient conscience de la séparation. Le mot est à présent reflet de reflets, simulacre, scorie; il ne peut plus dire le monde, il ne fait qu'exprimer l'être temporel du poète, la condition humaine; il est signe de l'être qui se vit lui-même, non pas discours mais pur parcours. Ecrire n'est pas écrire le monde mais s'écrire soi-même.

L'autre étape va de la destruction du sens à sa récupération. Après *La estación violenta* (La saison violente) (1968), Paz redonne ses pouvoirs à la poésie; le mot est de nouveau semence, incandescence, évocation et engendrement. La recherche linguistique met en évidence sa double condition de miroir du monde et miroir du poète, ou plutôt miroir du monde du poète (mon langage est mon monde, dit Wittgenstein), et champ de forces soumises à leur propre dynamisme, constellation d'occurrences. Ce sont les « signes en rotation »; la « poésie en mouvement ». Le monde apparaît comme un immense texte plus ou moins lisible. Le langage et la réalité une fois homologués, la structure linguistique s'avère applicable à toute manifestation du réel. Le cosmos devient un émetteur de messages verbalisables, une « sonnaille de semences sémantiques ».

A travers l'orbite que je viens de signaler, Paz ne cessera de croire au pouvoir récupérateur de la parole poétique, celle qui, selon lui, permet le rétablissement, le rajeunissement et la perpétuation des noms oubliés. Poétiser c'est se souvenir. La poésie ne mime pas, elle remémore; elle est mémoire de l'humanité, fille de Mnémosyne, mère des neuf muses. La naissance de la parole réitère le modèle par excellence de toute création, la cosmogonie :

Nacían las palabras.
Golpeaba en sus sílabas la sangre.
Nacía la que se llama como la luna en el mar,
Por la que nace la luz de su sepulcro
y las piedras se sueñan escultura.
Nacían todas las olvidadas por la vieja lluvia y el hombre
que viven en la poesía.
Nacía el mundo,
nacía en áureos nombres.

(LP, 19)

Les mots naissaient.
Le sang battait dans leurs syllabes.
Naissait celui qui s'appelle comme la lune sur la mer,
Par qui la lumière naît de son sépulcre
et les pierres se rêvent sculpture.

Naissaient tous les oubliés de la vieille pluie et de l'homme
qui vivent dans la poésie.
Naissait le monde,
naissait en des noms d'or.

(LP)

Je cite volontairement un poème très juvénile qui
date de 1935, car il ébauche une croyance qui sera la
base des productions futures. Paz conçoit les mots
comme une émanation naturelle, inexplicable et spontanée, comme un fleurissement. Mots et fleurs, gestations similaires, extériorisent l'énergie originelle qui les
engendre. Manifestations du mystère cosmique, ils
proviennent tous deux de la « présence qui anéantit »
(LP). Dans *Manantial* (Source) *(LP)* la parole se réveille
comme l'aube, elle est imminence de la révélation.
Avec la lumière se déploie un langage limpide, l'eau
vocalise son appel, les vagues déplacent des gestes et
des mots. Les noms disent le visible, l'audible, le
palpable, tandis que l'interne, l'innommable, cherche à
tâtons l'afflux, veut traverser le pont que lui tendent les
images *(AL)*. Le jour se lève sur le poème et la parole
aurorale inscrit peu à peu le nom de l'aimée jusqu'à la
doter d'un corps :

Un día comienza a tus pies
Pelo mano blancura no son nombres
Para este pelo esta mano esta blancura
Lo visible y lo palpable que está afuera
Lo que está adentro y sin nombre
A tientas se buscan en nosotros
Siguen la marcha del lenguaje
Cruzan el puente que les tiende esta imagen
Como la luz entre los dedos se deslizan
Como tú misma entre mis manos
Como tu mano entre mis manos se entrelazan
Un día comienza en mis palabras

Luz que madura hasta ser cuerpo
Hasta ser sombra de tu cuerpo luz de tu sombra
Malla de calor piel de tu luz
Un día comienza en tu boca
El día que se pierde en nuestros ojos
El día que se abre en nuestra noche.

(LP)

Un jour se lève à tes pieds
Chevelure main blancheur ne sont pas des noms
Pour cette chevelure cette main cette blancheur
Le visible et le palpable au-dehors
Ce qui est au-dedans et n'a pas de nom
A tâtons se cherchent en nous
Suivent la marche du langage
Passent le pont que leur tend cette image
Glissent comme la lumière entre les doigts
Comme toi-même entre mes mains
S'entrelacent comme ta main entre mes mains
Un jour se lève dans mes mots
Lumière qui mûrit au point d'être corps
Au point d'être ombre de ton corps lumière de ton ombre
Maille de chaleur chair de ta lumière
Un jour se lève en ta bouche
Le jour qui se perd en nos yeux
Le jour qui s'ouvre en notre nuit.

(LP)

Le mot poétique équivaut à une conjuration, un sortilège *(AL)*; non seulement il évoque et convoque, mais il incarne et procrée :

> *En la puerta prohibida*
> *Grabar el nombre de tu cuerpo*
> *hasta que la hoja de mi navaja*
> *Sangre*
>   *Y la piedra grite*
> *Y el muro respire como un pecho.*

(S, 74)

Sur la porte interdite
Graver le nom de ton corps
Jusqu'à ce que la lame de mon couteau
Saigne
          Et que la pierre crie
Et que respire le mur telle une poitrine

(S)

Pour Paz il existe deux sortes de paroles : la parole pensée, dite, écrite, parole externe, et la parole profonde, immanente qui contredit la première, qui lui est sous-jacente, la sustente :

Ya escrita la primera
Palabra (hay otra, abajo,
No la que está cayendo,
La que sostiene al rostro, al sol, al tiempo
Sobre el abismo; la palabra
Antes de la caída y de la cuenta).

(S, 29)

Une fois écrit le premier
Mot (il en est un autre au-dessous,
Pas celui qui tombe,
Celui qui retient le visage, le soleil, le temps
Au-dessus de l'abîme : le mot
Précédant la chute et précédant l'addition).

(S)

Parole originelle, incommensurable, innocente, parole des tréfonds qui s'élance dans le poème, par-delà toute intellection, de l'autre côté de la réalité sensible. Parole catastrophique, « mot qui crève les mots » *(S)*, elle est capable de toutes les mutations; parole féroce, incontrôlable, aliénante, inondante, incendiaire, aveuglante, elle provoque la voyance, comme la femme aimée avec laquelle elle fait corps.

Les identifications entre parole et pouls, flux verbal et flux sanguin abondent. Une fois supposée l'identité entre vie et langage, entre les énergies naturelles et les poétiques, on perçoit l'univers comme une intégralité fluide et intercommunicante où tout se coalise en une fraternité magique, où tout est animé par la même impulsion. L'homme, spontanément et originellement, réédite le geste ancestral : il fait confiance aux mots, croit qu'ils dédoublent le monde objectif, qu'ils égalent ce qu'ils nomment. Les mots ont la mobilité et la mutabilité de la nature : « Le langage, tout comme l'univers, est un monde d'appels et de réponses; flux et reflux, union et séparation, inspiration et respiration. Certains mots s'attirent, d'autres se repoussent, tous se correspondent. Le parler est un ensemble d'êtres vivants, mus par des rythmes semblables à ceux qui régissent les astres et les plantes » *(AL)*. Dans l'écriture automatique, dans le rêve éveillé, les états d'hypnose ou de délire, les mots, libérés, recouvrent leur antique fraternité, ils déchargent leur force réprimée et établissent la correspondance entre tous les ordres de la réalité. Dès ses premiers poèmes, Paz postule et souhaite le retour à la réconciliation originelle.

L'analogie entre le discours de l'univers et celui de l'homme étant rétablie, l'univers se convertit en un système de signes dans lequel tout communique du sens : univers sémantique. L'univers nous parle et se parle par notre intermédiaire : « La faculté de parler est une manifestation particulière de la communication naturelle; le langage humain est un dialecte de plus dans le système linguistique de l'univers. On pourrait ajouter : le cosmos est un langage des langages » *(CA)*.

De même que pour l'imagination mythique, la vision magico-religieuse du cosmos, la parole n'est pas l'apanage de l'homme, et toutes les manifestations naturelles sont des signaux émis par un pouvoir qui les englobe :

> *Todo es puerta*
> > *Todo es puente*
> *Ahora marchamos en la otra orilla*
> *Mira abajo correr el río de los siglos*
> *El río de los signos*
> *Mira correr el río de los astros*
> *Se abrazan y separan vuelven a juntarse*
> *Hablan entre ellos un lenguaje de incendios*
> *Sus luchas sus amores*
> *Son la creación y la destrucción de los mundos*
> *La noche se abre*
> > *Mano immensa*
> *Constelación de signos*
> *Escritura silencio que canta*
> *Siglos generaciones eras*
> *Sílabas que alguien dice*
> *Palabras que alguien oye*
> *Pórticos de pilares transparentes*
> *Ecos llamadas señas laberintos*
> *Parpadea el instante y dice algo*
> *Escucha abre los ojos ciérralos*
> *La marea se levanta*
> > *Algo se prepara.*

(S, 62)

Tout est porte
> Tout est pont
A présent nous marchons sur l'autre rive
Regarde couler en bas le fleuve des siècles
Le fleuve des signes
Regarde couler le fleuve des astres
Ils s'étreignent et se séparent se rejoignent encore
Parlent entre eux un langage d'incendies

Leurs luttes leurs amours
Sont la création et la destruction des mondes
La nuit s'ouvre
                        Main immense
Constellation de signes
Ecriture silence qui chante
Siècles générations ères
Syllabes que quelqu'un prononce
Et mots que quelqu'un entend
Portiques aux transparentes colonnes
Echos appels signaux labyrinthes
L'instant cille et dit quelque chose
Ecoute ouvre les yeux referme-les
La houle se lève
                        Quelque chose se prépare.

                                                    (S)

Répondant au désir d'assimiler l'hétérogénéité du réel et d'unifier sa multiplicité, chaque chose coïncide avec le tout, et les métaphores associant le distinct et le distant deviennent symboles de cette convergence universelle. La culture renoue avec la nature; l'homme réintègre le cosmos; la réalité fragmentée s'amalgame, devient poreuse, perméable, circulante[3].

Tout comme le reverdissement, l'engendrement, la combustion, les mutations de l'eau et de la pierre, le langage est produit par une puissance naturelle. C'est un champ énergétique en constante réverbération, en perpétuelle agitation, régi, de même que les mouvements atomiques, par l'attirance ou le rejet, l'affirmation et la négation, l'identité et l'altérité.

Si l'homme est une métaphore de l'univers (transfusion mutuelle du sens, basée sur une identité originelle), l'association naturelle du couple humain est la métaphore par excellence, la conjugaison suprême de toutes les forces et formes, la personnification de

l'univers. Chez Paz, poétique et érotique s'étreignent et
se confondent comme le couple primordial. Le propre
du langage humain, ce qui le différencie de l'animal,
serait cette propension non utilitaire à satisfaire ses
passions, et surtout la passion amoureuse. Paz suppose
que le langage par antonomase est le dialogue des
amants.

L'aimée rassemble le divers, réconcilie les contraires,
elle est le pont qui ramène vers le temps antérieur aux
divorces *(CA)*. La femme est « langage concret, révélation incarnée »; avec ses dunes, ses baies, ses cratères,
ses frondaisons, la géographie de son corps ressemble à
la géographie terrestre; le poète la parcourt, il la lit et
trace en elle de pénétrantes lettres :

> *Lengua borgoña de sol flagelado*
> *Lengua que lame tu país de dunas insomnes*
> *Cabellera*
>   *Lengua de látigos*
>   *lenguajes*
> *Sobre tu espalda desatados*
>   *Entrelazados*
> *Sobre tus senos*
>   *Escritura que te escribe*
> *Con letras aguijones.*

                           (LE, 118-119)

Langue bourgogne de soleil flagellé
Langue qui lèche ton pays de dunes insomnieuses
Chevelure
        Langue de fouets
                langages
Sur ton épaule dénoués
               Entrelacés
Sur tes seins
        Ecriture qui t'écrit
Avec des lettres aiguillons.

                               (LE)

L'instant d'amour renvoie à l'origine de toute création, à la latence, à la nuit précédant la cosmogonie où
l'on entend seulement le lent bourgeonnement du
poème, perpétuation de cet instant suprême :

> *Como una piedra blanca reposa la mujer*
> *Como el agua luna en un cráter extinto*
> *Nada se oye en la noche de musgo y arena*
> *Sólo el lento brotar de estas palabras*
> *A la orilla del agua a la orilla de un cuerpo*
> *Pausado manantial*
> *Oh transparente monumento*
> *Donde el instante brilla y se repite*
> *Y se abisma en sí mismo y nunca se consume.*
>
> (LP, 102)

> Comme une pierre blanche repose la femme
> Comme l'eau lune en un cratère éteint
> Pas un bruit dans la nuit de mousse et de sable
> Seul le lent jaillissement de ces mots
> En bordure de l'eau en bordure d'un corps
> Calme source vive
> O transparent monument
> Où l'instant brille et se répète
> Et s'abîme en lui-même et jamais ne se consume.
>
> *(LP)*

L'amour, communion enivrante, implique la perte
du nom, la perte de l'identité, un retour à l'utérus, à la
réalité plus profonde, au noyau énergétique d'où provient toute création *(LP)*.

Dès ses premiers livres, Paz redit son désir de revenir
au temps des origines, à celui, réversible et récupérable, de l'éternel retour, au temps paradigmatique, non
pas au linéaire et prospectif de l'histoire mais au

vertical, au temps de purification, de rétablissement
des liens, de résurrection, un temps édénique où les
mots récupèrent leur sens :

> *Allá, llevadme allá,*
> *donde tu nombre, mundo,*
> *es tan eterno y mío,*
> *que tu vives en mí, mueres conmigo*
> *y yo no me conozco*
> *sino en la prisa de tus ciegas aguas,*
> *ignorante de mí como tú mismo.*
>
> (LP, 48)

> Là-bas, qu'on m'emmène là-bas,
> où ton nom, monde,
> est si éternel et mien,
> que tu te vis en moi, tu meurs avec moi,
> et que je ne me connais
> que dans la hâte de tes eaux aveugles
> qui m'ignore autant que toi-même.
>
> *(LP)*

Désir de revenir au commencement, de retrouver
l'enfance, le monde indivis, la participation de tous à
tout, le monde d'un seul langage à présent fragmenté
par la dégradation :

> *Todo era de todos*
>   *Todos eran todo*
> *Sólo había una palabra inmensa y sin revés*
> *Palabra como un sol*
> *Un día se rompió en fragmentos diminutos*
> *Son las palabras del lenguaje que hablamos*
> *Fragmentos que nunca se unirán*
> *Espejos rotos donde el mundo se mira destrozado.*
>
> (LP, 90)

Tout était à tous
        Tous étaient tout
Il n'y avait qu'un mot immense et sans envers
Mot comme un soleil
Un jour il s'est cassé en petits morceaux
Ce sont les mots du langage que nous parlons
Morceaux qui jamais ne s'uniront
Miroirs brisés où le monde se regarde en miettes.

                           (LP)

Annulation du temps concret, profane, réincorporation dans le temps primordial, retour au commencement absolu, c'est là un des nombreux archétypes mythologiques que Paz réassumera dans sa poésie. Le retour en arrière pour retrouver la plénitude de l'homme, qui est plénitude de la parole, fait également partie des préceptes surréalistes. Paz dit d'André Breton : « Toute sa recherche fut, autant ou plus qu'une exploration de territoires psychiques inconnus, la reconquête d'un royaume perdu : la parole du commencement, l'homme antérieur aux hommes et aux civilisations » *(CA)*. Récupérer un langage de pierre, de neige, d'eau, de sang *(S)* implique un refus de l'historicisme, de l'idée de progrès, des bienfaits de la civilisation urbaine, rationaliste et technologiste. Tout comme la poésie bucolique et l'apologie de la vie pastorale furent le produit de poètes courtisans raffinés, l'ascèse barbare préconisée par tant de poètes modernes provient des intellectuels citadins. L'anti-intellectualisme de la poésie contemporaine (Neruda est un exemple probant de cette prise de position) oublie que le discours poétique est d'une élaboration aussi intellectuelle que l'historique ou que le scientifique; en tant que processus gnoséologique, il n'y a aucune différence

entre la métaphore poétique et prosaïque, toutes deux
analysent le pouvoir de ressemblance ou d'identification des dissemblances, toutes deux établissent des
liens entre les genres afin de permettre de nouvelles
généralisations, la multiplicité du sensible et la raison
qui tend à l'unifier intervient dans les deux[4]. L'anti-
intellectualisme est une réponse à la pression de la
réalité concrète, à la société industrielle, à la concentration urbaine, à la massification, au mercantilisme, au
militarisme, aux luttes pour le pouvoir politique, éco-
nomique, social. Primauté des impératifs vitaux, projection imaginative, le retour au passé mythique ne
manifeste pas seulement une volonté d'harmonisation
(transformer l'hétérogénéité, la multiplicité, la fugacité,
la confusion, la résistance, la destruction, la relativité
en unité, égalité, éternité, accord, assentiment, intégrité, absolu), mais aussi une volonté d'évasion et
d'illusion.

Le passage purificateur vers le « centre vif de l'origine » apparaît constamment dans l'œuvre de Paz.
Dans *El cántaro roto* (La cruche brisée) *(LP)* il est
représenté avec une émouvante netteté. Contre
l'homme appauvri, chancelant et rampant, contre
l'usure et la mutilation, il faut que se dresse une pensée
fulgurante, que resurgisse la parole non contaminée, il
faut traverser les pierres, les dalles, les épaisseurs qui
ont recouvert la source de vie. Le mot perdu cherche
des lèvres qui le disent. Pour recouvrer l'étincelle, le
cri, le mot, il faut rêver à voix haute et les yeux
ouverts, jusqu'à ce que le chant prenne racine et se
ramifie, jusqu'à ce que le rêve, en nous fécondant,
nous rende la fontaine où « boire et se regarder et se
reconnaître et se retrouver ». Il faut rêver à l'envers,
vers la source, retourner au point de départ où se
rassemble ce qui fut séparé, où nous déchiffrerons

l'écriture de ce qui existe, où nous nous souviendrons de ce que disent le sang et la marée, la terre et le corps. La parole de l'origine est surtout parole rythmée, parole réconciliée avec les rythmes cycliques du cosmos. Le rythme est image du monde, il est mythe, il est rite, un rite de réincarnation du temps archétype. Par le rythme, le poème devient temps vivant qui perpétuellement se recrée *(AL)*.

Selon Paz, le poème transcende le mot, il va au-delà de l'expression, il est saut vers l'autrement. Le poète se détache de lui-même, de l'ego illusoire qui entrave l'exaltation, pour accéder au monde de la pleine présence, du nom entier et éternel. Là, les mots culminent dans la musique, dans une transparence lumineuse et sonore :

Llegó la música y nos arrancó la lengua
La gran boca de la música devoró los cuerpos
Se quemó el mundo
Ardió su nombre y los nombres que eran su atavío
No queda nada sino un alto sonido
Torre de vidrio donde anidan pájaros de vidrio
Pájaros invisibles
Hechos de la misma sustancia de la luz.

(LP, 95)

La musique est arrivée et nous a arraché la langue
La grande bouche de la musique a dévoré les corps
Le monde a brûlé
Son nom s'est embrasé et les noms qui étaient sa parure
Il ne reste rien si ce n'est un haut son
Tour de verre où nichent des oiseaux de verre
D'invisibles oiseaux
Faits de la substance même de la lumière.

(LP)

Par-delà les mots, la musique, et par-delà la musique, le silence; non pas le mutisme d'avant la parole, mais le taire qui la surpasse; un silence envahissant qui s'étend, qui se mélange aux sons, à l'unisson avec les rythmes du monde et du corps jusqu'à dominer. Finalement le poème débouche sur le silence, la pleine présence sur l'absence. Le poème qui est identification avec le tout se dissout dans le néant.

Della Volpe pense que l'extase ou ravissement affectif se caractérise psychologiquement par une interruption du sens et du mouvement temporel, et que l'élever à la catégorie métaphysique de contact avec le présent éternel ou véritable abolition du temps historique est un malentendu romantique. La sérénité de l'isolement contemplatif, du sentiment désintéressé (selon Kant, l'art est beauté sans fin, non utilitaire, non tenue au concept) implique une suspension, un ravissement de la conscience discursive et multiple, celle qui enregistre le changement et la diversité. Les sensations d'intemporalité et d'union indiscriminée du différent sont placées au rang d'ineffable béatitude, de purification et d'absolu[5].

Dans *La palabra dicha*, le verbe poétique est une pétrification qui se dresse comme une « stalactite ouvragée » au-dessus de l'écriture; la poésie est parole verticale, dressée sur l'horizontalité du langage discursif. Parole liminaire, celle qui marche sur le tranchant du cri et du silence, du dire et du non-dire. Qui ne dit pas ce qu'elle dit et dit ce qu'elle ne dit pas. La poésie est parole tue, parole implicite. Elle joue avec les sons, les avoisine, crée des bouleversements phonétiques qui accroissent l'ambiguïté et les interversions de sens dans le « labyrinthe de l'oreille », origine et caisse de résonance. Le dire vacille, balbutie, se relativise; enfin, il se désentend et se dédit :

> *Laberinto del oído,*
> *Lo que dices se desdice*
> *Del silencio al grito*
> *Desoído.*
>
> *Inocencia y no ciencia;*
> *Para hablar aprender a callar.*
>
> (S, 31)

> Labyrinthe de l'oreille,
> Ce que tu dis se dédit
> Du silence au cri
> Désentendu.
>
> Innocence et non science;
> Pour parler apprendre à se taire.
>
> *(S)*

La parole est, en fin de compte, insuffisante. Lorsque nous aurons reconquis la plénitude, la poésie cessera d'être parole pour devenir acte. Dans la conjonction harmonique des astres et des corps, le savoir ne se distinguera pas du rêver, le rêver du faire : « La poésie a mis feu à tous les poèmes. Il n'y a plus de mots, il n'y a plus d'images. Abolie la distance entre l'homme et la chose, nommer est créer, et imaginer naître » *(LP)*.

Seul, dans l'incandescence momentanée de la poésie on entrevoit ce sommet, mais ses révélations sont sporadiques, intermittentes. Dans les intervalles on ne peut que théoriser, avoir une indigestion de paroles triviales, la langue enflée par la politique, ronger des syllogismes, habiter des raisons en ruine *(LP)*.

La spontanéité (« Innocence et non science »), le flux

sans césures ni censures, le rêve éveillé, la libre association, l'imagination débridée, le hasard, le jeu, la
violence verbale permettent le saut vers le monde
premier, vers le centre magnétique de la réalité. Paz
assume les présupposés du surréalisme dont l'influence
devient plus notoire à partir de *Águila o sol* (Aigle ou
soleil?) (1949-1950); ils impliquent de croire aux pouvoirs magiques du mot, à une supraréalité qui supporte
le leurre de la perception externe; ils postulent une
attitude agnostique et irrationnelle ou, si l'on préfère,
une raison vitale distincte de la raison analytique, un
antihistoricisme et un antimatérialisme, une annulation
de la conscience critique, un panthéisme érotique, une
résurrection du passé mythique comme réintégration
de la totalité originelle.

La poésie est une possibilité; elle consiste toujours en
un ravissement, un détachement du monde et une
recréation dans ce vide plein d'imminences. La poésie,
selon Paz, réside dans les interstices, sur le tranchant,
dans les fissures du monde et du langage; c'est pourquoi cet éloignement du monde est également fuite du
langage *(AL)*. Dégagé de lui-même, débarrassé du discours mondain, le poète doit en inventer un autre qui
lui permette de se transcender. Le bond peut se faire
grâce à une inspiration soudaine, à un mot qui de
manière inespérée se pose sur le poète, vidé jusque de
son moi, ou qui, fulminant comme l'éclair, le galvanise
(LP). En cet instant glacé, blanc, éblouissant, la poésie,
irruption, coupure du cordon ombilical, saut mortel,
peut surgir d'elle-même, tel un jet de transparences,
comme une parole à tous et de tout pour tous :

*Palabras, frases, sílabas, astros que giran alrededor de un
centro fijo. Dos cuerpos, muchos seres que se encuentran en
una palabra. El papel se cubre de letras indelebles, que nadie*

*dijo, que nadie dictó, que han caído allí y arden y queman y
se apagan. Así pues existe la poesía, el amor existe. Y si yo
no existo, existes tú.*

(LP, 216)

Mots, phrases, syllabes, astres qui tournent autour d'un centre
fixe. Deux corps, tant d'êtres qui se retrouvent dans un mot.
La feuille se couvre de lettres indélébiles, que personne n'a
dites, personne n'a dictées, et qui sont tombées là et flambent
et brûlent et s'éteignent. Or, c'est ainsi qu'existe la poésie, que
l'amour existe. Et si je n'existe pas, tu existes toi.

(LP)

   Mais on peut provoquer le poème en arrachant
péniblement des mots à « l'arbre calciné du langage »,
ou en jouant avec eux jusqu'à ce que surgisse la
fulgurance qui ouvre les portes à nos pouvoirs extrêmes, au surnaturel. Dans *Erlabán (LP)*, au milieu du
dire ingénieux mais inopérant, au sein des enchaînements habituels, parmi des fadaises et des insignifian-
ces, le poète extrait soudain un mot inventé, encore
tout vif et scintillant, qui le transporte au royaume
magique d'Erlabán. Là s'abolit la distance entre les
signes et les choses signifiées. « Là-bas le langage
consiste à produire de beaux et transparents objets et la
conversation est un échange de cadeaux, la rencontre
heureuse de deux inconnus faits l'un pour l'autre, un
jaillissement insolite d'images qui cristallisent en
actes. » A Erlabán, terre de prodiges, le langage cesse
d'être dissociation, dédoublement, convention.
   L'aimantation, l'ouverture, peuvent aussi s'obtenir
au moyen de la manipulation ludique. Le jeu est un
défi au hasard. Entre des jonctions fortuites, des
cabrioles, entre tours et calembours, on peut arracher
des étincelles au langage. Dans *Los trabajos del poeta*
(Travaux du poète), et surtout dans le poème IX *(LP)*,

Paz décrit avec humour et métaphoriquement ses expériences verbales; elles consistent à déchiqueter les mots, les greffer, provoquer des mariages incestueux au sein d'une même famille (paranomases, néologismes par dérivation ou composition, duplications, jeux de mots). Enthousiasmé, le poète mutile, tranche, polit, aiguise, aligne, réordonne et crée « des êtres gracieux et sans grande vie ». Il contrevient aux usages, essaye toutes les altérations. Si le jeu fatigue sans atteindre son objectif, il reste le recours suprême : écraser les mots d'un coup de poing et en faire une boule qui durcisse et brille : « Une fois bien froide, jette-la avec force contre ces yeux fixes qui te contemplent depuis que tu es né. Si tu as de l'adresse, de la force et de la chance, peut-être détruiras-tu quelque chose, peut-être casseras-tu la figure au monde, peut-être que ton projectile éclatera contre le mur et que tu arracheras quelques brèves étincelles qui illumineront un instant le silence. »

Le jeu se confond avec la violence. La violence est un épurateur du langage; le violenter pour le purger de toute adiposité inutile, de toute la surcharge due à des siècles de fallacieux enseignements; extirper la gangrène du mot par un langage tranchant, pointu, flamboyant, corrosif : « Un langage guillotine. Une mâchoire triturante, qui forme une masse de Jetuilnousvousils. Un vent de coutelas qui déchire et déracine et défigure et déshonore les familles, les temples, les bibliothèques, les prisons, les bordels, les collèges, les asiles, les usines, les académies, les tribunaux, les banques, les amitiés, les tavernes, l'espoir, la révolution, la charité, la justice, les croyances, les erreurs, les vérités, la vérité[6] » *(LP)*. Les mots sont violés sans respect, férocement; pour les domestiquer il faut les briser. Paz pratique tous les voisinages phonétiques;

métamorphoses de mots protéiques qui copulent, se détachent, sautent, se ramifient, se liquéfient, s'agglutinent en une « Soupe de ceps, cep de pets, tous en un, boule de syllabes de serpillière, boule de graillon, boule de viscères de syllabes sibylles battant, sourd battant ». Les paroles sont matière indocile, putes orgueilleuses, femmes trompeuses, volubiles, changeantes; le poète incarne la virilité agressive (coq, taureau) et les possède de force « verge la pensée et vulve la parole ».

Le langage résiste à la violence du poète qui arrache les mots à leurs connexions, leurs nécessités habituelles. Dans *Nocturno*, poème précoce écrit à l'âge de dix-sept ans, Paz se plaint déjà de l'insuffisance du langage. Les mots, vocables orphelins, ombre frêle et tremblante des choses, faible écho de la réalité, sont incapables de dire le rêve et le silence. Le poète révèle une insatisfaction habituelle, due à l'écart entre la vision et l'expression, entre le projet et le résultat. Mais aux alentours des années cinquante, il va changer de ton et de registre. Dans le bref proème de *Águila o sol*, le poète qui auparavant manipulait les mots avec fluidité, innocence, spontanément en accord avec le monde, se sent entravé, immobilisé. Il a perdu les pleins pouvoirs et l'écriture se mue en une lutte solitaire, infructueuse, à la poursuite de l'unique parole valable, la parole personnelle et nécessaire *(LP)*. Ce sont les années du monde écroulé de la dernière après-guerre, du grand vide existentiel. Les bombes ont non seulement rempli Londres et Berlin de cratères, anéanti des millions d'humains, mais elles ont ôté tout sens à la vie des survivants les plus lucides. Nul endroit où s'abriter, rien à quoi s'accrocher; il faut bouger pour se sentir vivant, mais tout mouvement débouche sur l'immobilité; l'ennui et le désespoir règnent. Les intellectuels et les artistes se sentent cernés, enterrés, enlisés. Ils s'étourdissent, s'enivrent, car tout travail est impuissant à rompre le mur sartrien. La seule issue est d'oublier et de plonger en soi-même, au plus profond, de se retrouver seul à seul avec son être, heideggeriennement *(PC)*. C'est à cette époque, selon Paz, que débutent vraiment les « temps modernes ». Avec une conscience déchirée, une réalité qui s'est écroulée et vidée de signification, tout perd pied et consistance, tout se relativise; relativité du monde qui entraîne la relativité de la pensée et de leur intermédiaire, le langage; dévalorisation de la réalité, de l'homme et de la parole.

La poésie de Paz, comme celle de tant de poètes contemporains, se teinte d'angoisse, d'impuissance, de nihilisme. La nausée et le néant l'envahissent; ils évident les mots et annulent leur sens : « une mer de sable et de peur m'entoure, une végétation d'araignées me recouvre, je me promène en moi-même comme un reptile entre des bris de pierres, des masses de décombres et de briques sans histoire. L'eau du temps glisse lentement dans cette cavité crevassée, grotte où pourrissent tous les mots transis » *(LP)*. Triomphe de l'incohérence : le monde est chaos et le mot ne peut vaincre la confusion. Entre l'hier et le demain, deux abîmes, s'élève la poésie, « tour de mots ardents et confus, amoncellement de lettres éboulées » *(LP)*. Dans *Himno futuro* (Hymne futur), la colonne musicale du chant libre, lumineux, partagé, brille sur une cime inaccessible, tandis que le poète rampe dans les fourrés qui l'étouffent; pour trouver un peu de lumière, il brûle inutilement des « gerbes de mots, des fragments de réalité, des réalités fragmentées », il échoue, délire, perd espoir; il marche mais n'avance pas; son temps, arraché au temps des autres, la communication avec le

prochain coupée, il ne lui reste plus que le balbutie-
ment :

*Mas cuando el tiempo se desgaja del tiempo y sólo es boca y
grandes muelas negras, gaznate sin fondo, caída animal en
un estómago animal siempre vacío, no queda sino entretener
su hambre con canciones bárbaras. Cara al cielo, al borde
del caer, tarareo el canto del tiempo. Al día siguiente no
queda nada de esos gorgoritos. Y me digo : no es hora de
cantos, sino de balbuceos. Déjame contar mis palabras, una
a una : arrancadas a insomnio y ceguera, a ira y desgano,
son todo lo que tengo, todo lo que tenemos.*

(LP, 214)

Mais lorsque le temps s'arrache au temps et n'est plus qu'une
bouche et de grandes molaires noires, que gosier sans fond,
chute animale dans un estomac animal toujours vide, il ne
reste plus qu'à entretenir sa faim par des chansons barbares.
Face au ciel, sur le point de choir, je fredonne le chant du
temps. Le jour suivant il ne reste rien de ces roulades. Et je
me dis : l'heure n'est pas aux chansons mais aux balbutiements. Laisse-moi compter un à un mes mots : arrachés à
l'insomnie et à l'aveuglement, à la colère et au dégoût, ils sont
tout ce qui me reste, tout ce qui nous reste.

(LP)

Ce temps de paix est un à-présent ensablé, imparta-
geable, préfiguration de mort où désertent et s'obscur-
cissent les images, où les mots tronqués s'assombris-
sent. Aucun poème n'a aussi bien exprimé ce démantèlement du temps prospectif au sein d'îlots de présents
en suspens que dans *¿No hay salida?* (N'y a-t-il pas de
sortie?) *(LP)*. Le monde confus s'écroule et la pensée
sombre dans les « eaux stagnantes du langage ». On ne
peut sauter sur l'autre rive, là où les mots signifient le
monde, où règne le mot liberté, la parole libérée; sur
cette rive, dans le puits rebouché, tout se refuse à

l'ouverture; il n'y a ni fentes ni progression, juste une fermeture obstinée; tout est aujourd'hui, fixité inébranlable. Pour percer le mur il ne reste que des mots ébréchés. Alors que le temps ponctue le vide de virgules, le mot vie lui-même semble lointain. Le moi est un instant sans nom et sans visage. Mais malgré l'inutilité du poème, le poète est, par décision personnelle, contraint de l'écrire, tout dépourvu de sens qu'il soit. Il éprouve la tentation de détruire le langage, de le transposer, d'en créer un autre plus significatif; il se sent fasciné par l'absurde ou par l'inexprimable *(CA)*. Paz connaît ces contradictions et les exprime dans *Entrada en materia* (Entrée en matière), le poème initial de *Salamandra*. Si toute réalité est un discours puisqu'on la perçoit à travers la structure verbale, la cité moderne, pleine de promiscuité, inhospitalière, babélique, antre de tous les maux, est un discours indéchiffrable, démentiel, une phrase inachevée qui se désintègre[7]. Le poète s'isole du chaos des rues, de la confusion envahissante, du vertige hallucinant. Une fois seul, il comparaît devant le tribunal de sa conscience; elle le condamne en raison de ce qu'il dit et de ce qu'il tait, par excès ou par défaut. Le mauvais usage du langage est un inaccomplissement, mais l'esprit est pris au piège de la raison et l'expression est entravée par la rigidité de l'espagnol arthritique. Le poète se demande quoi dire et comment le dire; il balance entre le dicible et l'indicible, entre ce qui s'écrit et ce qui s'efface. Potentiellement il pourrait tout dire, élever des « gratte-ciel de mots hérissés » (la poésie est parole dressée). Mais ce serait inutile; les constructions monumentales tombent elles aussi dans l'incohérence et le non-sens, à l'image de la poésie artificieuse qui se pavane dans son déploiement verbal et ses effets de surprise; tout aboutit à l'insignifiance. Le poète est obligé de bâtir sur les décombres, sur la langue des autres, sur ce grand galimatias alourdi par les contre-poids de la tradition. Le poète utilise des gravats; il doit se servir de mots étrangers qui soutiennent le monde mais qui le murent, ne permettent de le voir qu'à travers une fenêtre ou un miroir, et toujours du même côté. Le poète est en proie à la contradiction, l'incerti-tude, l'inefficacité, l'absurde. Le réel est fantasmatique, le fantasmatique est réel; autrement dit, le réel s'irréa-lise et l'irréel se réalise[8]. Les mots ne disent pas ce qu'ils disent ni ce qu'ils devraient dire; il revient au poète de pallier cette carence, si tant est que quelqu'un puisse le faire.

Si le monde externe est réel, – s'interroge Paz, le sujet qui le contemple l'est-il lui-même, et ce que dit ce sujet est-il réel? La réponse : le dire se fond dans la succession des mots, nul ne sait s'il est réellement dit; une seule certitude : entre deux parenthèses, entre un néant antérieur et un néant futur, nous sommes vivants *(S)*. Quant à la parole poétique, elle est à la fois charnelle et illusoire, pesante et légère, elle est raison et erreur, mémoire et oubli *(S)*. Tout poème est discorde latente, fusion instable de contraires qui échangent leurs signes. L'ambiguïté, la dualité de la parole poéti-que est inhérente à la nature et à la condition de l'homme, à l'être et à l'existence humaine. Le poème dit l'homme, il exprime le spécifiquement humain, il révèle l'être temporel à la fois inséré dans la succession historique et désireux de la transposer, de lui échapper, de reculer, de plonger dans le fantastique ou s'installer dans l'absolu *(AL)*. Le poème lui aussi est soumis à la parole et cherche à la transcender, c'est un être verbal qui veut aller au-delà des mots.

Ainsi le sens et le contresens fusionnent; c'est l'en-droit et l'envers du mot. D'un côté ce dernier est un être vivant, une semence dotée de pouvoir génétique, de l'autre, il est reflet de reflets, fantasme, entité de références apparentes. D'une part, les mots sont des champs énergétiques, des microcosmes mobiles qui se métamorphosent en une continuelle interaction, de l'autre, ce sont des corpuscules inertes, des interpositions opaques entre le monde et la conscience. *Salamandra* culmine dans *Solo a dos voces* (Solo à deux voix), poème où Paz témoigne de ces contradictions, exprime le clair-obscur de sa réflexion sur le langage. L'incertitude sur la nature multiple, changeante, tant du monde que de la parole qui tente de le dire, s'exprime à travers une confusion intentionnelle de plans : le plan objectif, mythique ou imaginaire, et celui de l'écriture. Réalité et irréalité sont interchangeables. Le poète, dressé au-dessus du monde et séparé de lui, en perçoit les constantes permutations. Le monde et le poème, pépinières sémantiques, échangent du sens. Dans le dictionnaire qui dessèche et démantèle la langue, les mots germinatifs deviennent des cailloux; si l'on veut récupérer leur signification, il faut rebrousser chemin, reprendre l'alphabet à l'envers, aller dans le sens inverse des aiguilles d'une montre, retourner au silence et à l'oubli, à l'imminence, à la première lettre. La lettre *a* peut résumer tous les signifiés :

Le poème d'une seule syllabe n'est pas moins complexe que la *Divine Comédie* ou *Le paradis perdu*. Le soûtra *Satasahasrika* expose la doctrine en cent mille strophes; l'*Eksaksari*, en une seule syllabe; *a*. Dans la sonorité de cette voyelle se condensent tout le langage, toutes les significations, et, simultanément, l'absence finale de signification du langage et du monde.

(CA, 70)

Dire, c'est se dépouiller du dit, c'est élaguer la langue, recouvrer la mémoire de l'origine, du premier accouchement. Comme dans les doctrines bouddhiques, Paz propose de désincarner le langage jusqu'à l'amener à la négation extrême et, une fois les conflits, la dialectique, annulés, de sombrer dans le silence final, la contemplation de la transparence.

Paz ne peut se défaire de l'appétit d'absolu qu'il considère comme spécifique à l'homme, il ne peut chasser sa nostalgie de la plénitude paradisiaque, mais il sait que ces biens ne peuvent être que pressentis ou illusoirement possédés dans l'éclat fugitif du poème. Le poème retourne à sa naissance pour se désagréger de nouveau puis se refondre encore, il se détruit et se refait, en une perpétuelle transformation, sans jamais atteindre sa signification finale. Action sans consommation, sans dénouement. Le poème, comme le monde est une dualité errante : « Ni le cercle autour d'un centre fixe ni la ligne droite : une dualité errante qui se disperse et se contracte, une et mille, deux toujours et toujours réunis ou opposés, relation qui ne se résout ni par l'unité ni par la séparation, signifié qui se détruit et renaît dans son contraire. Une forme qui se cherche » *(CA)*.

La réalité et le langage se fluidifient, perdent leur délimitation corporelle, leur statisme, leur cohésion linéaire, leur profilé; monde et langue deviennent un canevas de relations se transfigurant en une mutation constante. Pour la représenter, Paz démantèle la colonne du poème et la répand sur la page blanche. Le poème veut cesser d'être un fil temporel, il incorpore l'espace à la signification, enrichit ses dimensions, devient polymorphe, constellation d'événements qui offre au lecteur le maximum de possibilités, d'ouvertures, de situations, lui propose de multiples choix opératifs et interprétatifs. En élargissant les paramètres à partir desquels se forme le poème, celui-ci accroît ses stimuli, son effet de provocation. En augmentant les sens possibles du message, l'information est enrichie[9].

De *Libertad bajo palabra* (Liberté sous parole) à *Ladera este* (Versant est), les recours idéographiques avancent progressivement[10]. La notion de vers se dilue, s'effiloche; les mots, libérés, errent de-ci de-là, s'extirpent du sillon vers le haut ou vers le bas. Paz joue avec les lettres, avec la taille ou le type des caractères; dans *Blanco* (Blanc), l'écriture passe du noir au rouge; dans *Topoemas* (Topoèmes), il remplace la typographie par la pictographie. Rupture de l'alignement, circulation de mots rayonnants qui se croisent, zigzaguent, se chevauchent, montent et descendent. Les signes se dispersent, la lecture se diversifie. Dans les *Discos visuales* (Disques visuels), Paz abandonne le livre et installe le poème sur un nouveau support[11].

Le langage est pâle imitation de la réalité, abstraction du concret, simplification de la complexité, apparence appauvrissante de la présence, organisation forcée de l'informel, artificieuse extériorisation du profond, image factice du non-figurable, illusoire approximation de l'indicible. Le poète n'a d'autre solution que de subir cette précarité, cette lacune. Il ne lui reste qu'à s'installer dans l'écriture. Dans *Ladera este*, le langage qui ne peut dire le monde se dit lui-même. La poésie ne peut être que rite évocateur, copie qui s'éloigne de son modèle, mot intransitif qui dédouble le réel sans l'atteindre[12]. La poésie peut questionner le monde et le sujet, les interroger et s'interroger, demander à fond et totalement, mais non apporter des réponses. Elle ne peut échapper à l'irréalité de ses représentations, à ses paradoxes, mais elle peut s'établir dans la réalité de son instrument : le langage. Certains écrivains admettent cette barrière et réajustent leur action en la limitant au domaine du spécifiquement littéraire; pour eux, le poème informe sur le poème même. Paz n'y parvient pas ou se refuse à renoncer à ses aspirations métaphysiques.

Dans *Vrindaban*, réapparaît l'irréductible duplicité du poème : acte germinatif et commerce douteux avec le noir et le blanc. Paz montre le processus de l'écriture, hasardeuse recherche d'un discours qui finalement ne dit que le temps s'extasiant sur ses combinaisons : réminiscences, survivances, figurations. Ecriture, jeu discontinu de l'imminent, du présent ou de l'absent, jeu où la réalité factuelle se confond avec la réalité du langage tout en s'en écartant. *Vrindaban* se déroule sur deux plans opposites qui s'annulent : le plan externe, celui de la fiction, de la volonté figurative qui tente de créer une représentation autosuffisante, l'illusion de la réalité, et invite le lecteur à entrer, à participer à la projection imaginaire, à se laisser capter par le sortilège, à accepter le protocole, le statut littéraire. Et le plan des parenthèses, ou plan sousjacent qui soutient le premier, affleure par intermittence et provoque la rupture de la fiction; ce plan montre le travail de montage, l'écriture sur le point de se produire; il met la rhétorique à nu; il médiatise l'anecdote, contrevient à la vraisemblance du premier, rompt l'enchantement :

Yo era el murmullo que avanza
El enjambre de imágenes
(Ahora trazo unos cuantos signos
Crispados
             Negro sobre blanco
Diminuto jardín de letras
A la luz de la lámpara plantado)

                                                    (LE, 57)

J'étais le murmure qui avance
L'essaim des images
(A présent je trace quelques signes
crispés
            Noir sur blanc
Minuscule jardin de lettres
A la lueur d'une lampe planté)

                                                    (LE)

Le poème est un murmure à la poursuite de la pensée débridée, des noms, des étincelles de temps; un vertige de formes sans forme obstinée, des myriades qui se modulent et reflètent une « marée de merveilles », qui s'évanouissent pour retourner au néant. Ecrire, c'est tâtonner fébrilement, essayer d'attraper les fulgurances, se laisser bercer par la mémoire, se laisser aller sans savoir où. Le poète, poursuiveur d'absolu, est condamné à la caducité, à se parler à lui-même, à toujours dire de même. Ecrire, c'est se savoir vivant, se vivre. Ecrire est s'écrire à l'heure précaire, se sculpter et se défaire, asseoir le temps dans la conscience, semer des signes incertains dans l'obscurité :

Advenimiento del instante
                     El acto
El movimiento en que se esculpe

Y se deshace el ser entero
Conciencia y manos para asir el tiempo
Soy una historia
                    Una memoria que se inventa
Nunca estoy solo
Hablo siempre contigo Hablas siempre conmigo
A oscuras voy y planto signos.

(LE, 63)

Avènement de l'instant
                    l'acte
Le mouvement dans lequel se sculpte
Et se défait l'être tout entier
Conscience et mains pour saisir le temps
Je suis une histoire
                    Une mémoire qui s'invente
Je ne suis jamais seul
Je parle toujours avec toi Tu parles toujours avec moi
J'avance dans le noir et plante des signes.

(LE)

Dans *Carta a León Felipe* (Lettre à Léon Felipe), Paz redit l'inutilité de l'écriture, la mobilité et la volatilité du langage. Les mots entrelacent dans le texte leurs irradiations. Le monde défie sans cesse le langage, mais celui-ci ne peut l'éclairer que momentanément. Le métier de poète consiste à « Apprendre à voir, à entendre, à dire/L'instantané », à fixer des vertiges. Les mots sont comme des oiseaux en chaleur qui apparaissent puis disparaissent, ils sont alternance de bonds et de repos. Nous ne pouvons écrire que des sottises sur le non-sens de l'écriture. L'écriture poétique efface l'écrit, dédit le dit et cherche à dire l'indicible par le dicible, à écrire le non-écrit sur l'écrit, à octroyer un sens à l'insignifiance. Ecrire, selon Paz, c'est « représenter la *comedia* sans dénouement ». La

poésie, comme toute la littérature, se base moins sur la
relation entre mots et objets signifiés que sur le rapport
des mots entre eux; elle se déroule dans une région de
signifié second ou signifié parasite. Et par rapport aux
objets, comme le dit Roland Barthes, la littérature est
par nature irréaliste; loin d'être une copie analogique
de la réalité, elle est la conscience même de l'irréalité
du langage. La littérature la plus vraie est celle qui se
sait langage, c'est-à-dire comédie, simulacre du
monde [13]. L'écriture poétique repose sur les interstices
du langage, elle enseigne à lire dans les creux, entre le
monde et les mots :

> *La poesía*
> *Es la hendidura*
> *El espacio*
> *Entre una palabra y otra*
> *Configuración del inacabamiento.*
>
> (LE, 92)

> La poésie
> Est la fente
> L'espace
> Entre un mot et l'autre
> Une configuration de l'inachèvement.
>
> *(LE)*

La poésie est rupture momentanée, question passa-
gère, « une légèreté de syllabes tournoyantes ».
   L'écriture dessine des lettres pour convoquer des
images qui s'effacent sans retour; elle dit des syllabes
éparses, des noms, qui à peine prononcés se dissipent
(LE). Langage rosier, tremplin, tison et langage bulle,
toupie, traquenard; c'est entre ces antipodes que se
meuvent les considérations de Paz, pondéré et dédai-

gneux vis-à-vis des dons de la parole. Ces alternatives se manifesteront toutes dans *Blanco* (Blanc), texte totalisateur qui concilie les contraires en une pérégrination, contrepoint concerté tout au long d'une seule page où les mots transitent du silence qui les préfigure au silence dans lequel ils culminent, du blanc au blanc, du néant au néant.

Le désir de configuration, la disposition réglée qui indique un retour à la vision harmonisante de la réalité (parallélismes et convergences entre les quatre couleurs du spectre, les quatre éléments et les quatre facultés humaines), n'ont jamais été aussi manifestes que dans ce poème. La poésie retrouve son caractère cérémoniel, elle est rite, procession qui convoque un espace et une phrase magnétiques où s'opère l'enchantement, où le mot est la réincarnation du sens [14].

Dans *Blanco*, la poésie n'est pas seulement langage audible, parole temporelle, mais poésie visible, parole spatio-temporelle. L'espace n'est pas un simple soutien de l'écriture et de la lecture, il les détermine, intervient dans la gestation du poème, s'incorpore à la signification. Il a perdu son homogénéité et sa passivité; il s'anime, se diversifie et se disperse. En correspondance avec les mots, il devient vision du monde, promoteur de rythmes et d'images.

Rendre explicite le contenu de *Blanco*, c'est revoir et répéter la poétique des débuts, la plus constante chez Paz, celle de la réconciliation de la parole avec le monde, celle du pacte universel, de l'entente amoureuse, à présent enrichie par des pages, des années d'une réflexion aiguë.

La poésie se transforme de nouveau en rite de retour au verbe primordial, celui qui repose sur le silence du commencement. La poésie est propitiation du silence vers lequel vise le dire ultime, elle est diaphanéité, dénudation pour arriver à la voyance, à « l'aéropha-nie », elle est oracle, subite révélation, cristallisation verbale, blanc de l'oubli, resplendissement du vide, dissolution dans le sans-fin, l'impalpable, l'impondéra-ble.

Monde et langage sont un tourbillon d'apparitions et de disparitions. Le monde octroie leur signification aux mots, mais ceux-ci ne peuvent le signifier, ils forment un son anodin, creux, ils sont viduité :

> Si el mundo es real
>   La palabra es irreal
> Si es real la palabra
>   El mundo
> Es la grieta el resplandor el remolino
> No
>   Las desapariciones y las apariciones
>   Sí
> El árbol de los nombres
>   Real irreal
> Son palabras
>   Aire son nada
> El habla
>   Irreal
> Da realidad al silencio.

(LE, 167)

> Si le monde est réel
>   Le mot est irréel
> Si le mot est réel
>   Le monde
> Est la fente l'éclat le tourbillon
> Non
>   Les disparitions et les apparitions
>   Oui
> L'arbre des noms

                    Réel irréel
        Ce sont des mots
                            Air son néant
        Le parler
                Irréel
        Rend le silence réel.

                                        (LE)

   Les noms et les corps échangent leur réalité et leur
irréalité, se font mutuellement référence. Si les mots ne
signifient pas l'univers, ils y font allusion par analogie.
L'univers est un texte et un texte, c'est l'univers. Tous
deux, pollution de signes, émettent des faisceaux
d'images réverbérantes, de vibrations et de reflets.
Corps et mots tournent comme les planètes, passent de
la lumière à l'ombre, de la cohérence à l'incohérence,
de la mémoire à l'oubli.
   L'espace corporel et celui du langage sont tous deux
espace sémantique. Et dans le langage de l'univers, le
couple incarne l'union du oui et du non, deux syllabes
amoureuses l'une de l'autre. Toutes les oppositions se
réconcilient dans l'étreinte amoureuse. L'aimée se
déploie, tel le poème, dans un espace lisible; la lire,
c'est lire l'univers, la posséder, c'est posséder un
fragment qui comprend la totalité, c'est réintégrer la
plénitude, s'accorder au cosmos.

José Lezama Lima :
L'Éros relationnel
ou L'image omnimode
et omnivore

De *Muerte de Narciso* (Mort de Narcisse) (1937) à *Dador* (1960), le même flux de l'imaginaire à l'état pur, une navigation figurative, une fugue iconique, vagabonde, diverse, inusitée. L'imprévisibilité est si grande, si grande l'ouverture sémantique, si libres les connexions, si subjectives les filiations, si plurivoques les voisinages que toute volonté de déchiffrement est balayée par la mutabilité, l'ambiguïté, une surabondance indécise, irréductiblement erratique. Les principes d'organisation formelle ne se détectent pas, la forme n'est qu'un cheminement élémentaire, un support à peine modelé d'une représentation nomade, sujette à un minimum d'endiguement, une progression par extension diffuse plutôt que par détermination vectorielle, un épanchement sans directive sémantique. Toute tentative d'intellection est détruite par la polysémie expansive. L'imagerie afflue sans structurer un encadrement et en dehors d'une chronologie ou d'une topologie permettant d'installer la scène. La saturation de métaphores radicales est telle que les axes de ressemblance, à force de transiter, deviennent indiscernables. Ou alors il n'en n'existe qu'un, capable d'enfiler ce que cette fabuleuse procession engendre, un plus grand dénominateur commun : de l'univers, synonyme de l'unité dans l'inaccessible infini, ou de la communion unitive de tout existant réel ou idéal (mental) dans l'instance suprême.

A partir de *Muerte de Narciso*, hégémonique, la représentation sensible établit la tessiture la plus souple possible à travers l'imagerie verbalisée, versifiée. Halos de rêve, brandebourgs euphuistes, auréoles auliques, luxueux entrelacs, délicatesse serpentine où la surcharge sensuelle imprime une incessante mobilité ondulatoire. C'est le règne de la volute voluptueuse, de l'arabesque spiralée qui s'estompe avant que ne s'esquisse un dessin. Lezama Lima divague et désobjective, il rend vaporeux. Entre la liquéfaction (magma) et la volatilité (nébuleuse), tout est moelleux, gondolé. Dans la fluidité non contenue, l'image, radieuse ou irradiante, agit par émanation, et les mots, dilués par le débordement fluvial, perdent totalement leur autonomie. Une minime détermination sémantique complote avec une minime détermination formelle, afin qu'aucun sens prépondérant, qu'aucune configuratrion ne puissent émerger de l'indistinction initiale.

Plaisir du dire, excès sans volonté de style[1]. Le mot jaillit, copieux et dédouané de ses limites, le verbe devient démesuré, perd tout souci de musicalité, se fait, rythmiquement et métriquement négligent. Dans *Muerte de Narciso*, les huitains s'étalent, amplifiés par une force centrifuge qui ne peut s'assujettir au mètre. Dans *Enemigo rumor* (Rumeur ennemie) (1941) et *La fijeza* (La fixité) (1949), seule de temps à autre l'adoption du sonnet permet de contenir réglementairement l'expansion, mais ce canon si strict ne convient pas à une vocation de débordement. Pour Lezama Lima, il n'est pas de meilleur module que l'incontinence verbale.

La rhétorique est dépassée par une sublimation si obstinée, une transfiguration si acharnée qu'elles ne peuvent être que constitutives. De par la distance sidérale envers la réalité empirique qui en arrive à un

degré d'absence incomparable, de par la désobjectiva-
tion, la transposition exotique, le cultisme mythologique, l'imagerie œcuménique, l'onirisme fastueux, on
tend, au premier abord, à classer cette poésie comme
artificieuse. Mais il n'y a pas de machination effectiste,
d'emploi forcé de tropes ou de trompe-l'œil : les
notions de virtuosité ou de technicité sont presque
étrangères à Lezama Lima. L'hyperbole métaphorique
ne répond pas à une combinatoire de jeu, à un sport de
vocables, elle n'est pas, comme chez Huidobro, assem-
blage lucide de l'aléatoire, arbitraire intelligent, mais
véhicule irréalisant de songerie. Pas plus que la métaphore n'est ici translation analogique, figure qui dissi-
mulerait suggestivement le sens propre (chez Lezama
Lima il n'y a ni sens commun ni sens unique). Elle n'est
pas agent d'une subjectivité qui distordrait le référent
objectif pour se manifester, qui s'interposerait pour
personnaliser la représentation et se portraiturer ne
représentant le monde que pour présenter le messager
et renvoyer l'énoncé à l'énonciateur. Cette poésie ne
semble pas régie par un désir d'auto-exégèse, d'individualisation autobiographique manifeste, d'anecdotique
immédiatement attribuable à l'histoire personnelle singularisée. Lezama Lima ne s'auto-exhibe pas à travers
une relation directe entre son éventualité et son écriture. Pour lui, la métaphore n'est pas une version/di-
version de la réalité vérifiable (la substitution ne
s'opère jamais par le contigu mais par le distant) : la
métaphore engendre son propre référent. Derrière la
métaphore il n'y a pas de monde objectal. La métaphore ne figure pas une réalité récupérable par le
déchiffrement qui redresse ce que la figure renverse,
elle n'est pas l'envers ornemental d'un endroit sans
fioritures. Lezama Lima propose de passer à l'imagination omnivore et omnimode. Poésie équivaut à totalité
imaginaire ou cosmologie suffisante.

Poésie amollissante, mollesse morbide. Poésie protoplasmique, elle apparaît comme une manifestation
immédiate, précodifiée, précatégorielle, de l'imagination embryonnaire. Ni spéculative ni spéculum du
monde, dépourvue de valeurs de construction ou archi-
tectoniques, elle semble précéder toute intellection.
Jamais préméditée ni conçue conceptuellement, elle ne
discourt pas par l'idée mais par l'image. Toute intelligibilité, y compris l'allégorique ou la symbolique, s'avère
faible face à un noyau imaginatif intransférable à une
pensée. Sa syntaxe élémentaire, elliptique, touffue ou
anomale, sans rigueur constructive, sans artifices dans
l'articulation, prouve que le cheminement n'est pas
rationnel. L'imagination sans attaches, toute censure
rationnelle et réaliste abolie, s'abandonne à l'emprise
de son propre dynamisme. Mais pas de table rase, pas
de renoncement à l'héritage historique, à l'accumulation savante. Lezama Lima fait montre d'un encyclopé-
disme iconique, abonde en références culturelles. Ce
n'est ni un primitif ni un instinctif pur qui s'adonne au
fluide virginal d'une conscience illettrée. Ses mélanges
transculturels et transhistoriques agissent comme un
transport envoûtant et sublimant. S'ils proposent quelque connaissance, c'est la fantasmatique du fantastique
ou de la merveille ésotérique.

Lezama Lima atteint son efficacité poétique maximale dans la *Selva selvaggia* de la fabulation, dans la
sylve et la selve fleuries, l'enchevêtrement oniro-généti-
que, lorsqu'il devient si multivoque, si a-grammatical,
si distant de la causalité empirique et des relations
objectives, si démesurément dé-réalisant, si exagéré-
ment visionnaire qu'il entraîne le lecteur dans une
navigation sur ses « eaux discursives » pour le désalié-
ner du monde immédiat, pour l'en priver.

Grande marée imaginaire, expansion du débit
liquide, songe mousseux, jet polarisant qui dans le

continuum de la profondeur marine agit davantage par attraction que par différenciation. Lezama Lima incite à figurer le procédé poétique par des similitudes ou des symboles marins. Il penche vers la vision aquatique, le rythme torrentiel, la représentation par ondes concentriques enveloppantes qui propagent leurs cercles de jouissance.

Poésie décidément hédoniste, qui, d'emblée, se propose comme objet esthétique, flatteur, sensuel, somptuaire. Délectation oisive, délice désintéressé, béatitude ravie, elle délivre qui s'en remet au « ravisseur mensonger » de tout devoir, de toute vicissitude mondaine. Elle est jeu qui scinde le continuum de la normalité conventionnelle. Elle favorise le contact avec une autre réalité par infraction à l'ordre du réalisme utilitaire. Elle implique l'interrègne de la fête, en rupture avec la raison pragmatique. Parenthèse spatio-temporelle, elle permet de pénétrer dans une sphère autonome. Etat d'exception où la fonction ludique communie avec la fonction poétique, elle tend à se ritualiser : le culturel devient cultuel.

Triomphe du principe de plaisir sur le principe de réalité : Lezama Lima s'éloigne au maximum de la vraisemblance réaliste, comme si la teneur poétique était en relation antagonique avec l'expérience commune. Il abandonne tout à fait le domaine du réel convenu pour s'installer sans transition dans le règne du fabuleux. Au contact d'une fantaisie placide, sa poésie se fait moelleuse, émolliente : « Un tégument mou, colloïdal, dans lequel nous pouvons momentanément enfoncer le doigt et nous abandonner[2]. » Son onirisme morbide, réfractaire à l'agression, à la violence, à la compulsion, s'empare de l'objet désiré en le lénifiant; il l'apprivoise, l'amollit en l'unifiant pour l'assimiler au concert orchestré par l'harmonisation tonale.

A partir de *Aventuras sigilosas* (Aventures occultes) (1945), le nébuleux discours des hauteurs et le discours lâche de surface descendent dans un autre discours plus somatique. Pour représenter la densification d'une sensualité plus viscérale, les images se font plus charnelles. Le désir d'incarnation les pousse à la pénétration matérielle qui permet de s'installer au sein des substances primordiales. Par la voie de la dissolution humide, de l'albuminoïde, du zoomorphisme larvaire, l'imagination se loge dans l'intimité de la boue embryonnaire, s'incorpore au monde naissant du préformel.

Qu'il volatilise ou densifie, Lezama Lima accorde l'omnipotence à une fantaisie génératrice de son propre univers. L'image équivaut au pantocrator, elle exerce le pouvoir absolu dans l'absolue mutabilité; elle est récalcitrante à toute fixité formelle ou catégorielle, à toute analyse ou synthèse. Totale effusion et fusion, elle précède toute délimitation. Dans cette poésie, il ne peut y avoir de progrès; l'avancée est celle de son déploiement. La tendance est plutôt rétroactive, elle vise le retour à l'origine, la conjonctive confusion du commencement.

Jusqu'à *Dador* (1960), la même « voracité incestueuse », le même « labyrinthe fondu », la même « toupie androgynale », la même centrifugation qui refuse de s'entrelacer en « un tégument substantif dévidé », la même « surabondance projetée sur l'autre rive charnelle », la même « appréhension analogue » par « l'unique œil de l'image », la même fluidité errante pour que l'écriture capte « l'analogie dont la vision a besoin ». Toujours le renvoi à « l'origine substitutive » où tout est jouable, rapportable, interchangeable, la même dérive des « lettres terrestres » à travers « l'origine maternelle des eaux », le même « tourbillon médusaire/ du dieu unifié du lointain », une semblable « indistinction cheminante » vers « le ressemblant primordial ».

Çà et là apparaissent des proto-anecdotes, des préhistoires, des impulsions narratives ou des passages réflexifs qui ne décrochent jamais tout à fait le mille-pattes de la trame imaginative. Tout est enroulé et restitué par l'*Eros relationnel* à l'écheveau des entre-croisements. Ritualité se conjugue avec théâtralité, références légendaires avec symboles initiatiques, somptuosité courtisane avec sublimation, afin de doter le poème d'une atmosphère épiphanique. La réjouis-sance et le délice résident dans l'amplification opérée par l'arborescence métaphorique qui abolit le divorce, la distance. C'est l'accès au règne des semblables, où toute association devient possible, où l'être, l'étant, le faire, l'advenir, peuvent s'aventurer au moyen de la métaphore génératrice vers l'inconditionné illimité.

En dépit de son illogisme, la poésie de Lezama Lima est propulsée par une poétique théologale qui se déploie à travers des essais foisonnants et multivoques, surtout dans l'*Introducción a los vasos órficos* (Intro-duction aux vases orphiques). Douée d'un pouvoir lustral, cathartique, démiurgique, poésie va de pair avec sortilèges ou enchantements. Le poème en tant que suspension, nécessite une impulsion gratuite pour advenir; il s'associe à l'oisiveté exquise, aux délices du jeu, à l'état de désœuvrement, d'abandon, de jubilation savoureuse pour accéder par le mot à ce que les mots n'atteignent pas. Vision délectable et béatifique, elle ren-voie à l'ineffable, à des instances supra-empiriques, supraverbales, à une insularité édénique. Visionnaire, initiatique, la poésie est *hypostase*, union de la nature humaine et du verbe divin. Entre-monde, entre-vision, entre-ouïe, elle est convergence fulgurante, erratique, analogue au stellaire qui gravite et au tellurique qui lévite. Elle compense par substitution la perte de la véritable nature. Prolifique et proliférante, elle est la substance de l'unanimité, la puissance concurrente, l'exécutrice de l'impossible crédible ou de l'impossible synthétique.

Pneuma ou souffle révélateur, elle conduit au point orphique, à l'appréhension de l'indistinct primordial. Polyèdre ailé, elle est l'analogon d'équivalences infinies, le un processionnel pénétrant dans l'essence suprême.

Espace enchanté, salle de bal, devanture magique, opéra fabuleux, scène privilégiée des transfigurations, la réalité poétique dilate l'image jusqu'à sa dernière frange, jusqu'à la ligne où l'impossible, le non-deviné, ce qui ne parle pas s'en remettent au possible. Elle transporte vers une région où la surabondance annule le déterminisme empirique et le contresens logique. Elle renvoie au règne du rapportable génésique, aussi mouvant que les tourbillons avec leurs insaisissables axes translatifs. Digestion métamorphique, la poésie est *logos spermatikos*, capable de muer le germe de la parole en verbe universel, de le faire participer à d'infinis possibles entrevus. Concentration indéchiffrable de potentialités, elle éveille un fol appétit de déchiffrement.

Verbe charismatique, on lui attribue le plus grand pouvoir de réminiscence. Rachetant la conscience engloutie, là poésie reconduit à l'aube de l'inconnu et en aspire le souffle. Copiste en extase, carrousel de l'unanimité, le poète accède ainsi à l'espace de l'illumination substantielle, à la miroitante surprise de la révélation. Possesseur de l'instrument d'appréhension le plus changeant et le plus turbulent, il retourne dans le royaume où la causalité s'allie à l'inconditionné, où l'absurde engendre sa raison.

La poésie renvoie à la mémoire germinale, antérieure à la mémoire reproductive. Pour Lezama Lima, la réminiscence s'amenuise et s'appauvrit en passant du germe à la forme, de la vision à l'écriture. Il propose et pratique le cheminement inverse : le recul de la moindre forme faisable à l'état germinatif, l'abandon des corps pour qu'ils réintègrent leur mystère prénatal.

Alors que dans sa poésie Lezama Lima pratique

la maximale ouverture sémantique, théoriquement il cherche à construire une esthétique d'inspiration scolastique, imprégnée de métaphysique, de mythologie et de théocentrisme, qu'il propose comme système poétique du monde. Il la fonde sur le pouvoir connectif et métamorphique de cette « obscurité audible » qu'est la métaphore ou l'analogòn, capable de réduire le tout en une matière comparative. La métaphore trace le cours/parcours, établit le territoire du poème avançant vers l'image fixe et unitaire, qui représente la réalité de l'invisible. La *poiesis* consiste en la dilatation d'un mouvement métaphoriquement expansif; elle engendre par la métaphore un corps résistant que l'image dote de survivance et de cohésion. La poésie est le temps substantivé en un corps.

Lezama Lima fonde sa conception du monde sur l'image comme absolu. Ainsi, l'être parvient à la plénitude en se sachant image habitée d'une essence une et universelle. Dans toute sentence poétique il est un point errant auquel renvoient les combustions du langage dans ses subtiles pulsations de pneuma et de sens. L'image dote d'un sens tonal la somme diverse des sentences à impulsion discontinue et tourbillonnante. Entre les enlacements et les pauses, elle entame un contrepoint interstitiel concertant. Elle assure la conduction concordante du temporel. Une causalité hylozoïste, supra-empirique, connecte les séries infinies de la métaphore au sein du continuum apporté par l'image. La capacité associative ou contrapuntique de l'image amalgame en un corps poétique la causalité successive de la métaphore. Agent des coïncidences fortuites, des reconnaissances rutilantes, de la gravitation d'irréalités et de la lévitation de réalités, la poésie installe une durée entre la progression métaphorique et le continuum de l'image.

L'image est la substance de l'inexistant. Elle permet

de remonter du conditionné au conditionnant, de la causalité au causatif, dans l'infini. En poésie, l'inconditionné trouve l'image du plus grand possible connu.

En dévoilant l'être universel, ou l'originaire de l'être, l'image, charisme du verbe, dépasse toute transgression. Capable de convertir par la ressemblance unanime l'irréel en naturel renforcé, elle fait un acte de foi démesuré. Une croyance extrême se convertit, chez Lezama Lima, en une extrême charité. Ainsi l'image devient-elle agent des vertus théologales et la poésie, exécutrice de la participation humaine à l'Esprit Saint. Plénitude poétique va de pair avec catholicisme[3].

Lezama Lima, plus que du rêve individuel, se nourrit du rêve collectif, des cosmogonies. Il poursuit l'hypostase de la poésie dans l'imagination des peuples, dans ces universaux fantastiques qu'il appelle les ères imaginaires, où l'image agit sur le temps historique comme une poussée chorale des destins multitudinaires, régis par une fin identique. C'est alors que le réel et l'invisible s'unissent et que la causalité métaphorique reprend vie, instaurant le règne de la poésie. L'ère imaginaire surgit du fond millénaire d'une culture comme une cristallisation archétype. Dans l'errance de l'inaperçu s'ébauche soudain un regroupement régi par d'inexplicables exigences; un destin indéchiffrable le contraint à se constituer en clef. Ce qui était un fait d'exception se généralise et, soudant l'intention et la situation, crée un tourbillon à part, comme congelé, pour la vision. L'ère imaginaire trouve ainsi ses contours, acquiert la plénitude de sa représentation; elle devient un centre temporel, un modèle sujet à une constante réitération. C'est la pointe de l'aimantation unitaire d'un immense réseau, ou contrepoint culturel. Pour Lezama Lima, l'histoire de la poésie consiste à étudier les ères imaginaires. Elle est, en tant qu'étude de ces images et de leur expression, une permanente histoire sacrée.

L'ère imaginaire la plus lointaine est la « philogéné-
ratrice » qui comprend les tribus légendaires des Idu-
méens, des Scythes et des Chichimèques; elle s'applique aux totems phalliques, à toutes les anciennes
formes de reproduction, depuis le sexe des anges
jusqu'à l'androgyne du *Zohar*. La deuxième ère est liée
à la thanatologie de la culture égyptienne. La troisième
étudie l'orphique et l'étrusque d'où provient la notion
de *potens* ou de possibilité infinie, lorsque l'impossible
agit sur le possible afin d'engendrer un possible dans
l'infinitude. Une autre ère imaginaire correspond à la
période des Césars et aux Mérovingiens, c'est l'étape
du roi en tant que métaphore. L'ère suivante est celle
de la sagesse taoïste : la bibliothèque confucianiste, la
bibliothèque comme dragon. Puis vient celle du culte
du sang chez les druides et les Aztèques : le sang en
tant qu'eau et feu; puis celle des forteresses de pierre,
qui rattache les Incas au Déluge Biblique, et enfin
l'époque catholique avec les concepts de grâce, de
charité et de résurrection. Si la poésie incarne le *potens*
ou l'infinie possibilité et si la possibilité majeure est la
résurrection, alors la poésie est destinée à incarner la
prodigieuse aptitude de l'être à la résurrection. Ainsi,
les ères imaginaires débouchent-elles sur José Martí et
sur la Révolution cubaine, où la possibilité infinie est
octroyée à la pauvreté rayonnante, au pauvre qui
abonde en dons de l'esprit.

Le système poétique de Lezama Lima se meut à
travers l'histoire universelle en établissant des points de
référence distants entre lesquels il amorce un contrepoint personnel. Son discours se fonde sur des sentences résonantes, pilotis de sa téméraire construction
théorique; il met en relation la croyance en tant
qu'acte de charité de saint Paul et le croyable impossible de Vico; le « plus grand se comprend incompréhen-
siblement » de Nicolas de Cuse et la réflexion pasca-

lienne sur la nature perdue, et, par un cheminement
sinueux et arborescent, plein d'interpolations, il
s'acharne à rechercher les fondements de l'inconditionné poétique. Pour y parvenir, pour atteindre le plus
grand connu possible, pour obtenir la substance de
l'inexistant, il propose des voies ou des conduites telles
que la *vivance oblique* et la *méthode hypertélique*.

La vivance oblique s'accomplit entre l'obscure progression associative de la métaphore, avec sa force de
développement non causal, et la reconnaissance de
l'image. La métaphore engendre une situation symbolique qui, pénétrant dans l'image et s'abandonnant à l'infinitude causale, devient obliquement la configuration
d'un espace enchanté. La vivance oblique surprend
les tangences inusitées du monde des sens[4]. C'est
une lente irradiation successive des figures visiteuses,
un impondérable combinatoire dans l'espace. Son
contraire, le *soudain* fulmine : il manifeste l'inconditionné en tant que tout dans une fulgurance subite. La
méthode hypertélique atteint la racine poétique en
surpassant tout déterminisme par le franchissement de
sa finalité. Dans l'advenir configuratif de la surabondance, la *poiesis* est sollicitée par une furieuse absurdité,
par une démesure dont l'obscurité devient pénétrante,
puissance primordiale, déchiffreuse et déchiffrable.

Le poème instaure un sens qui le dépasse, insaisissable mais coexistant. De même que le réseau d'associations sensibles renvoie à une voluptueuse extra-senso-
rialité, il faut distinguer le sens comme projection
immédiate du contrepoint métaphorique et le sens
comme résultante tonale, un sens d'intercommunication qui englobe le successif et le transcende : sens
impraticable mais évident. Lezama l'appelle la *preuve
hyperbolique*, autrement dit, l'hypostase ou incarnation de l'invisible, de l'inaudible, de l'insaisissable en
une substance poétique d'une éclatante signification :

« La poésie comme mystère clarissime, ou, si vous voulez, clarté mystérieuse[5]. »

J'essaye d'éclairer (en l'appauvrissant) la théologie poétique de Lezama Lima, dont la pensée ourdit inséparablement image et concept en se rapportant toujours à l'ouverture infinie, au verbe universel où *gnosis* et *phisis* univoques communient. Mais si nous ne partageons pas sa christologie, sa science des anges, sa théosophie de la transsubstantiation du poétique en divin, nous pouvons le ramener à une échelle anthropologique pour interpréter sa prolifération imaginante, son absolutisme de l'image. Reconnue comme activité obscure, cette poésie évite la formalisation raisonnée pour récupérer l'énergie originelle de l'image, pullulante et expansive. L'imagination n'illustre pas didactiquement la pensée, elle assure la primauté du transitif sur le substantif ou le statique. Lezama Lima cherche à se situer avant ou après la constitution des concepts, à déloger la détermination intellectuelle pour qu'elle ne lie pas, ne codifie pas les états de conscience. Il veut récupérer la fécondité originelle avec sa suprématie du sens figuré sur le sens propre, restrictif et répressif. Il veut revenir au dynamisme fondamental de la vie psychique, à l'image non pas en tant que rémanence de la sensation ou du signifié dégradé mais au grand sémantisme primordial, matrice à partir de laquelle se développera la pensée rationnelle. Il veut retourner à la pollution du commencement, prélogique, prélinguistique, retourner à l'imaginaire antérieur qui est fond et origine.

L'image n'est ni linéaire ni successive, elle n'opère pas par enchaînement discursif mais par constellation, par faisceau, par essaim. Plus spatiale que temporelle, elle agit par accumulation iconographique de symboles. Son épaisseur sémantique provient du cumul où tout s'imbrique avec tout dans tout à tout instant, elle provient de sa plurivalence multidimensionnelle.

Lezama Lima retourne à l'attitude de l'imagination primitive, où les événements perceptifs sont des prétextes oniriques, déclencheurs de rêverie, qui agissent comme des champs de force au sein du continuum de l'imaginaire. Ces événements introduisent un symbolisme naturalisant lié aux épiphanies cosmogoniques.

La poésie de Lezama Lima est celle de l'appétence insatiable, de la béatitude délectable et de la jubilation désirée, car l'imagination y établit l'accord harmonique entre sujet et monde, entre pulsions et environnement matériel et social. Grâce à cet intermédiaire, la représentation de l'objet désiré se libidinise, se laisse assimiler et moduler par les impératifs pulsionnels du poète. Lezama Lima concerte, dans une homologie constellée et convergente, le flux placide de sa surabondance surnaturelle, il concilie ainsi le différent, le divergent en le projetant dans le domaine diurne et édénique de l'équivalence fonctionnelle et morphologique.

Dans les poèmes de Lezama Lima, il y a un début qui n'est pas un commencement. Pas de sens progressif ni de progression descriptive. L'évocation fluviale, dissemblable, fuit la forme car elle refuse toute restriction de sa mobilité. L'imagination, mouvement affectif sans restriction, est zone matricielle, dynamisme promoteur, préliminaire aux suspensions nominales. Elle procède par flux associatif de représentations sensibles qui convergent vers des points où les symboles viennent se cristalliser.

Lezama Lima pratique l'hégémonie de l'image hyperbolique et hypertélique, il pratique la saturation métaphorique pour déloger l'intelligence conceptuelle. Il accouple les images les plus différentes afin que la compréhension ne s'arrête pas aux signes et aille directement au sens qui réside dans la vision, afin que l'intellection se déplace vers une intuition fondamentale : celle de l'unanimité spontanée de l'ordre naturel « surnaturalisé ».

*Monde nonchalant
et sens erratique
chez
Felisberto Hernandez*

TABLE DES ABRÉVIATIONS :

ECP : El caballo perdido. Arca, Montevideo, 1970.
LH : Las hortensias y otros relatos. Arca, Montevideo, 1966.
NEL : Nadie encendía las lámparas. Arca, Montevideo, 1967.
PI : Primeras invenciones. Arca, Montevideo, 1967.
TM : Tierras de la memoria. Arca, Montevideo, 1967.

Ce qui me déconcerte et me séduit particulièrement chez Felisberto Hernandez ce sont ses récits lents, réticents, indécis, parfois presque absents et dépourvus de la narrativité conventionnelle. Je pense à *Tierras de la memoria* (Terres de la mémoire), *El caballo perdido* (Le cheval perdu), ou à des contes comme *Nadie encendía las lámparas* (Personne n'allumait les lampes), *El balcón* (Le balcon), *Las dos historias* (Les deux histoires), *La casa inundada* (La maison inondée), *La casa nueva* (La maison neuve), et à la plupart des textes réunis dans *Primeras invenciones* (Premières inventions). Ce sont de ces récits sans histoire où il n'y a ni parcours ni progression, rien que le temps qui passe, des récits où le cours devient le discours. Les faits surnagent, s'enchaînent à peine, il n'y a pas de force impulsive, de moteur narratif factuel les contraignant à s'enchaîner en une filiation causale. Tout arrive, survient dans le peut-être d'une frontière incertaine entre le réel et l'insaisissable, entre le palpable et l'improbable, entre le significatif et l'insignifiant. Ni abstrait ni charnel (Felisberto ne se laisse pas tenter par le discours élevé qui fonde sa cohérence sur une logique conceptuelle séparée des choses; pas plus qu'il n'est tenté par le discours d'en bas qui se veut mêlé à l'épaisseur confuse des profondeurs), tout reste en suspens; à peine ourdie par une trame lâche, la narration tend davantage à se disperser qu'à se concentrer. Le récit, bien qu'il représente la banalité domestique, est frontalier, il demeure à la lisière. Parodie de vision puérile, perplexe, sa vraisemblance est vacillante, ni réaliste ni merveilleuse. Il n'y a ni ordre (l'ordre implique une signification idéale, supra-empirique, une relation de connexion catégorielle, d'annexion hiérarchique), ni désordre (non-effectivité de l'ordre), car la matérialité des choses résiste à la signification et l'infini grossier, les mélanges simultanés et hétérogènes du corps ne se laissent pas aligner discursivement. Il y a un constant voisinage, un côtoiement (tout chez cet auteur est tangentiel) de l'absurde, sans que Felisberto y plonge résolument (tout en lui est indécis).

Ce moi aboulique, inopérant, à la volonté amoindrie, sans dessein ni dessin, cette conscience erratique qui ne parvient pas à contrôler l'activité mentale, qui, lorsqu'elle veut éclaircir son ossature, se disloque, cette disjonction entre mot et pensée, entre parole et corps, cette condition d'altérité du corps lui-même, dont les parties agissent avec autonomie, ces objets hiérarchisés, en parité psychologique avec les personnes, ce temps nonchalant et diffus sans perspective d'avenir, cette relation de coexistence sans connivence avec les autres personnages, cette merveilleuse mansuétude avec laquelle Felisberto Hernandez transcrit placidement, impassiblement, un advenir dans lequel il intervient à peine, cette texture ténue sans volonté formelle apparente, tout, signes nomades, halo humoristique, envoûtement énigmatique, concourt à instaurer une atmosphère de flottement.

Chez Felisberto, même le statut (condition ou régime) du moi est ambigu. Ses récits sont presque tous narrés à la première personne, mais ils n'incitent qu'épidermiquement à associer ce moi textuel à celui du producteur du message (l'un étant feint et l'autre réel, à moins que les deux ne soient fictifs ou les deux réels? Qui élucidera et selon quelles règles le degré de réalité, c'est-à-dire le mode d'existence de tous ces moi spéculairement dédoublés et réciproquement reflétés?) Certaines coïncidences avaliseraient le rapprochement de la personne/narrateur/protagoniste des fictions litté-raires avec le moi empirique extra-textuel; la narration des mésaventures du pianiste chaplinesque en tournée en province, qui erre dans ces villages somnolents, à la recherche de concerts pour auditoires apathiques, en logeant dans des hôtels miteux, et, qui croise par ha-sard d'autres coexistants, d'autres nomades humains, n'est pas dépourvue de valeurs référentielles. L'indi-cation autobiographique et les traces auto-expressives sont hypothétiquement plus nombreuses dans les évo-cations de l'enfance, tels *Tierras de la memoria*, ou *El caballo perdido*, et *Por los tiempos de Clemente Col-ling* (Du temps de Clemente Colling), textes qui se proposent de récupérer le passé par un exercice de mémoire. Mais cette re-présentation du révolu, bien qu'elle se sépare à peine de la conscience évocatrice, n'est ni centrée ni tressée par un moi nettement individualisé, par une personnalité identifiée, agissant comme élément unificateur. Chez Felisberto, il n'y a pas d'autorévélation à travers une écriture automati-que, ni d'exploration des abîmes subconscients. On n'imite pas le flux chaotique et préoral des impul-sions/pulsions visionnaires; il ne s'agit pas de capter à vif cette intimité psychique préalable à toute formalisa-tion discursive; son monologue n'est pas intérieur. Il serait vain d'en forcer le déchiffrement au nom d'une récupération romantique de la « vraie » subjectivité disséminée dans ses écrits. Ce qui est spécifiquement sien, c'est ce moi diffus, ce narrateur neutre, en relation de coexistence, de co-extension avec les personnages, les choses, les mots, les événements, indifféremment intérieurs ou extérieurs. Ce qui est singulier, significatif chez Felisberto, c'est cette absence de détermination sémantique, causale, cette séquence lente, horizontale, dépourvue du besoin de concrétisation sensible, imperturbable, ce pur advenir sans orientation et presque privé d'intellection. Ce qui est caractéristique c'est ce moi aboulique (littéralement mais pas littérairement), ce contemplateur plein d'une déférence ébahie, qui pratique « le plaisir libre de l'impersonnalité » pour ne pas perdre « le sens distrait des choses ». Felisberto pratique l'impersonnalité pour percevoir sans justification ni fantaisie (« ni injuste, ni froid, ni très enthousiaste ») « cette chose si réelle, si '' dé-coïncidente '' avec le désir et l'effort de la pensée pour la prévoir... l'imprévu, le sempiternel » *(PI)*. Il pratique l'extériorité pour inscrire cette paisible émotion des choses, ce poème de l'absurde qu'est la réalité telle qu'elle se présente en surface. Sa particularité, c'est d'être cet observateur sans compromis, consignant des faits qui sont de pures apparitions, sans but, sans intention; il les enregistre sans « commentaire », sans qu'une volonté conceptuelle conjonctive relie ce qui, dans « la sensation dissociative, disloquée et absurde », se présente comme une simultanéité éparse :

> ... D'autres fois encore ce commentaire ne me venait pas et je commençais à sentir les choses et le destin d'une autre manière, à ma manière particulière : les choses, les personnes, les idées et les sentiments n'avaient rien à voir les uns avec les autres et il y avait sur eux un destin concret. Ce destin n'était ni cruel ni bénévole, il n'avait pas d'intention. Il y avait en tout une émotion paisible et les choses humaines qui étaient remuées étaient un peu plus objets qu'humaines. L'émotion issue de cette façon de sentir le destin, se trouvait dans la nuance entre une chose doulou-

reuse et une autre joyeuse, une chose tranquille et une
agitée. Et bien que ces choses n'aient rien à voir les unes
avec les autres dans la pensée associative, elles avaient
quelque chose à voir dans la sensation dissociative, disloquée et absurde. Une idée à côté de l'autre, une douleur à
côté d'une joie et une chose paisible à côté d'une chose
agitée ne me suggéraient pas de commentaire : j'avais une
attitude de contemplation et de calme émotion devant les
nuances qu'offrait la position de tout ceci.

(PI)

Ce moi timoré, presque dépourvu d'identité, lent,
patient, retardataire, à la merci de l'événement imprévisible, est le seul point de vue apte à transcrire la
vision félisbertienne. C'est le moi de la sage modestie,
de l'intervention minime; c'est le moi de l'acquiesce-
ment ou de l'impuissance d'un narrateur qui en sait
autant ou moins que ses personnages, qui n'a pas accès
à d'autres consciences que la sienne. La troisième
personne est écartée parce que arrogante, et ne correspondant pas au récit déterminatif, savant justificateur,
interprétatif, concluant, celui de la vision en arrière; la
troisième personne n'appartient pas à qui perçoit mais
à qui organise le monde.

Ce moi sans volonté enregistre un advenir rebelle qui
se produit en dépassant l'agencement que les idées
organisent et prétendent appliquer aux choses. Le récit
d'un tel advenir suppose un sujet physique qui le révèle
en s'exprimant à travers le langage. Chez Felisberto les
quatre instances – moi, corps, langage, choses – ne
sont pas préalablement concertées, elles ne s'intègrent
pas dans une continuité factuelle ou logique, elles ne
s'imbriquent pas les unes les autres dans une trame
de relations connexes, elles ne se subordonnent pas
du tout à la cohérence discursive. Elles tendent à
la dissociation, à se transformer en devenirs autonomes. Autrement dit, le continuum discursif impassi-

ble de Felisberto lorsqu'il veut raconter cette éventualité dissemblable et errante est un de ses traits
d'humour.

Le démembrement, la dispersion qui se produit
entre conscience, corps et langage fait que le sujet ne
peut contrôler son activité mentale. Le physique et le
psychique interviennent indifféremment, sans instaurer
de frontière entre l'objectif et le subjectif, sans notion
d'appartenance. Dans les textes de Felisberto Hernandez, le sujet ne s'attribue pas ce qui passe par son
esprit ou par son corps. Le moi apparaît comme un
carrefour éventuel d'événements qui sont interceptés
fortuitement. Ce moi rabaissé ne peut endiguer sa
pensée ni organiser ses souvenirs. Les idées ou images
errantes l'envahissent; intempestives ou subreptices,
elles musellent la pensée, délogent celles qui furent
volontairement convoquées, surgissent, capricieuses,
pour démanteler l'ordre réflexif, s'immiscent quand on
les attend le moins et s'attardent plus qu'on ne voudrait : « Bien qu'avançant à pas lents, à pas de
somnambule, je trébuchai soudain sur une petite idée
qui me fit choir dans un instant plein d'événements. Je
tombai dans un lieu qui était une sorte de centre
d'attraction bizarre où m'attendaient quelques secrets
masqués. Ils assaillirent mes pensées, les ligotèrent et
depuis lors je me débats » *(ECP)*.

Dans *Tierras de la memoria, El caballo perdido* et
Por los tiempos de Clemente Colling, c'est-à-dire des
narrations aux dimensions romanesques, se reproduit
toujours le piétinement initial, cette difficulté à démar-
rer de façon linéaire, à exécuter le projet remémoratif,
à imposer la progression envisagée, à réprimer la
cohue des interférences qui menacent de désordonner
le récit. Ou alors, les évocations s'ordonnent selon des
lois d'affinité qui leur sont inhérentes mais portent
atteinte à l'unité planifiée dans l'abstrait. Les souvenirs

recomposent le passé pour leur propre compte. Lorsque la conscience se propose de le récupérer, elle est bousculée par un excès de détails, par une évocation trop riche pour la faculté de rappel de la mémoire, ou bien ce sont des souvenirs intrus qui surgissent, des mélanges qui se produisent au sein du souvenir requis, des anachronismes inexplicables. La remémoration supprime et ajoute avec une intention inconsciente : « ... quand je ne comprenais pas sous quel prétexte s'étaient effacées certaines choses de ces souvenirs, alors que d'autres surgissaient qui n'avaient pas eu lieu à cette époque, le monde se mettait tout à coup à tourner quelques jours plus loin pour s'arrêter ensuite, sous l'impulsion d'une force inconnue, devant un simple souvenir contemplatif : une femme jeune mangeait des raisins sous une treille » *(TM).*

Les faits surgissent, inattendus, surprenants; leurs empreintes psychiques sont imprévisibles. On ne sait quels événements vont continuer à rôder dans la mémoire, lesquels vont disparaître, lesquels se figer en obsession. Objets, faits, idées, images, sentiments s'amalgament mystérieusement à chaque instant du vivre; chaque minute opère son étrange mélange en rattachant des éléments éventuels à des relations aléatoires, contrastantes. Pour Felisberto la conscience est un grouillement constant à vitesses inégales où tout bouillonne, s'arrête, revient, converge, se disperse, avec des alternances de compréhension et d'incompréhension.

Le narrateur ne peut imposer aux souvenirs une cohérence étrangère car la capacité évocatrice est antagonique à ce souci de coordonner l'évocation. Si on veut l'aligner et le trier, le souvenir se montre réticent ou carrément rétif. Dans le « théâtre du souvenir », le narrateur est plus spectateur qu'opérateur : « L'âme s'installe pour se souvenir, de même que le corps s'installe dans le fauteuil d'un cinéma. Je ne saurais dire si la projection est nette, si je suis assis tout au fond, qui sont mes voisins ou si quelqu'un m'observe. Je ne sais même pas si je suis ou non l'opérateur; je ne sais même pas si c'est moi qui suis venu ou si quelqu'un m'a préparé et amené pour le moment du souvenir » *(ECP)*. L'évocateur ne peut tisser ses souvenirs sans les faire fuir; tout passe par l'écran de projection de la conscience. On ne peut pas combiner narrativement cette diversité irrationnelle. Le monde phénoménal se refuse à se régler sur une histoire, car l'histoire est une contrainte intellectuelle, extérieure aux événements; c'est une recomposition restrictive et abusive; l'histoire n'existe pas au niveau des faits. Felisberto veut s'en tenir à l'advenir sans lui imposer l'habituelle codification, la texture adulte; il opte pour une « monstration » sans interprétation, à peine enchaînée; il décide de respecter l'impénétrabilité primordiale du phénoménal car les choses sont insondables par nature :

> D'ailleurs je devrai écrire bien des choses sur lesquelles je sais peu; et il me semble même que l'impénétrabilité est une de leurs qualités intrinsèques; peut-être que lorsque nous croyons les savoir, nous cessons de savoir que nous les ignorons; car leur existence est fatalement obscure; et c'est probablement là une de leurs qualités.
>
> *(ECP)*

Ecrire sur ce que l'on ignore veut dire conditionner la représentation à la présentation, au mode d'existence des faits. Les choses mentales sont discordantes et rebelles au contrôle de l'intelligence; elles répondent à leur propre dessein, se marient ou divorcent selon des sympathies particulières; elles sont guidées par une volonté étrangère à la conscience qui les abrite. Face au narrateur contraignant qui prétend instaurer l'ordre statutaire, les souvenirs se replient afin de sauvegarder leur secret. Il faut respecter leur étrangeté; vouloir les dépouiller de leur « réelle imprécision », c'est les dénaturer, c'est comme prétendre ôter « l'absurde ou le fantastique à un rêve » *(ECP)*. Faits, sentiments, idées, défendent leur altérité; tout comme les objets du dehors, ils possèdent leur ombre propre, leur mysté- rieuse singularité : « Soudain, non seulement les objets avaient une ombre derrière eux, mais les faits, les sentiments, les idées en avaient une aussi. Et l'on ne savait jamais très bien quand elle apparaissait ni où elle s'installait. Mais si je me disais que l'ombre était la marque du mystère, voilà que le mystère et son ombre se retrouvaient perdus, distraits, indifférents, sans intention qui les unisse » *(ECP)*. L'apparition, la fluence, l'enchaînement, la convergence ne se plient pas du tout aux exigences du remémorant. Les images convoquées accourent paresseusement; elles tardent car elles doivent trouver d'elles-mêmes l'arrangement qui leur permettra d'apparaître. Les souvenirs résignés accomplissent le destin que leur impose l'évocateur, mais ils l'empêchent de pénétrer dans cette zone qui leur appartient en propre; il ne peut que les observer comme des habitants d'un autre monde : « ... ils vivaient une qualité d'existence qui ne permettait pas de les toucher, de leur parler, ni d'être écouté; j'étais condamné à être quelqu'un d'à présent; et si je voulais répéter ces faits, ils ne seraient jamais les mêmes. Ces faits-là étaient d'un autre monde et il serait inutile de leur courir après » *(ECP)*.

Pour vraiment se souvenir, il faut synchroniser le diachronique, faire que l'homme recule et que l'enfant avance jusqu'à ce qu'ils coïncident tous deux. Se souvenir de l'enfance, c'est reculer jusqu'à la vision innocente; l'homme recommence à regarder avec des yeux d'enfant et l'enfant doit « accomplir le miracle de se souvenir vers le futur » *(ECP)*. Mais, pour Felisberto, homme et enfant sont inconciliables. L'enfant n'a pas la notion adulte, linéaire, successive, irréversible du temps, il ne postule pas d'exigences de sens total, de congruence et de fondement; il unifie des moments distincts et des lieux distants; il allie des êtres et des choses par des parentés réversibles et polyvalentes, selon des analogies qui ne requièrent aucune vérification extérieure; il ne différencie pas le monde réel du monde illusoire : tout communique avec tout en une continuité sans ruptures. Les adultes grammaticalisent, ils essayent d'établir la syntaxe, le système d'articulation de chaque processus en attribuant à chaque composante le signe pertinent (d'appartenance); ils tentent de déterminer une chronologie génétique qu'ils interprètent analytiquement. L'adulte est une sentinelle inquisitrice qui ne sait pas se plonger dans l'apaisement, dans la rêverie de l'enfant. Lorsqu'il obtient une convergence péremptoire avec la vision innocente, il se met à fouiller, à scruter inquisitorialement ces images; il veut transformer la mobilité, la mutabilité analogique en taxonomie. La première, s'appuyant sur la faculté d'unifier, est incompatible avec la deuxième qui se base sur la discrimination classificatrice :

… Quand l'enfant regardait le bras nu de Celina il sentait qu'elle était tout entière dans ce bras. Les yeux d'à présent veulent s'arrêter sur la bouche de Celina et s'aperçoivent qu'ils ne peuvent savoir comment était la forme de ses lèvres par rapport au reste de son visage; ils veulent saisir une chose et se retrouvent sans aucune; les fragments ont perdu la mystérieuse relation qui les unit; ils gardent leur équilibre, se séparent et le jeu spontané de leurs proportions s'arrête; on les dirait tracés par un mauvais dessinateur. S'il leur prend envie de faire bouger les lèvres pour voir si elles trouvent des mots, leurs mouvements sont aussi faux que ceux d'une maladroite poupée mécanique.

(ECP)

Les souvenirs se regroupent par affinité en « lignages »; ils ont leur volonté propre et l'exercent pour sauvegarder leur singularité : leur « qualité d'existence ». Les uns, ceux du « pas de danse » ne peuvent jamais coïncider avec le présent; ils appartiennent à un autre temps, à une personnalité antérieure au sujet qui se rappelle, à une candeur irrécupérable. Ils s'élèvent, lumineux, dans l'air temporel de la mémoire que la lampe de l'imagination éclaire par intermittence. Ces « habitants » sont des spectres sans poids et sans corps : « ils sont comme des visages de fous qui depuis longtemps ont oublié le monde » *(ECP)*. Ce sont les traces de l'enfant, étrangères et impondérables, qui passent sur l'écran de la conscience adulte. Ensuite il y a les autres, ceux du chagrin, les inquiétants souvenirs d'en bas, les pulsions/passions qui émergent des profondeurs corporelles : « Ceux-là ne venaient pas de régions lointaines et n'étaient pas accompagnés par un pas de danse; ils venaient ceux-là de sous la terre, ils étaient chargés de remords et rampaient dans une atmosphère lourde, même aux heures les plus lumineuses du jour » *(ECP)*.

Felisberto refuse l'intellection, la vigilance raisonnée, la codification conceptuelle de ses souvenirs; toute détermination conjonctive, toute articulation narrative peut les effaroucher. Les souvenirs l'intéressent lorsqu'ils vivent leur propre existence (leurs ubiquités, simultanéités, enjambements, anachronismes), leur propre temporalité, leur espace imaginaire, leur propre mode de présentation et de représentation. Il convoque les souvenirs candides, les souples, les soyeux, les limpides, les dansants, mais il est assailli par ceux d'en bas, les profonds, les incarnés, ceux au mélange épais, les rampants, les révulsants.

Toute rencontre avec la profondeur lui semble frustrante, effrayante. La conscience, même délivrée de sa sentinelle, de la vigilance logico-discursive, est incapable de fouiller dans les tréfonds, d'atteindre les racines du souvenir; ses doigts griffent ces anciennes floraisons, explorent leurs ramures emmêlées, tâtonnent, éperdus, dans l'eau sans pouvoir examiner les pointes submergées. Mots et corps sont les perturbateurs de la récupération évocatrice, tous deux imposent les exigences du monde externe, empêchent, par leurs urgences, d'enrober d'air et de passé les souvenirs pour les faire revivre, ils suppriment l'espace où se produit le spectacle de la remémoration. L'associé/sentinelle incarne le moi externe; et malgré ses exigences, il est indispensable : il représente le dire et le manger : « Je découvris alors que mon associé était le monde. Il était inutile de vouloir me séparer de lui. C'est de lui que j'avais reçu les repas et les mots » *(ECP)*. Un dédoublement total est impraticable, surtout si l'on essaye d'installer le mot dans les terres de la mémoire. L'associé est l'intermédiaire indispensable pour transférer le souvenir à l'écriture. Felisberto lutte pour laisser les incorporels livrés à leur propre nomadisme : « ... je me refusais à mettre mes souvenirs dans un quadrillage d'espace et de temps. » L'associé l'incite à les inscrire, l'aide à les formaliser, à les aligner pour les faire passer par la discursivité, à les convertir en expression textuelle, en les soumettant à une autre cohérence. Le flux erratique est endigué, les eaux vives du souvenir sont recueillies, elles doivent prendre la forme que leur impose le contenant narratif. Mais l'écriture, en retenant, affaiblit, elle ne peut transvaser qu'un maigre butin, elle ne parvient à transcrire que peu de chose, « quelques maigres os » du souvenir, une matière morte, des scories exsangues.

Nombreux sont les dédoublements qui sans cesse démembrent le moi félisbertien : moi enfant et moi homme, moi qui se remémore et moi qui discourt, moi qui ressent et moi qui représente. De semblables scissions invalident la supposition d'un ego unitif, capable d'organiser la différence, de contrecarrer la dispersion. La disjonction image/mot, corps/langage apparaît nettement : « Moi, j'avais du mal à extraire les mots de mon corps comme d'un accordéon aux soufflets abîmés » *(NEL)*. Il ne s'agit pas seulement de l'indocilité notoire de la langue, du fossé entre intention et réalisation – « je ne voulais pas écouter l'histoire car l'effort de cet homme qui cherchait des mots me faisait mal; c'était comme si la statue s'était mise à épouvanter les colombes » *(NEL)*. Les mots sont aussi des instances autonomes à l'assignation indécise. Dotés d'une existence erratique, c'est comme s'ils s'auto-émettaient. Ils ne sont pas l'apanage de ceux qui les prononcent, ils ne sont pas clairement endossés par un émetteur :

> Enfin apparaissaient les mots promis – maintenant que je ne les attendais plus – ... J'eus le temps de penser à Madame Margarita avec des mots que j'entendais à l'intérieur de moi, comme étouffés par un oreiller...
>
> Dès qu'elle commença à parler, il me sembla que sa voix aussi résonnait à l'intérieur de moi comme si je prononçais moi-même ses mots. C'est peut-être pourquoi à présent je confonds ce qu'elle m'a dit avec ce que je pensais...
>
> *(LH)*

Celui qui parle s'entend dire des mots qui ne le concernent pas; ils sont articulés par une bouche entrouverte qui ne s'identifie pas tout à fait à une personne énonciatrice du message : « Il fit '' ah '' d'un éclat de voix bref et inattendu; il suspendit son pas, me

regarda en face et enfin ces mots lui échappèrent... »
(NEL). Les mots, tels des animaux indociles, surgissent
quand ils veulent, isolément ou par troupeaux, enfreig-
nant la volonté de qui les prononce. Les mots agissent
pour leur compte; ils hantent les bouches, empruntent
les voix, traversent des temps et des lieux autres, s'en
prennent à la pensée, réclament des signifiés différents
de ceux que leur octroie l'usager. La tête est « comme
une taverne pauvre au milieu d'une foire » *(TM)*.
Toutes sortes de mots y entrent, s'y installent, en
sortent, bavardent entre eux, intriguent, trament, complotent. Parfois ils se réunissent pour formuler une
sentence, ils ferment le cercle et portent un jugement.
Pendant ce temps, le corps fait des siennes. Les pommettes sourient indépendamment des mots que prononce la bouche : « ... les pommettes, très affairées,
commençaient à esquisser un sourire; elles n'attendaient pas de savoir si les mots que l'autre bouche leur
jetait étaient amusants ou pas » *(TM)*.

Les parties du visage peuvent s'accorder ou se que-
reller, se défaire, se disperser. Les parties du corps
agissent en toute autonomie; les personnages de Felisberto Hernandez ne peuvent même pas commander les
fonctions contrôlables. Insoumis, fuyants, les yeux
s'échappent ou se mettent à pleurer tout seuls; les
gestes s'installent d'eux-mêmes; les mouvements s'arrêtent ou se prolongent automatiquement. Felisberto
multiplie les références au désaccord avec son corps :

> Le vieux faisait encore craquer l'escalier en bois de son
> pas pesant que déjà je me sentais seul avec mon corps. Il –
> mon corps – avait attiré à lui ces mets et tout cet alcool
> comme un animal avalant d'autres animaux; et à présent il
> allait devoir lutter contre eux toute la nuit. Je le déshabillai
> complètement et le fis se promener pieds nus dans la
> pièce.
>
> *(NEL, 20)*

Les parties du corps vivent leur propre vie : semblant ne pas impliquer le tout, elles agissent séparément. Les mains sont comme des apparitions indépendantes de leurs possesseurs : « Nos deux mains commencèrent à envahir la nappe; on aurait dit des habitantes naturelles de la table. Je ne pouvais m'empêcher de penser à la vie des mains » *(NEL)*. Les personnes ne représentent pas des totalités incluant unitairement les parties du corps. Les mouvements du corps sont enregistrés comme des réalités isolées, comme des faits non nécessairement tributaires de la personne.

Le moi séparé du corps et de l'esprit suscite une longue digression dans *Tierras de la memoria*. Le protagoniste/narrateur avoue ignorer et se méfier de ce corps avec lequel il entretient des relations si capricieuses, tantôt claires tantôt obscures, tantôt attentionnées tantôt distraites. Le bonheur réside dans l'évasion, dans les parenthèses pendant lesquelles le corps se tait et son habitant se distrait en obéissant aux incitations de sa fantaisie. Bonheur s'identifie à absence de contrainte, à visions au ralenti, à lenteur silencieuse. Le bonheur, c'est l'incorporel, la pure vision, la contemplation désintéressée du déroulement des images sans profondeur physique, c'est un advenir pur qui n'implique pas l'observateur, ne réclame pas d'intervention. Bonheur est vision gratuite, sans recherche de finalité ou de sens.

Le corps n'est pas considéré comme le support des pensées; il mène une vie souterraine, tandis que là-haut, elles délibèrent pour leur propre compte et à huis clos. Le corps ne les interrompt que lorsqu'un mal l'afflige. Les pensées rechignent à s'occuper des appels du corps; le corps est obligé de se transformer en pensée pour participer au conciliabule. Mobilisées contre leur gré, elles doivent lui trouver quelque soulagement pour le faire taire et l'oublier. Felisberto distingue deux sortes de pensées : les cérébrales ou pensées chaussées, et les pensées déchaussées qui résident hors de la tête. Lorsque la vue est abandonnée par l'intelligence, ce sont les pensées corporelles, subliminales qui s'installent dans le regard; elles possèdent un pouvoir hypnotique particulier, y compris sur les pensées chaussées. Commissionnaires de la chair, messagères des pulsions tapies, elles sont appétentes, perturbatrices et impératives, elles représentent la confusion intérieure, l'obscurité des profondeurs, la réalité viscérale. Elles transmutent l'innocence et l'enchantement, la bienveillance et le désintérêt de la surface en une coercition chagrine; elles appesantissent et perturbent toutes choses en les attirant vers l'intimité charnelle.

Le corps, ce poids gênant est, pour comble, indispensable; il impose une cohabitation risquée avec le moi incorporel qui ne peut ni se défaire de lui ni le dédaigner. De cette attention forcée dépendent non seulement la tranquillité physique dont le contemplatif a besoin, mais sa propre existence :

> Je ne pouvais à aucun moment sauter à bas de mon corps. Cette cohabitation forcée m'exposait à toutes sortes de risques. Non seulement je ne voulais ni m'en défaire ni même l'ignorer (s'il mourait je n'avais pas le moindre espoir de lui survivre et s'il tombait malade il devenait trop impertinent), mais de plus il me fournissait toutes les facilités pour pénétrer les mystères vers lesquels mon imagination se projetait. (Je soupçonne que cette passion me venait en bonne part de lui, de même que toutes les violences auxquelles j'avais besoin de me laisser aller lorsque je n'étais pas contemplatif.)
>
> *(TM)*

Dans la mesure où la contemplation est apaisement, placidité, « distraction charmée », plongée dans le silence et la nonchalance, sans contrainte, sans effort propulseur, dans la mesure où elle est comme une expansion gazeuse, dématérialisante, le charnel s'associe au gaspillage énergétique, à l'initiative violente, à l'attaque, à la pénétration impulsive, au dévergondage et à la bestialité. Le corps s'excite et s'exacerbe, il incite à se décharger. Devant le piano, il est comme un tigre féroce qui perd son contrôle et détruit sa proie à grands coups de griffes. Corps est synonyme d'excès, de fureur inconsciente. Echauffé par les jeunes filles, il accumule une tension sexuelle qu'il décharge sur le clavier avec une véhémence irrésistible. Le corps se défoule comme il peut, transgressant toujours les censures d'un moi aussi pudique que timoré.

Lorsqu'il y a épaississement, lorsque le corporel, en se densifiant, tire vers le bas, vers l'intimité matérielle, vers le monde de la confusion intime, le chaos substantiel, le mélange cosmique, le moi divorce, s'efforce de rester à la surface, d'éviter de choir dans la densité charnelle : la séparation s'accentue. Le moi s'ancre dans son abandon, dans l'attente molle, il cherche à s'insinuer doucement dans le « vide heureux ». Plus expectatif qu'actif, il veut errer en flottant à la poursuite de ce « sentiment distrait des choses ». Il veut préserver sa superficialité, désire qu'on le laisse coexister coextensivement avec les mots, les pensées, les images, le corps, les êtres, les objets, tous en tant qu'entités dépouillées de leur interdépendance conventionnelle, de leur attribution habituelle. Tous peuvent, avec une égale hiérarchie, être alternativement sujets ou objets, principales ou subordonnées, personnels ou impersonnels.

Les personnages félisbertiens n'orchestrent pas le monde, ce ne sont ni des intervenants ni des modificateurs de la réalité, ce ne sont pas des opérateurs exécutifs. De même que leurs utilisateurs manquent de

pragmatisme, les objets semblent dépourvus d'instru-
mentalité. Personne n'allume les lampes, on habite
dans des maisons pour les inonder, le balcon s'effon-
dre. Les objets, auparavant personnalisés, se plient à
peine à une fonction utilitaire, leur condition d'ustensiles est occasionnelle. Départis de leur assouvissement
pratique, ils constituent des présences énigmatiques,
une altérité psychologisée. Ils peuvent établir les
mêmes relations que les êtres : ce sont des manifestants
dotés d'expressivité. Les objets usuels – meubles, portes, fenêtres, vêtements, « êtres de la vaisselle »,
ornements – deviennent des agents sentimentaux qui
agissent par détermination propre et communiquent
affectivement avec leurs utilisateurs. Ce ne sont pas
seulement des témoins de l'intimité des gens, mais
aussi les dépositaires de secrets. Etres étranges, dotés
d'une existence mystérieuse, ils complotent entre eux
pour dissimuler l'indévoilable :

> Au début j'avais jeté un regard distrait sur les objets; par
> la suite je m'étais intéressé aux secrets que ces objets
> représentaient en eux-mêmes; et brusquement ils me suggé-
> raient qu'ils pouvaient être les intermédiaires des grandes
> personnes; eux, – ou d'autres peut-être que je ne regardais
> pas à ce moment-là – pouvaient être les complices d'actes
> mystérieux ou s'y trouver impliqués. J'avais alors l'impres-
> sion que l'un m'adressait un signe secret pour un autre, que
> l'un ne bougeait pas et jouait les innocents, qu'un autre
> encore renvoyait son signal à celui qui l'avait d'abord
> accusé, et cela jusqu'à ce que je me fatigue, ils se
> moquaient de moi, s'entendaient secrètement ou m'en-
> voyaient promener.
>
> *(ECP)*

En accord ou en désaccord avec les personnes, ils
peuvent être plus vivants que leurs propriétaires, ils
s'entendent pour admettre ou rejeter leurs utilisateurs.

Ils sont aussi impénétrables et imprévisibles que les personnages avec lesquels ils se comparent en rang et en fonction; les uns et les autres sont des actants dotés de la même polyvalence fonctionnelle. Les objets exercent une constante influence; elle peut être bénéfique, euphorisante : « Toutes les compositions que je jouais me paraissaient nouvelles; elles avaient une couleur, une émotion et même un rythme différents. Je m'apercevais que venaient contribuer à cela, Irène, les objets de sa maison, et en particulier un galon de tissu vert qui dépassait de la caisse du piano là où s'arrêtaient les touches » *(PI)*. Une chaise peut s'imposer, créer un sentiment d'intimidation : « C'était une chaise de salon à forte personnalité. L'arrondi du dossier, ses pattes arrière, sa forme générale avaient énormément de caractère. Leur allure était sérieuse, sévère, concrète. On aurait dit qu'elle regardait à l'opposé de l'endroit où j'étais et ne s'intéressait pas du tout à moi » *(PI)*. Les cigarettes dominent leur consommateur, l'influencent subtilement pour l'empêcher de prendre celle qu'il a choisie; elles fuient le fumeur en se cachant au fond du paquet ou en lui échappant des doigts. Certains objets sont agressifs : les instruments du dentiste guettent dans la cuvette avant d'attaquer; l'assaut n'est pas le fait du manipulateur mais de ses outils *(TM)*.

Les objets sont des singularités équivoques, perturbantes qui ne se laissent pas généraliser, intégrer dans des séries homologues, dans des catégories rassurées par l'attribution d'un signifié stable. Les objets ne se laissent ni manipuler, ni réduire à un rôle d'engin dirigé par un opérateur. Ils ont autant de pouvoir d'intervention que les êtres, ce sont des personnages capables d'actions et de passions, qui peuvent conclure des alliances ou s'opposer à celles des autres actants. Ils ne se résignent pas à la condition subalterne de prédicat, ils sont aussi sujets, aussi individuels que n'importe quelle autre instance.

La hiérarchisation des objets apparaît d'autant plus que les personnages sont rabaissés. Les personnages félisbertiens sont diffus, ils ne constituent pas des épicentres psychologiques, des personnalités individualisées par une lente accumulation de différences; leurs traits sont dispersés, leur caractérisation se dissémine au sein des événements. Il n'y a pas de volonté d'établir des portraits assurant une identification nette et stable. L'absence de dénomination est fréquente; l'onomastique très pauvre. Il manque les noms propres, ces en-têtes qui permettent la répartition et l'emmagasinage de données relatives à chacun des acteurs : une des veuves, une femme jeune, la femme du mur, la femme aux boucles défaites, le monsieur du conte, un jeune homme qui avait quelque chose de bizarre sur le front, le politicien, la nièce : le signe distinctif se substitue au nom et ne suffit même pas à décrire un prototype. Le portrait physique est rare et le portrait intérieur à peine ébauché. Il n'y a pas de caractérisation évolutive; il ne s'établit pas de typologie psychologique assurant une certaine prévisibilité des comportements. Dans les récits de Felisberto, les manifestations humaines, sans interprétation caractérologique, apparaissent comme énigmatiques. L'individualisation est sommaire car Felisberto Hernandez n'a pas envie d'étayer ses personnages psychologiquement. Pour ne pas tomber dans la fausse profondeur, il renonce aux pouvoirs de démiurge du narrateur. Les personnages sont entourés de « ce silence dans lequel se forment les sentiments et les pensées » *(LH)*; ils se meuvent avec lenteur (la représentation est circonscrite à la visualisation pure, au passage cinématique par un écran plat; tout s'allège, même l'écriture, comme si elle était insonorisée). Sans cheminement balisé, ils déambulent au milieu d'une sorte d'onirisme éthéré, dans un espace sémantique indéterminé où les omissions priment les indications. Le pouvoir de suggestion provient justement d'une tension et d'une attention relâchées.

Les personnages ne forment ni constellations ni figures collectives. Juxtaposés, c'est à peine s'ils se croisent. Les connexions sont tangentielles, dues au hasard, faibles, privées de passion, de pathos, de lubricité ou d'attirance puissante. Ils monologuent, parfois en duo; leurs rares tirades se raccrochent à peine : il n'y a pas d'enchaînement dialogique. Les dialogues paraissent aussi ouverts et incertains que les autres événements, on dirait des actions isolées qui s'effectuent par elles-mêmes.

Le tissu anecdotique – factuel, causal, sentimental – a une trame lâche. L'histoire avance avec lassitude, elle s'attarde et se disperse. Felisberto ne veut pas naturaliser le récit de manière conventionnelle en lui imposant cet accommodement discursif qu'est l'histoire déguisée en raison de fait. La seule continuité rassurante est le langage. Il conserve sa vraisemblance structurelle et syntaxique, son naturel apparent. La seule prévisibilité de ces textes est verbale. Avec une action restreinte et détachée, sans canevas compliqué, Felisberto n'utilise pas l'intrigue mais la fluidité perpétuelle, pas le suspens mais la suspension. Il conserve la neutralité d'un discours clair et rassurant, il rejette toute séduction formelle, toute virtuosité verbale (incompatible avec la parodie de la vision enfantine), tout pathos (paroxysme, véhémence, tourbillon, turbulence, fougue, incandescence). Il évite le charnel, l'épaississement matérialisant, la concrétion sensuelle, et tout en empêchant la montée vers le *cogito* autosuffisant, il rejette l'intromission de la conscience impérative qui prétend légiférer et légitimer :

Il est plus que certain que je ne sais comment je fabrique mes contes, car chacun d'eux a sa vie étrangère et propre. Mais je sais en revanche qu'ils passent leur temps à lutter contre la conscience pour éviter les étrangers qu'elle leur recommande. (« Fausse explication de mes contes ».)

(LH)

Rien de la profondeur viscérale de Neruda ni de l'abstraction transcendantale de Borges. Felisberto adopte le style plat pour véhiculer une candeur qui ne revêt pas l'éventualité d'une texture réaliste. Son humilité (absence d'emphase, d'effets d'intensification, d'obscurités qui connotent de la profondeur), son ignorance rendent l'événement imprévisible car il n'y a pas de causalité préétablie déterminant adéquatement la correspondance entre stimulus et réponse. Potentiellement l'événementiel peut fuir en tous sens. Il n'y a ni préjugé, ni prévision, ni pressentiment ou intentionnalité vectorielle qui oblige cet advenir à s'ourdir. A un minimum de détermination causale correspond un minimum de détermination sémantique. Ouvert, changeant, disponible, le sens, flottant et fluide, s'étend comme une tache liquide sur une surface plane. Ni volonté d'action ni volonté de sens : de là, la volatilité, la vacance factuelle. L'anecdote étant dévalorisée et les hiérarchies bouleversées, il n'y a plus de subversion active, d'explosion du langage ou de déchaînement des sens. Pas d'alchimie du verbe, de surcharge énergétique ou de chaos vitaliste et orgiaque. Pas trace de ces mariages antipodaux des surréalistes. Tout se passe sans vacarme, dans un milieu en apesanteur où les faits glissent sans plongée ni élévation : « Pourtant ce soir-là j'étais heureux; dans cette ville toutes les choses étaient lentes, silencieuses et je traversais, avec le vieux, des pénombres aux reflets verdâtres » *(NEL).*

Les récits de Felisberto Hernandez se déroulent dans une zone où se côtoient le temps dit réel et le temps mythique. Temporalité non ponctuelle, mais continue, extensive, arrêtée, comme si le temps au repos ne voulait ni avancer ni reculer. C'est un temps plat, un temps qui plane. Il ne traîne ni l'épaisseur ni le poids d'un profond passé. Estompé, le passé lointain conditionne à peine le passé immédiat (absence de détermination biographique). Celui-ci, en se dilatant in extenso, ne mobilise pas non plus de trajectoire du futur. C'est la suspension temporelle qui provoque ce halo, cette aura félisbertienne.

Felisberto nous raconte une presque-histoire, il installe un discours dans le monde plan de ce qui se passe en dehors de l'ordre que prétendent coordonner les propositions et en dehors de ce qui est action ou état substantiel des choses. Ses récits se situent à la frontière du corporel et de l'incorporel. Ils narrent un advenir impassible face à l'épaississement confus et passionnel de l'un et à la raison abstraite et catégorique de l'autre. Ils narrent un simple survenir à peine relié par une causalité précaire et inconstante, qui ne cesse de se disperser. Le sens se tourne de part et d'autre : vers la simultanéité de la matière indocile dont le devenir démesuré, embrouillé, fou, produit des superpositions hétérogènes; vers l'univocité de la pensée conceptuelle (celle de l'associé/sentinelle) qui délimite, classifie et mesure les possibles, qui établit les temps de repos : qualités fixes avec attribution claire de sujet et de temps. Felisberto ne se laisse pas prendre aux mélanges et pénétrations réciproques des substances ni à l'identification illusoire d'identités stables. Il perturbe la stabilité sémantique; il n'y a ni sens commun ni bon sens : il n'y a ni sens unique ni sens permanent.

De cette équivocité erratique provient l'humour de Felisberto. Cet humour procède de la duplicité, c'est l'art ambigu de la surface, du déploiement horizontal des événements purs : libérés des affectations conventionnelles, les événements semblent automoteurs, comme séparés des personnes et des choses. L'humour consiste à rester, comme l'enfant, à la surface, en substituant à l'ordre conceptuel ou à la consubstantiation profonde une « monstration » candide.

Post-scriptum : Ma lecture de l'œuvre de Felisberto Hernandez est tributaire des élucidations perspicaces que fait Gilles Deleuze sur la profondeur, la surface et la hauteur dans sa *Logique du sens* (Collection 10/18, Paris, 1973). Parmi les exégètes de F.H., il convient de distinguer Ida Vitale, « *Tierra de la memoria, cielo de tiempo* », Crisis num. 18, Buenos Aires, octobre 1974, et Jose Pedro Diaz, « F.H., una conciencia que se rehusa a la existencia », dans *Felisberto Hernandez, Tierras de la memoria, op. cit.*

La fiction somatique

TABLE DES ABRÉVIATIONS :

CAS : *Cent ans de solitude*, Editions du Seuil, 1968, traduction de
   Claude et Carmen Durand.
AP : *L'automne du Patriarche*, Grasset, 1979, traduction de Claude
   Couffon.

Cien años de soledad (Cent ans de solitude) tout comme *El otoño del Patriarca* (L'automne du Patriarche) sont des métaphores romancées de la submersion et de la régression à l'intimité viscérale, au ventre de la terre, dans lesquelles le sens s'interrompt et la lettre s'efface, engloutis par les brassages du fond intime. Entre la chronique de la prolifération et de l'extinction de la lignée des Buendia et la décadence sénile d'un despote illettré, s'instaure une progression négative à lente involution. Les deux fictions disent l'impossibilité d'édifier sur une nature féroce et fertile quelque chose de durable, d'autonome, capable de canaliser les courants, d'ordonner les échanges. Tous deux figurent l'impossibilité d'imposer à ce désordre insoumis la différenciation et la distance nécessaires à l'implantation de codes régulateurs d'un univers de sens. Tous deux symbolisent l'impossibilité mentale et empirique de tramer les enchaînements causals et les consécutions d'inférences, les assignations et désignations permettant une orchestration rationnelle de la réalité, l'impossibilité de séparer signes, événements et corps.

Dans *Cien años de soledad*, à travers la vie et les miracles d'une famille touffue, se condense, dans le cycle d'un siècle, l'histoire factuelle et chimérique, la chronique et la fable de l'Amérique. Cette progéniture prodigieuse, chaude de terre, revit la découverte, la colonisation, l'entrée dans un vague contexte national, la guerre intestine, l'intégration dans le circuit du commerce mondial, l'exaction métropolitaine, la ruine, l'abandon, la rechute dans le non-sens informe et sans fond, dans le terrible désordre primaire. Toute construction protectrice, toute marque délimitatrice, toute distinction matérielle et symbolique est renvoyée au monde catastrophique de la forêt vierge et à l'ingestion sauvage, reconduit aux engendrements et aux dévastations du chaos naturel, à l'inconscient fracas métamorphique, à la protéique entropie originelle. Le sens incorporel est dévoré, ingurgité par l'asservissant non-sens corporel qui le sustente et le menace. La capsule Macondo, trêve dans le pandémonium, petite bulle en équilibre précaire au-dessus des précipices, île au cœur du tourbillon trouble et turbulent, s'implante dans le matin de la genèse, au bord du magma primordial, du marais antérieur aux constitutions (« Au sud s'étendait une zone de bourbiers recouverts d'une couche de végétation inexorable, puis le vaste univers du grand marigot, qui de l'aveu des gitans, ne connaissait pas de limites » *(CAS*, 15). Cette pâte originelle se confond avec la mer biotique qui conserve intacte la somme des virtualités, avec l'eau bio- et oniro-génésique qui mélange les formes et confond les catégories, et engendre des monstres invraisemblables et des chimères insensées (« Le grand marigot se confondait à l'Occident avec une étendue d'eau sans horizons, où vivaient des cétacés à la peau délicate, à tête et torse de femme, qui égaraient les navigateurs par l'attrait maléfique de leurs énormes mamelles » *(CAS*, 15). Au nord se trouve la forêt marécageuse et impénétrable qui angoisse et assombrit, où la végétation s'épaissit et s'enchevêtre jusqu'à recouvrir totalement le ciel. Là-bas, l'homme, plongeant en lui-même, descend dans le grand estomac cosmique, l'onirisme fœtal, fécal, la latence placentaire, dans l'intériorité utérine, urétrale de la terre : (« Les hommes de l'expédition se sentirent accablés par leurs souvenirs les plus anciens dans ce paradis humide et silencieux d'avant le péché originel, où leurs bottes s'enfonçaient dans des mares d'huiles fumantes et les machettes détruisaient des lys sanglants et des salamandres dorées. » *(CAS*, 16). Dans les viscères visqueux de la terre les hommes sont léthargiques, ramollis par ce milieu émollient, qui décompose les corps afin de les absorber. Déglutis et digérés par l'action dissolvante des liquides organiques, ils remontent le fleuve de lymphe vers sa source. Dans cette caverne membraneuse et boueuse, limon équivaut à chyme.

Macondo ne parvient pas à entrer dans l'histoire. Relégué à la mentalité mythique, et aux formes primitives de sociabilité, le village ne réussit pas à entrer dans l'orbe de la rationalité juridique, scientifique et technologique. Les Buendia échouent dans leur tentative d'installation définitive, de colonisation d'une surface à partir de laquelle puisse se produire un sens, de défrichement d'un coin de terre ferme où puisse se développer un habitat organisé, s'instaurer un vecteur ascendant, où les progrès soient intégrés à la communauté, où l'on puisse se rattacher à l'histoire déterminante, l'histoire avec des perspectives de progrès, celle des peuples invités au grand banquet de la civilisation. Macondo se raccroche de manière fugace et tributaire à l'histoire centrale; dépouillé par le pouvoir mercantile, il subit de nouveau le joug de la puissance asservissante d'une nature qui va le dévorer, le rayer de la carte, effacer les traces du domaine humain, détruire ses empreintes jusqu'à faire disparaître toute marque, toute mesure, toute fabrication, toute séparation.

Macondo, victime de la disproportion et du disparate, ne peut accéder au monde d'en haut régi par la distribution que les idées imposent aux choses, ni parvenir à la sphère du logos nomenclateur, numérateur et programmeur. Macondo ne parvient ni à grammaticaliser ni à historiciser sa réalité, ni à établir une syntaxe capable d'articuler l'advenir multivoque et épars, ni à rassembler une chronologie génétique apte à l'enchaîner causalement. Les Buendia ne parviennent pas à ordonner la microhistoire de leur famille, dont l'arbre généalogique s'embrouille par excès de prolifération incestueuse et finit par se mélanger à l'indistinction entraînée par l'homonymie. Ils n'arrivent pas davantage à s'inscrire dans l'histoire officielle qui les rejette de ses annales, reléguant au silence aussi bien la geste du Colonel Aureliano que la grève et le massacre de la Bananeraie.

Macondo est renvoyé à la profondeur immémoriale des mélanges intimes, confus et profus, à la fluidité et la mutabilité substantielles, à la région de l'infra-sens où la lettre dépérit et où le mot se fait borborygme. Une fois consommé l'inceste du dernier Aureliano avec Amaranta Ursula (qui réincarne la confusion précédant les codes, la transgression des frontières catégorielles, l'excès de contiguïté, l'annulation des entités et des identités statuées, le retour à la promiscuité présociale), s'accomplit la malédiction de l'humanoïde à queue de cochon et le recul zoologique par perte de spécificité et inversion de la hiérarchie des espèces. La naissance du monstre sera, de même que les incessantes hémorragies d'Amaranta Ursula, un présage apocalyptique de l'invasion des émissaires du monde d'en bas : envahissement de fourmis carnassières et de végétation tentaculaire qui jaillissent pour enterrer l'ordre précaire érigé contre le fracas du fond sans visage, contre la turbulence du souterrain et de l'indivisible. Toute construction du génie humain sera ainsi restituée aux entrailles visqueuses, noires et fétides de la bouillonnante intimité chaotique.

L'automne du Patriarche commence là où s'achève *Cent ans de solitude*, par des fléaux destructeurs, par la dévoration, la puanteur, la corruption qui détruisent, désintègrent, décomposent la maison présidentielle, transformée en grand estomac qui ingurgite, attaque, réduit et absorbe tout, jusqu'à excréter le cadavre du despote. Les rapaces déchirent les mailles du grillage et pénètrent dans le repaire du pouvoir humain; la moisissure ronge les murs; les chaussées sont soulevées par les végétaux tentaculaires; les champignons multicolores et les lys pâles dissolvent les annales par leur fermentation, renvoient la lettre au fouillis qui précède le profil, la nomenclature; les vaches omnivores triturent et ruminent tout ce qui se trouve à leur portée, jonchant le palais de bouses fumantes; les plantes domestiques, livrées à leur croissance proliférante, créent des fourrés inextricables, irrespirables; l'odeur des fleurs se mêle à la pestilence d'une immense décharge de détritus putréfiés, d'eaux résiduelles et de charognes. C'est l'épanchement intestinal, la saturation cloacale, excrémentielle. Le palais devient théâtre actif de la mutabilité naturelle, bouillon biotique, larvaire, pullulante vermine. Le palais est réintégré dans la grande mixture de l'oral et de l'anal délirants, en perpétuelle subversion.

La mort du tout-puissant par ramollissement, lent pourrissement, décrépitude, indique l'hégémonie finale du morbide, de la maladie, de l'infection, le triomphe de la dissolution, la régression à la boue grasse et crasseuse, à l'eau noire, gluante et fétide. Ainsi seront confirmées les terreurs primaires inspirées par cette physique primordiale qui régit inexorablement le cours d'une émergence humaine ne parvenant pas à consolider son monde au-dessus du fleuve entropique, du marasme des mélanges hasardeux, de la meute des morphologies chaotiques. C'est la descente dans le ventre incubateur par les méandres du fleuve digestif. Plus qu'un enroulement fœtal, c'est une involution fécale qui rendra effectif le présage du déluge bourbeux : « ... les moins candides d'entre nous attendaient sans l'avouer l'accomplissement des vieux augures affirmant par exemple que le jour où il mourrait la boue des marécages devrait remonter aux sources par les affluents, la pluie tomber en gouttes de sang, les poules pondre des œufs pentagonaux, et le silence et les ténèbres occuper à nouveau l'univers puisque sa fin signifiait celle de la création » *(AP, 151)*.

Tandis que *Cent ans de solitude* est raconté par un narrateur mémorialiste qui témoigne d'événements ne l'impliquant pas, et que la fable déborde par amplification plus que par ramification, dans *L'automne du Patriarche* priment la personnalisation, l'embrouillement et l'introjection. L'interpénétration, la multiplication des narrateurs agonistes, la continuité bigarrée et fleurie de leurs monologues entremêlés, tendent à insérer dans une même épaisseur, un même flux abondant, une même infusion, une même infection, une même spirale descendante qui s'apaise ou tourbillonne (valse ou trombe), toutes les instances du roman, tant le discours que le parcours, tant l'histoire que l'expression, les acteurs que le théâtre. Tout tend à abolir la séparation entre sujet et objet, entre intériorisation et extériorisation, entre signes et choses signifiées. Tout tend à effacer la frontière entre sens et non-sens, à empêcher les signes d'évacuer les substances, ce qui permettrait d'articuler les séries grammaticales et de structurer les logomachies. Tout s'épaissit, se fait chair, l'espace ne parvient pas à se dématérialiser, à se vider des obstacles massifs qui empêchent la raison géométrique de tendre ses lignes droites, de concentrer ses cercles parfaits, de concevoir des cadastres en damier ou des architectures polyédriques. Tout tend à subvertir les concertations d'en haut, à perturber l'organisation de surface, dévorée par l'empire des actions et passions du ventre tout-puissant, par ses furieuses poussées primaires, par la terreur intra-utérine, par le fécal fondamental.

Les digues pour contenir l'invasion de la nature s'avèrent faibles; elles ne suffisent pas à empêcher l'irruption et la circulation d'amas incontrôlables. Il n'y a pas de solution de continuité entre forêt vierge, marécage, pays, ville, palais. Le palais avec sa cohue de serviteurs qui chargent et déchargent des monceaux d'aliments dans les couloirs inondés par les eaux usées, les eaux excrémentielles et les eaux grasses; avec son essaim de concubines bruyantes, avec son troupeau de prématurés qui défèquent et urinent partout, avec la pagaille de sa soldatesque, sa profusion de paralytiques, d'aveugles et de lépreux, ses innombrables quémandeurs, les déchets et les dépradations des vaches et des poules, l'imbroglio sexuel de tous les accouplements imaginables, les rapines des chiens errants; cette maison du pouvoir, ce palais-étable, palais-volière, palais-porcherie, palais-lupanar, palais-zoo, prolonge sans distinguo catégoriel la ville soporifique et fracassante. La ville est un immense animal unanime aux entrailles ardentes, avec ses odeurs, ses sueurs, qui passe de la fougue vitale à l'apathie la plus léthargique. La ville rance et luxurieuse prolonge la patrie sauvage et marécageuse : « cette patrie que je n'ai pas choisie de mon propre chef mais qu'on m'a donnée dans l'état où vous l'avez vue et qui a toujours été le sien avec ce sens de l'irréalité, avec cette odeur de merde, avec ces gens sans histoire qui ne croient qu'à la vie, telle est la patrie qu'on m'a imposée sans me consulter, mon père, par quarante degrés de chaleur et quatre-vingt-dix-huit pour cent d'humidité à l'ombre... » *(AP,* 185*).*

La ville prolonge la patrie, le bourbier en fermentation, le noir levain des gestations démesurées, où les gens, absorbés par leurs urgences vitales, vivent en tournoyant dans le cycle des mutations naturelles, sans parvenir à déchaîner ou à endiguer une histoire projective et progressive. Patrie confondue avec la forêt vierge et le marais, avec le monde abyssal, avec l'incertaine vastitude nébuleuse, les étendues fumantes, sans lettre, sans marque, plongée dans une ère de cauchemar éternel où « les gardénias ont l'usage de la raison et où les iguanes volent dans les ténèbres » *(AP*, 165*)*. Monde d'avanies, monde pourri, avanies du corps pâteux et amorphe (lenteur viscérale), fertile et féroce pourriture qui désagrège toute consistance, qui fait que tout retourne à l'origine, à l'intimité digestive, au magma excrémentiel, au torrent urétral ou menstruel, au bouillon biogénésique. S'enfoncer dans cette géographie sans histoire, dans les morphologies et les topologies sauvages implique le retour à l'âge immémorial des plantes carnivores et des sauriens volants, un recul génétique.

Les hommes du chaud limon ne peuvent empêcher l'enlisement. Finalement, les crues marécageuses avalent les villes, les nuées miasmatiques ramollissent et corrodent toute fabrication humaine. La fange corporelle ramène tout sens au fouillis du dedans, au noir hasard des mélanges substantiels.

Cette tyrannie du primaire impose une conduite retardataire, l'involution génétique, le retour au ventre sexuel et digestif, à l'œuf germinal; elle provoque un retour zoologique de l'animal de la surface lumineuse à l'animal ténébreux des profondeurs terrestres et marines, une régression du vertébré érectile et préhenseur à l'annélide albuminoïde. Le mâle carnassier, avec ses appétits en éveil, concupiscent et agressif, de loup devient lézard, de chacal devient vampire et de vampire lugubre saurien du marais bouillonnant. Des cornées squameuses et des crêtes d'iguane lui poussent; sa panse s'emplit de vermine; les parasites des fonds marins prolifèrent dans son corps; sous ses aisselles apparaissent des polypes et des crustacés. Trempé par l'incontinence sénile, souillé par ses sécrétions et excréments, plongé dans des vapeurs nauséabondes, il s'enfonce dans le bourbier de sa décrépitude.

Pour les hommes du chaud limon, tout est corps et toute conduite corporelle, tout est passion, action ou état des corps. La poussée du pneuma déloge la régulation du logos. Enclavés dans le monde prédateur et prolifique, dans la source même d'une énergie multiforme au sommet de son dynamisme, ils redeviennent instinct, appétit, pulsion. Toute conduite est somatique et fondamentalement génito-digestive; tout est consommation, destruction, ingestion ou expulsion; tout est, comme dans le quartier des combats de chiens, aliment ou excrément. Perpétuelle boucherie de chiens qui s'entre-déchirent à belles dents dans la fange, c'est le quartier de la voracité effrénée et les ânes, quand ils y pénètrent, sont rongés jusqu'à l'os, les enfants des riches rôtis et transformés en saucisses (corps déchiquetés et sans organes, matière résiduelle); quartier aux gens enfiévrés, quartier de rixes et de ripailles perpétuelles, porcherie et abattoir prolongeant la pléthore vociférante, le délire désastreux, le bruit de fond insensé de l'univers antérieur au calcul et à la raison, aux numérateurs et aux nomenclateurs.

Pour les gens sans histoire qui aiment la vie dans ses manifestations élémentaires, être, vouloir et faire s'assimilent à l'animalité. Le pouvoir, petite alose furtive qui nage sans foi ni loi, sent le cheval roussi, comme la guerre sent le chien galeux. L'opposition, ce parasite tentaculaire, est réprimée avec un acharnement sanguinaire : les prisonniers sont écorchés vifs, égorgés, dépecés, jetés aux caïmans. L'impératif catégorique est manger ou être mangé. Les premières fixations enfantines du despote sont les abats arrachés aux rapaces : « il se souvint d'une enfance lointaine qui pour la première fois lui offrait sa propre image en train de grelotter dans le froid du haut désert et celle de sa mère Bendición Alvarado qui arrachait aux vautours sur un fumier des boyaux de mouton pour le déjeuner... » *(AP, 312)*. Le délire zoophage culmine avec l'anthropophagie : le patriarche oblige les membres de sa garde à manger le général Rodrigo de Aguilar, fomentateur d'une conspiration, et il rêve à son tour à des hommes en redingote sombre qui le transpercent avec des coutelas de boucher et le dépècent. De la même manière que le patriarche ordonne de mettre en pièces à coups de machette le mari de Francisca Linero pour abuser d'elle, les chiens sauvages déchiquettent Leticia Nazareno et son fils Emmanuel et les engloutissent vivants, morceau par morceau. Ecartèlement et naissance sont concomitants; la femme s'écartèle pour pouvoir enfanter : « ... elle s'écartela dans la mare fumante de ses propres eaux et sortit d'entre l'attirail de ses jupons le prématuré de sept mois qui avait la corpulence et l'air désemparé d'un veau mort-né... » *(AP, 212)*. La possession sexuelle se fait presque toujours par assaut, comme le marquage des génisses qui se tordent et dont la croupe fume, ou par un coup de griffe renversant la proie avant qu'on se jette sur elle. L'homme, dans le coït, a l'air d'un fauve destructeur. L'orgasme figure une mort par égorgement : « ... le déchirement mortel du tendre tentacule qui lui arracha les entrailles et le transforma en bête égorgée dont les bonds d'agonie éclaboussaient les draps neigeux d'une matière chaude et acide... » *(AP, 195)*. L'alimentaire, le génital, l'excrémentiel se rejoignent, interchangeables. La meilleure illustration de cette permutation imaginaire nous est offerte par la scène du viol de la mulâtresse dans le poulailler *(AP,* 134*)* où la sueur et le sperme se mêlent aux fientes et à la mélasse jaune des œufs, le tout se confondant dans un limon fécal et génésique qui assimile la production du ventre digestif à celle du ventre sexuel, c'est-à-dire tout ce qui sort par le bas du corps. Cette identification est notoire dans l'épisode des amours du vieillard avec l'adolescente dans le foin d'une étable à l'odeur d'urine rance; le Patriarche trempe ses aliments dans la sauce pubienne de la fillette avant de les manger; le commerce sexuel s'apparente totalement à l'ingestion et à l'absorption mutuelles, au mélange des humeurs intimes dans le serpent du corps, dans le tube digestif, axe descendant de la libido précédant la fixation génitale, théâtre du début du plaisir par lequel on pénètre dans l'intérieur sanglant et ténébreux du corps : « ... il m'attendait assis dans le foin avec un sac de ravitaillement, il essuyait avec du pain mes premières sauces d'adolescente, il me mettait chaque chose dans mon petit trou avant de les manger, il me les donnait à goûter, il m'enfonçait là où je vous ai dit les pointes d'asperges pour les déguster marinées dans la saumure de mes humeurs intimes, un délice, me disait-il, tu as un fumet de port de mer, il rêvait de manger mes reins mijotés dans leur propre bouillon ammoniacal, avec la sueur de tes dessous de bras, rêvait-il, avec ton pipi tiède, il m'écartelait de la tête aux pieds, il m'assaisonnait avec du gros sel, du poivre en grains et des feuilles de laurier et me laissait bouillir à petit feu dans les mauves incandescences des soirées éphémères de nos amours sans avenir, il me croquait de la tête aux pieds avec un appétit et une générosité de vieillard que je ne devais plus retrouver... » *(AP,* 261*).* Ce que le ventre expulse par l'anus retourne au corps par la bouche, ce que le corps produit est dévoré par le corps en une circulation

qui est la copie microcosmique de la genèse nutrition-
nelle du macrocosme.

Le Patriarche copule avec ses concubines et les
féconde sur un tas de fumier. Les latrines apparaissent
dans le texte avec une fréquence rare, comme un
réduit ventral non seulement des excrétions mais aussi
du coït. *L'automne du Patriarche* est, d'un bout à
l'autre, une tourbière inondée envahie par une imagerie excrémentielle. C'est un roman fécal. La corruption
du régime despotique et de son autocrate omnipotent
et omnivore se matérialise en putréfaction de la chair,
en puanteur excrémentielle. Le Patriarche est engendré
et nourri au milieu de la pourriture et de la fétidité; le
placenta est jeté aux cochons; mère et fils meurent
dans la fermentation d'une décomposition pestilen-
tielle. La patrie sent la merde et la ville se noie dans
une mer de matières fécales, à tel point que « ... le jour
où la merde vaudra quelque chose, les pauvres naîtront
sans cul » *(AP, 201)*. Et la chanson unanime des foules
fugitives dit : « Voici le général de mon cœur. Il crache
du caca par la bouche et des lois par les arrières. » Le
régime de terreur imposé par les humeurs du tyran
signifie un retour à la barbarie orale/anale qui s'exprime non par des mots mais par des consommations,
des destructions et des excrétions, un retour au sujet
charnel du gosier denté et au ventre insatiable et
tourmenté, à la boîte noire du corps, aux bouillonnements et borborygmes de la profondeur somatique
antérieure au verbe et à la lettre.

NOTES

CHAPITRE 5

p. 80

1. Cf. S. Yurkievich : « Vallejo, realista y arbitrario », in *Fundadores de la nueva poesía latinoamericana*, Barral Editores, Barcelona, 1971, pp. 11 et suiv.

2. Cf. « En torno de Trilce », op. cit., pp. 15 et suiv.

p. 81

3. Cf. Haroldo de Campos : « *Comunicaçao na poesía de vanguarda* », in *A arte no horizonte do provável*, Editora Perspectiva, São Paulo, 1969, pp. 131 et suiv.

p. 84

4. Cf. Piero Raffa : *Vangardismo y realismo*, chap. VII, « *Sobre el concepto de realismo artístico* », Ediciones de Cultura Popular, Barcelona, 1968, pp. 271 et suiv.

p. 87

5. Cf. Paolo Chiarini, *l'avanguardia e la poetica del realismo*, Laterza, Bari, 1961.

p. 90

6. Gilles Deleuze : *Logique du sens*, Coll. « 10/18 », Paris, 1973, pp. 251 et suiv.

CHAPITRE 7

p. 121

1. Cité par Emir Rodriguez Monegal. *El viajero inmóbil. Introducción a Pablo Neruda*, Buenos Aires, Losada, 1966, p. 38.

p. 123

2. Pablo Neruda, *Viajes*, Santiago du Chili, 1955, pp. 56-57. Cité par Raúl Silva Castro dans *Pablo Neruda*, Santiago, Editorial Universitaria, 1964, p. 15.
3. Cité par Margarita Aguirre, *Genio y Figura de Pablo Neruda*, Buenos Aires, EUDEBA, 1964, p. 83.

p. 124

4. Cité par Alfredo Cardona Peña, *Pablo Neruda y otros ensayos*, Mexico, De Andrea, 1955, p. 25.
5. Emir Rodriguez Monegal, *op. cit.*, p. 63.

p. 125

6. *Ibid.*, p. 31.

p. 126

7. *Ibid.*, pp. 31-32.

p. 127

8. *Ibid.*, p. 31.
9. Rudolf Otto, *Le sacré*, Paris, Gallimard, 1965.
10. Mircea Eliade, *Le sacré et le profane*, Paris, Gallimard, 1965, p. 15.

p. 129

11. Mircea Eliade, *Aspects du mythe*, Paris, Gallimard, 1966, pp. 92 et 229. Ce retour à l'origine, à l'intégrité des commencements, à la matière primordiale, au verbe original, à la « source maternelle des mots » est très évident dans le poème *La palabra* (Le mot) de *Plenos poderes* (Pleins pouvoirs) (Buenos Aires, Losada, 1962, p. 10) : « L'atmosphère elle-même tremble / avec le premier mot / élaboré / dans la panique et la plainte. / Il a jailli des ténèbres / et il n'est jusqu'ici de tonnerre / même tonnant à plein fouet / qui puisse égaler ce mot / ce premier mot prononcé / : peut-être fut-il simple

murmure / simple goutte d'eau / et sa cataracte continue-t-elle encore
à tomber.

p. 130

12. Emir Rodriguez Monegal, *op. cit.*, p. 14. Tout ce que Neruda
aime, il l'incorpore à la nature; il naturalise les livres : « Les livres
furent pour moi comme la forêt même dans laquelle je me perdais, je
continuais à me perdre. C'étaient autant d'éblouissantes fleurs, autant
de hauts et sombres feuillages, de mystérieux silences, de sonorités
célestes, mais aussi la vie des hommes au-delà des montagnes, des
fougeraies, de la pluie. » Dans son évocation de García Lorca il
naturalise l'inspiration poétique en tant que récupératrice des « débuts
du langage » : « Par une curieuse et insistante coïncidence, les deux
jeunes poètes de plus grand renom en Espagne, Alberti et García
Lorca, se sont beaucoup ressemblé, jusqu'à rivaliser. Andalous, diony-
siaques, musicaux, exubérants, secrets et populaires tous les deux, ils
puisaient à la fois dans les origines de la poésie espagnole et le folklore
millénaire de l'Andalousie et de la Castille, menant graduellement leur
poétique de la grâce aérienne et végétale des débuts du langage
jusqu'au dépassement de cette grâce et à la pénétration dans la jungle
dramatique de leur race » (1930).

p. 131

13. Cf. Northrop Frye, *Anatomie de la critique*, Paris, Gallimard,
1969, surtout pp. 132 et suiv.

p. 135

14. Emir Rodriguez Monegal, *op. cit.*, p. 181.

p. 136

15. Cité par Margarita Aguirre, *op. cit.*, p. 85. Dans ce même texte,
Neruda emploie, pour définir son inspiration, les mots « délire »,
« naufrage d'étoiles », « tempête australe ».

p. 137

16. *Ibid.*, pp. 86 et 88.

p. 138

17. *Ibid.*, p. 90.

p. 141

18. Amado Alonso, *Poesía y Estilo de Pablo Neruda. Interpre-*

tación de una poesía hermética, Buenos Aires, Sudamericana, 1961, p. 155.

19. Cf. Emir Rodriguez Monegal, *op. cit.*, pp. 187-188. « J'ai toujours considéré – affirme Neruda – la *Tentativa del hombre infinito* comme l'une des vraies clés de voûte de ma poésie... »

p. 142

20. Jorge Elliot, *Antología crítica de la nueva poesía chilena*, Santiago, 1957 (cité par E. Rodriguez Monegal, *op. cit.*, p. 188).

p. 144

21. Raul Silva Castro (*op. cit.*, pp. 54 et 56), dans une analyse superficielle, considère la suppression des majuscules et de la ponctuation comme une maladresse de débutant, un défaut d'écriture, une soumission obséquieuse à la mode; sans même s'arrêter à la correspondance entre style et intention expressive, il en arrive à rétablir dans certains passages les signes omis par Neruda. En opposition à la valeur que Neruda attribue à *Tentativa del hombre infinito*, il affirme : « Jugé de la sorte, ce livre a une importance mineure au sein du très vaste répertoire de Neruda; pourtant, si l'on vainc sa paresse et lit attentivement ce livre, sans s'arrêter çà et là aux défauts formels, on fait des découvertes relativement importantes. »

p. 145

22. Par exemple ce passage :

el mes de junio se extendió de repente con seriedad y exactitud
cómo un caballo y en el relámpago crucé la orilla
ay el crujir del aire pacífico era muy grande
los cinematógrafos desocupados el color de los cementerios
los buques destruídos las tristezas
encima de los follajes
encima de las astas de las vacas la noche tirante su trapo bailando
el movimiento rápido del día igual al de las manos que detienen un
[vehiculo
yo asustado comía
oh lluvia que creces como las plantas oh victrolas ensimismadas
personas de corazón voluntarioso todo lo celebré,
en un tren de satisfacciones desde donde mi retrato
tiene detrás el mundo que describo con pasión.

le mois de juin s'est soudain propagé avec sérieux et exactitude
tel un cheval et dans l'éclair j'ai traversé la rive

ah le crissement de l'air pacifique était vraiment grand
les cinémas vides la couleur des cimetières
les bateaux détruits les tristesses
au-dessus des feuillages
au-dessus des cornes des vaches la nuit tendue son chiffon dansant
le rapide mouvement du jour pareil à celui des mains qui arrêtent un
[véhicule
moi effrayé je mangeai
oh pluie qui pousse comme les plantes oh gramophones pensifs
êtres au cœur volontaire j'ai tout célébré,
dans un train de satisfactions depuis lequel mon portrait
a derrière lui le monde que je décris avec passion.

p. 151

23. Cf. Gaston Bachelard, *La terre et les rêveries de la volonté*, Paris, José Corti, 1948, pp. 3 et suiv.

p. 156

24. En 1934, Federico García Lorca en trace le portrait suivant : « Un poète plus proche de la mort que de la philosophie; plus proche de la douleur que de l'intelligence; plus proche du sang que de l'encre. Un poète plein de voix mystérieuses que lui-même ne sait heureusement pas déchiffrer; plus proche d'un vrai homme qui sait que le jonc et l'hirondelle sont plus éternels que la dure joue d'une statue. » (*Presentación de Pablo Neruda* dans *Obras completas*, Madrid, Aguilar, 1960. Transcrit en partie par Emir Rodriguez Monegal, *op. cit.*, p. 83.)

p. 159

25. Emir Rodriguez Monegal, *op. cit.*, p. 202.

p. 160

26. Cette correspondance est recueillie par Margarita Aguirre, *op. cit.*, pp. 110 et suiv.

p. 166

27. Mircea Eliade, *Le sacré et le profane*, pp. 110 et suiv.
28. Amado Alonso analyse en détail *Galope muerto*, éclairant avec une grande subtilité le contenu et le style de Neruda, mais il ne connaît pas les repères mythologiques qui confèrent à ce poème, comme à toute la poésie de Neruda, sa signification essentielle, qui établissent les liens imaginatifs entre la diversité des composantes en les

intégrant dans une structure organique et cohérente, c'est-à-dire dans une vision globale.

p. 167

29. A. Alonso, *op. cit.*, p. 242.

p. 172

30. Neruda interprète la signification de *eso* : cf. A. Alonson, *op. cit.*, p. 183. Selon le poète, les potirons sont « pleins de vie condensée et de plénitude ».

p. 173

31. Mircea Eliade, *Aspects du mythe*, pp. 97-98.

p. 175

32. Le toucher est un sens primitif, c'est celui qui enregistre l'évidence la plus concrète de la matérialité, qui établit la communication corporelle la plus étroite; c'est le plus terrestre des sens, le plus sexuel. Pour une imagination matérialisante comme celle de Neruda, il doit revêtir une importance prépondérante. Dans *Residencia*, ce sont les doigts qui permettent de pénétrer à l'intérieur du bois, de s'enfoncer dans la « douce matière », dans l' « être vif de substance et de silence »; le sang aussi a « des doigts et ouvre des tunnels / sous la terre »; les mains sont les armes de l'amour, mais souvent elles apparaissent dans les hallucinations comme des symboles de menace ou de destruction (« comme une seule main, comme un doigt coupé / agitant un ongle de sel désemparé »). La prédominance de la main est plus importante encore dans le *Canto general*. La main établit le contact par excellence avec toute réalité externe ou interne. Dans la ville qui dépersonnalise et corrompt, Neruda ne se contente pas de savoir et voir les souffrances, il veut les toucher de « ses mains sources », des mains purifiées par leur lien avec la mère terre :

y cuando poco a poco el hombre fue negándome
y fue cerrando paso y puerta para que no tocaran
mis manos manantiales su inexistencia herida

. . . .

Yo levanté las vendas de yodo, hundí las manos
en los pobres dolores que mataban la muerte,
y no encontré en la herida sino una racha fría
que entraba por los vagos intersticios del alma

et lorsque peu à peu l'homme me nia
m'interdisant et chemin et porte pour que mes mains sources
ne puissent toucher son inexistence blessée

. . . .

J'ai soulevé les pansements d'iode, j'ai plongé mes mains
dans les pauvres douleurs qui tuaient la mort,
et je n'ai trouvé dans la blessure qu'une froide rafale
qui entrait par les vagues interstices de l'âme.

La main témoigne de la plus tendre reconnaissance : « et elles
touchèrent les terres et les pierres / jusqu'à les reconnaître dans la nuit
ou la mort ». Dans *Machu Picchu*, Neruda non seulement vénère la
ville sacrée, qui « comme un verre s'est élevée dans les mains /
de tous », mais il évoque et invoque également le peuple bâtisseur et
opprimé; pour l'arracher à l'oubli, la main imaginaire force la surface
de la roche, elle descend dans le « temps souterrain » et gratte les
entrailles « jusqu'à toucher l'homme » :

A *través del confuso esplendor*
a *través de la noche de piedra, déjame hundir la mano*
y *deja que en mí palpite, como un ave mil años prisionera*
el *viejo corazón del olvidado!*

A travers la splendeur confuse
à travers la nuit de pierre, laisse-moi plonger les mains
et laisse qu'en moi palpite, tel un oiseau mille ans prisonnier
le vieux cœur de l'oublié !

La récupération se matérialise à travers le toucher : la solidarité avec
les exploités et les affligés sera viscérale, charnelle : « Collez vos corps
au mien comme des aimants. / Accourez à mes veines et à ma bouche. / Parlez par mes mots et par mon sang. »
La main établit le contact régénérateur avec les forces telluriques,
avec la matrice terrestre : « Viens, Ramirez, avec tes mains en
lambeaux / qui ont fouillé l'utérus / des mines fermées. » La main
communique avec le monde d'en bas, le centre énergétique où tout le
vivant est engendré : « je plongeai ma main turbulente et douce / dans
le terrestre le plus génital »; avec le maternel également et avec le
monde des morts. Cette communication s'effectue parfois grâce à des
talismans comme la pierre :

me quise detener a buscar la eterna veta insondable
que antes toqué en la piedra o en el relámpago que el beso
[desprendia

j'ai voulu m'attarder à chercher l'éternelle veine insondable
que j'avais touchée dans la pierre ou l'éclair que le baiser distillait.

> *Yo, incásico del légamo*
> *toqué la piedra y dije;*
> *en le débarrassant des contraintes externes,*
> *¿Quién*
> *me espera? Y apreté la mano*
> *sobre un puñado de cristal vacío.*

> Moi, incaïque surgi de la glaise
> j'ai touché la pierre et j'ai dit :
> Qui
> m'attend? Et j'ai refermé ma main
> sur une poignée de cristal vacant.

Le transfert de propriétés se fait à travers le toucher; toucher la pierre permet d'acquérir la trempe et la consistance minérale :

> *En el quilate de pureza dura*
> *cantó mi mano; en la égloga*
> *nupcial de la esmeralda fui citado,*
> *y en el hueco del hierro puse mi rostro un día*
> *hasta emanar abismo, resistencia y aumento.*

> Sur le carat de pureté dure
> ma main a chanté; à l'églogue
> nuptiale de l'émeraude j'ai été convié,
> et dans le creux de l'acier j'ai mis un jour mon visage
> jusqu'à exhaler abîme, résistance et poussée.

Le travail manuel est le travail par excellence, celui qui confère la noblesse la plus grande. Prolongées par les outils, les mains résument l'histoire de Rodriguez ou de Recabarren, les mineurs dirigeants :

> *Tu mano fue la uña*
> *del compatriota mineral, del « roto »*
> *combatido, del pisoteado*
> *material humano, del hombrecito con harapos.*

Tu mano fue como la geografía :
cavó este cráter de tiniebla verde,
fundó un planeta de piedra oceánica.

Ta main était l'ongle
du compatriote minéral, du « fauché »
assailli, de ceux qu'on écrase
matériau humain, du petit homme en haillons,
Ta main était comme la géographie :
elle creusa ce cratère de ténèbre verte,
fonda une planète de pierre océane.

p. 176

33. Cette vision de la distorsion provoquée par la vie urbaine réapparaît telle quelle dans *Alturas de Machu Picchu,* partie du *Canto general* que Neruda écrivit d'abord, c'est-à-dire la plus voisine chronologiquement de *Residencia en la Tierra.* La petite, l'indigne mort citadine y est opposée à la grande mort, celle des hommes de la terre, de cette race minérale qui n'a pas rompu le lien sacré avec la nature.

p. 177

34. Emir Rodriguez Monegal, *op. cit.,* p. 217.
35. Un autre précédent assimilant *Residencia en la Tierra* au *Canto general* est *El sur del océano,* poème qui annonce *El gran océano,* non seulement par la coïncidence thématique, mais aussi parce que tous deux sont conçus sur une même vision mythologique qui engendre des images semblables et des processus métaphoriques identiques.

p. 178

36. Dans une lettre à Héctor Eandi, datée du 24 octobre 1928, et transcrite par Margarita Aguirre, *op. cit.,* p. 114.

p. 179

37. Cf. *L'eau et les rêves,* Paris, José Corti, pp. 83 et suiv.
38. Nombreux sont les témoignages où Neruda condamne la tendance négative, la vision désintégrante, l'hermétisme de *Residencia en la tierra,* son introspection égoïste. C'est dans ces réprobations qu'il définit le mieux l'esthétique qu'il considère caduque et reconnaît être profondément pénétré par elle. Dans *Reunión bajo las nuevas banderas,* après s'être éloigné des ombres funestes et avoir accordé son pas à celui de tous les hommes, il décrit ainsi ses « ténèbres désemparées » :

Fundé mi pecho en esto, escuché toda
la sal funesta; de noche
fui a plantar mis raíces;
averigüé lo amargo de la tierra;
todo fue para mí noche o relámpago;
cera secreta cupo en mi cabeza
y derramó cenizas en mis huellas.

J'ai enfoui ma poitrine dans cela, j'ai tout écouté
le sel funeste; la nuit
je suis allé planter mes racines;
j'ai vérifié l'amertume de la terre;
pour moi tout fut nuit ou éclair;
une cire secrète remplissait ma tête
et versait des cendres sur mes traces.

A Montevideo, en 1939, lors du Congrès International des Démocraties, il justifie une fois de plus, comme il l'avait fait dans *Explico algunas cosas* (J'explique certaines choses) de *España en el corazón*, sa conversion poétique en présentant de nouveau une magistrale synthèse de l'esthétique qu'il souhaite abandonner et qu'il aime pourtant : « Je suis un poète des plus absorbés dans la contemplation de la terre; j'ai voulu briser, avec ma petite poésie désordonnée, le mur de mystère qui entoure le cristal, le bois et la pierre, j'ai entraîné mon cœur à écouter tous les bruits que l'univers déchaînait dans la nuit océane, dans les étendues silencieuses de la terre et de l'air, mais je ne peux pas, je ne peux pas, un tambour rauque m'appelle, un battement de douleurs humaines, un chœur de sang comme une nouvelle et terrible houle qui se lève dans le monde... » (Emir Rodriguez Monegal, *op. cit.*, p. 101). Au cours d'un Colloque de l'Alliance des Intellectuels chiliens, il déclara : « Je n'ai pas eu le temps de poursuivre mon impérieuse exploration, celle qui m'ordonne de toucher avec amour la stalactite et la neige afin que la mer et la terre me livrent leur essence mystérieuse. Mais j'ai pris par un autre chemin, et je suis parvenu à toucher le cœur de mon peuple » (Margarita Aguirre, *op. cit.*, p. 131). Puis, dans son *Canto general*, il rétablit la frontière entre la poésie abyssale, celle de l'isolement aliéné et la poésie de solidarité avec le peuple opprimé et en lutte; ici aussi il donne une définition émouvante de la poétique qu'il abandonne :

Vivi un mundo de ciénaga marina
en que la flor de pronto, la azucena
me devoraba en su temblor de espuma,
y donde puse el pie resbaló mi alma
hacia las dentaduras del abismo

(El poeta)

J'ai vécu un monde de marécage marin
où la fleur soudain, le nénuphar
me dévorait dans son frisson d'écume,
et là où j'ai mis le pied mon âme a glissé
vers les mâchoires de l'abîme.

(Le poète)

Margarita Aguirre (*op. cit.*, pp. 103 et suiv.) recueille plusieurs autocritiques de Neruda qui censure *Residencias* pour son influence nocive sur la jeunesse et parce que ce recueil n'aide pas à vivre mais à mourir, qu'il reflète les angoisses de la subjectivité bourgeoise, qu'il porte atteinte à l'édification du socialisme. Parmi toutes ces confessions, c'est celle qui apparaît dans ses *Memorias* qui nous intéresse; elle révèle le conflit entre mythologie et idéologie que nous avons souligné : « En tant que poète actif, j'ai lutté contre ma propre méditation. C'est pourquoi le débat entre le réel et le subjectif s'est déroulé à l'intérieur de mon être. » Ce débat entre histoire et nature n'est pas résolu. Peut-être pourrait-on dire que la lutte s'est transformée en coexistence, mais l'opposition demeure.

CHAPITRE 10

p. 223

1. Sources d'où sont extraites les citations, toutes de Cortázar :
Historias de cronopios y de famas, Minotauro, Buenos Aires, 1962, (1.2. : pp. 12 et 11).
La vuelta del día en ochenta mundos, Siglo XXI, México, 1967, (4.5 : p. 18; 6.1. : p. 67; 6.4 : p. 49; 10.10 : p. 7).
Prosa del observatorio, Lumen, Barcelona, 1972 (1.5. : p. 7).
Rayuela, Sudamericana, Buenos Aires, 1963, (3.3. : p. 577; 14.1. : p. 560; 15.2 : p. 544; 15.3 : p. 544 et 602).

Último round, Siglo XXI, México, 1969, (4.1 : p. 37; 10.3 : p. 38; 10.7 : p. 41; 11.1 : p. 29; 13.7 : p. 31; 14.4 : p. 213; 14.5 : p. 208; 15.1 : p. 217; 16.2 : p. 60; 17.2 : p. 201; 17.5 : p. 213).

CHAPITRE 11

p. 245

1. Les chiffres entre parenthèses indiquent le numéro du chapitre et des pages de *Marelle*, Gallimard, Paris, 1966, traduction : Laure Guille-Bataillon et Françoise Rosset.

p. 246

2. Julio Cortázar, « Du sentiment de ne pas être là tout à fait » in *Le tour du jour en quatre-vingts mondes*, Gallimard, 1980, p. 31; traduction : Laure Guille-Bataillon, Karine Berriot, J.C. Lepetit et Céline Zins.

p. 247

3. *Ibid.*, p. 24.

p. 249

4. Le ludique est une composante essentielle de *Marelle;* il intervient de manière déterminante dans le processus de production du texte à tous les niveaux. Les jeux entrent dans l'histoire romanesque avec une ingérence variable, une importance factuelle différente, avec une plus ou moins grande fonctionnalité narrative (la plus importante est accordée au pont de planches et au retranchement avec des fils, des roulements à bille et des cuvettes). Il y a les jeux qui se passent au niveau du signifié et ceux qui affectent le discours, qui agissent au niveau spécifiquement linguistique; ils sont verbaux, témoin ceux du cimetière, les questions-balance, l'invention des titres journalistiques, les dialogues typiques, les galimatias en langues inconnues, etc. Outre le jeu méta-narratif, celui de la relation spéculaire avec le livre de Morelli, la structure ouverte, la lecture élective ou aléatoire, la multiplication des possibilités opératives, sont les effets d'une attitude ludique que l'auteur veut transmettre au lecteur pour qu'il aborde *Marelle* ludiquement, qu'il la reproduise en s'amusant.

p. 251

5. La recherche marque tout le récit. *Marelle* commence par une question : « Allais-je rencontrer la Sibylle ? » (1, 11.) Oliveira, chercheur prospectif (Sibylle, éden) et rétrospectif (le jeu consistant à retrouver l'insignifiant, l'inaperçu, le périmé), s'autodéfinit ainsi : « Je savais déjà alors que chercher était mon signe, l'emblème de ceux qui sortent le soir sans but, la justification des tueurs de boussoles » (1, 16.) La Sibylle est également fascinée par la recherche : « Bref, il n'est pas facile de parler de la Sibylle qui, à cet instant même, doit déambuler du côté de Belleville ou de Pantin, les yeux rivés au sol pour essayer de trouver un bout de tissu rouge. Si elle ne le trouve pas, elle continuera à chercher toute la nuit, elle fouillera même fébrilement dans les poubelles, persuadée que quelque chose de terrible va lui arriver si elle n'obtient pas ce gage de rachat, ce signe de pardon ou de peine remise » (1, 17.)

p. 260

6. Roberto Echavarren-Walker : *Le monde romanesque de Julio Cortázar*, Thèse de doctorat, Université de Paris VIII, 1974.

CHAPITRE 12

p. 269

1. Umberto Eco, *L'œuvre ouverte*, Paris, Seuil, 1965, p. 28.

p. 270

2. Dans *Sobre la crítica*, Paz souligne l'importance qu'il attribue à la problématique linguistique : « Je dirai plus : à notre époque la critique fonde la littérature. Dans la mesure où cette dernière se pose comme critique du mot et du monde, comme une question sur elle-même, la critique conçoit la littérature comme un monde de mots, comme son univers verbal » (*CA*, 44).

Il y a une exception en ce qui concerne l'interéchange constant entre poésie et critique dans l'œuvre de Paz : l'histoire. En tant qu'essayiste, Paz démontre un intérêt permanent pour les événements nationaux et internationaux; le *Laberinto de la soledad* est une preuve manifeste tant de préoccupation que de connaissance historique. Paz réfléchit souvent sur la relation entre histoire et poésie (*AL*, 181) ou sur le sens général de l'histoire (*CA*, parties II et III). Mais les circonstances et les références historiques ont presque toujours été exclues de sa poésie.

Pour lui cette dernière transcende le temps historique, elle le transmue en temps archétype (*AL*, 183-185). La poésie annule le temps linéaire, renvoie au temps cyclique. Dans toute sa poésie, je me souviens n'avoir trouvé que trois références historiques plus ou moins explicites; elles apparaissent dans *Ladera este* : révolutions mexicaines (66), massacre des étudiants lors des jeux olympiques de 1968 (68) et la mort de Che Guevara (92). Selon Galvano della Volpe (*Crisis de la estética romántica*, Buenos Aires, Jorge Alvárez, 1964, pp. 91 et suiv.), pour le sentiment qui se complaît dans la sérénité de l'isolement contemplatif, l'histoire est dissonante et inharmonieuse.

p. 278

3. Cf. Mircea Eliade, *Traité d'histoire des religions*, Paris, Payot, 1969, pp. 381-82.

p. 283

4. A ce propos della Volpe déclare : « Un examen même succinct du caractère rationnel (concret) de la *métaphore* – l'instrument le plus approprié et propre, dit-on, à la poésie – confirmera ces remarques. Loin de n'être qu'une simple rencontre '' fantastique '' d'images, qu'une certaine '' animation '' ou '' naturalité '' des représentations (mystiquement '' cosmiques ''), si l'on en croit le dogme romantique et postromantique, la métaphore est, par contre, de même que tout concept, le lien (une unité) d'une multiplicité; un genre, même s'il n'est pas scientifique ou '' occasionnel ''... On y '' entrecroise les genres '', afin '' d'obtenir de nouveaux genres occasionnels '', à travers un '' processus fondamental de généralisation '', ainsi que le fait remarquer avec justesse un aristotélicien moderne, I. A. Richards. »

p. 285

5. V. della Volpe : *Crisi del 'estetica romántica* (Samona e Savelli, Roma, 1903, chap. X).

p. 289

6. La poétique de cette période de Paz ressemble assez à celle du Vicente Huidobro de Altazor. Cf. surtout le chant III, dont je transcris la fin :

> *Y puesto que debemos vivir y no nos suicidamos*
> *Mientras vivamos juguemos*
> *El simple sport de los vocablos*
> *De la pura palabra y nada más*
> *Sin imagen limpia de joyas*

(Las palabras tienen demasiada carga)
Un ritual de vocablos sin sombra
Juego de ángel allá en el infinito
Palabra por palabra
Con luz propia de astro que un choque vuelve vivo
Saltan chispas del choque y mientras más violento
Más grande es la explosión.
Pasión del juego en el espacio
Sin alas de luna y pretensión
Combate singular entre el pecho y el cielo
Total desprendimiento al fin de voz de carne
Eco de luz que sangra aire sobre el aire

Después nada nada
Rumor aliento de frase sin palabra

Et puisque nous devons vivre et ne nous suicidons pas
Jouons tant que vivrons
Le simple sport des vocables
Du mot pur et de rien d'autre
Sans image propre de bijoux
(Les mots ont trop de poids)
Un rituel de vocables sans ombre
Jeu d'ange là-bas dans l'infini
Mot pour mot
Avec sa propre lumière d'astre qu'un choc rend vivant
Jaillissent des étincelles de ce choc et plus il est violent
Plus grande est l'explosion.
Passion du jeu dans l'espace
Sans aile de lune et sans prétention
Combat singulier entre la poitrine et le ciel
Détachement complet enfin de voix de chair
Echo de lumière qui saigne air sur l'air

Puis rien plus rien
Rumeur souffle de phrase sans parole

p. 293

7. Moyennant la cohérence névrotique d'un discours effiloché, plein d'antithèses et de disjonctions, Paz réitère le mythe de la cité babélique où règne le chaos et l'incommunication. Une image similaire est donnée par le poème *Repeticiones* (*S*, 15). Cette vision de la ville urbaine ressemble à celle de Baudelaire.

p. 294

8. A partir de *Salamandra* les calembours abondent. Paz les utilise pour représenter verbalement la vision d'un monde instable, mobile, diffus, inconsistant, dans lequel tout est réversible, tout oscille entre l'affirmation et la négation.

Un reloj da la hora
Ya es hora
No es hora
*   Ahora es ahora*
Ya es hora de acabar con las horas
Ahora no es hora
*   Es hora y no ahora*
La hora se come el ahora
Ya es hora

                                        (S, 11)

Une montre donne l'heure
Il est l'heure
Il n'est pas l'heure
               L'heure présente est l'heure présente
Il est l'heure d'en finir avec les heures
A présent il n'est plus l'heure
                    Il est l'heure et ne l'est à présent plus
L'heure dévore l'à présent
Il est déjà l'heure

                                        (S)

L'un des poèmes s'intitule justement *Reversible* (S, 20); il se termine sans finir sur la possibilité de variations ou de répétitions infinies amenées par un etc.

p. 297

9. Cf. Umberto Eco, *op. cit.*, pp. 61 et suivantes.
10. Dans *Libertad bajo palabra*, Paz hésite entre des mesures de vers maximales ou minimales, il passe du mètre monosyllabique à un mètre qui dépasse 20 pieds. Il fait alterner poésie et prose; les mots se placent librement dans l'espace du vers, ils sont poussés vers la droite ou vers la gauche, sans toutefois déborder de la colonne verbale; ils s'aèrent, ils la rongent mais ne la démantèlent pas. Les vers sont seindés selon la volonté du poète, leurs deux parties se démembrent, l'une reste en haut, l'autre suit en bas. Paz utilise éga-

lement plus de variantes typographiques que celles généralement en usage.

11. Cf. Saul Yurkievich, *La topoética de Octavio Paz*, Caravelle, n° 12, Toulouse, 1969, pp. 183 et suivantes.

12. Cf. Roland Barthes, *Littérature et signification*, in *Essais critiques*, Paris, Seuil, 1964, pp. 258 et suivantes.

p. 301

13. *Ibid.*, p. 164.

p. 302

14. Cf. Octavio Paz, *Los signos en rotación*, Buenos Aires, Sur, 1965, pp. 63 et suivantes. Pour une excellente analyse de Blanco, cf. Guillermo Sucre, *El poema : un archipiélago de signos*, Imagen, Caracas, n° 24, 1/15 mai 1968, p. 24.

CHAPITRE 13

p. 308

1. « ... J'ignore totalement ce que veut dire beaucoup ou peu en matière d'expression... le comment et le quand nous échappent des mains... Ce qui m'a toujours intéressé c'est de pénétrer dans le monde obscur qui m'entoure. Je ne sais si j'y ai réussi avec ou sans style, mais ce qui est sûr, c'est que l'un des écrivains qui me sont les plus chers disait que le triomphe du style est de ne pas en avoir... Je ne sais pas si j'ai un style ; le mien est très déchiqueté, fragmentaire ; mais en définitive j'essaye de le troquer, face à mes recours expressifs, contre un aiguillon créateur. » José Lezama Lima, série « Valorisation multiple », Casa de las Américas, La Habana, 1970, p. 29.

p. 311

2. José Lezama Lima, *Introducción a los vasos órficos*, Barral Editores, Barcelona, 1971, p. 9.

p. 316

3. « L'image historique n'a pu habiter que trois mondes : l'étrusque, le catholique et l'ordonnance carolingienne, mais il est indéniable que la grande plénitude de la poésie correspond à l'époque catholique, avec ses deux grands thèmes où l'on retrouve la racine de toute grande poésie : la gravitation métaphysique de la substance de l'inexistant et la

plus grande image qui puisse peut-être exister, celle de la résurrection. » *Ibid.*, p. 114.

p. 318

4. « Ce que j'aime et qui me surprend ce sont les tangences inouïes du monde des sens, ce que j'ai appelé la vivance oblique, lorsque la sonnerie du téléphone me produit le même effet que la contemplation d'un poulpe sur un vase minoen. Ou lorsque je lis dans le *Livre des morts*, où la grandeur égyptienne apparaît dans toute sa splendeur poétique, que les habitants souterrains dégustaient des gâteaux au safran, et puis ensuite dans le journal de Martí, vers les dernières pages, les lignes où il réclame un vase bouilli dans la confiture de feuilles de figuier. » Cf. José Lezama Lima. *Ibid.*, p. 33.

p. 319

5. *Ibid.*, p. 65.

Impression Brodard et Taupin
à La Flèche (Sarthe),
le 24 août 1988.
Dépôt légal : août 1988.
Numéro d'imprimeur : 6143-5.

ISBN 2-07-032490-7 / Imprimé en France.